教育現場で役立つ
情報リテラシー

守屋誠司・太田直樹・加藤 卓・田畑 忍・富永順一・成田雅博・渡邉伸樹 [著]

実教出版

目次 CONTENTS

執筆担当
1章　太田直樹，2章　渡邉伸樹，3章　加藤 卓，4章　田畑 忍，5章　成田雅博，6章　富永順一
付録　守屋誠司・渡邉伸樹

第1章 ● インターネットと著作物の利用

◀■ この章のポイント ▶

　インターネットは，いまや我々の日常生活からきっても切り離せないものとなった。この章では，インターネットの発展してきた過程と，同時に重要な事項となったセキュリティに関して述べる。また，インターネットの普及にともない，著作物の利用方法が重要な情報リテラシーとなった。それについて，教育現場での活用を念頭に学習していく。

1-1 インターネットとセキュリティ

1-1-1 インターネットの普及と第4次産業革命

■ インターネットの普及

（1）インターネットと日常生活

　インターネットを使わないで，一日生活することは可能であろうか。朝目覚めて携帯電話を見れば，本日の主要なニュースが表示され，TVをつければ，"視聴者からの提供"と，インターネットを介して取材された映像が用いられている。通勤・通学時に周りを見渡せば，多くの人々が携帯電話で，それぞれの目的に応じた情報を得て，SNS[1] などのコミュニケーションアプリを利用している。通学後の教育現場を見ると，先生が用いている教材やプリントは，インターネットを利用して得られた画像が用いられている。もちろん自分自身が実際に触れていなくても，今この時でさえも様々なデータがインターネットを通じて送受信されている。このように，いまや我々の日常生活の中では，インターネットなしでは成立しない。

【1】SNS
Social Networking Service（ソーシャル・ネットワーキング・サービス）の略。

（2）インターネットとは？

　インターネットとは，図1-1のように世界中のコンピュータなどの情報機器を接続するネットワークである。その原型は，アメリカ国防総省が，アメリカ国内の4カ所の大学や研究所に分散したコンピュータ同士を繋ぎ合わせ開通したとされる[2]。

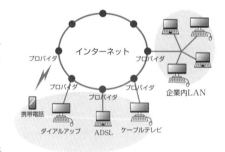

図1-1　インターネットの仕組み（総務省より）

その後，徐々に規模を拡大して，我が国をはじめ世界中に拡大され，現在のインターネット環境へと普及発展した[3]。

【2】インターネットの研究
国防総省の高等研究計画局（ARPA）が，研究開発したとされる。

【3】World Wide Web（ワールド・ワイド・ウェブ：www）
インターネットはWebとも呼ばれ，通信システムは網目状につながっている。

私たちが自宅や勤務先，学校などでインターネットを利用する時には，インターネットサービスプロバイダ[4] と契約することによって，接続可能となっている。また，携帯電話は，各社と契約することで，インターネットを利用することができるようになっている。

(3) 科学技術の発展と社会の変化

近年，インターネットなどの情報通信技術，人工知能などの科学技術の急速な発展に伴って，様々な科学技術が開発されてきている。たとえば，ドローンやVR[5]，自動運転機能の付いた自動車などの開発が進み従来できなかったような様々な体験ができるようになった。

このような大きな社会の変化の中で，ダヴィンチ研究所のトーマス・フレイ (Thomas Frey (2012)) は，「技術革新によって2030年までに現在存在している仕事の50%が消えてしまうだろう」と，「TED×Reset」の講演の中で予想している。この予想が示すのは，技術革新により機械に任せられる仕事が急激に減少するために雇用が減少することであるが，逆にいえば新たな仕事・雇用の創出も考えられる。したがって，新たな社会の変化に柔軟に対応し関わっていく人材を育成する必要が生じている。

(4) 第4次産業革命の到来

現在の科学技術の発展は，IoT[6] やビッグデータ，AI[7] など新たな概念を生み出し，図1-2のような第4次産業革命が現実のものとなっている。第1次産業革命は，それまでの家畜に頼っていた動力が蒸気や水力に置き換わることで，生産や運搬などの機械化を進めた。そして，第2次産業革命では，電力やモーターで大量生産が可能となり，第3次産業革命では，コンピュータの登場でデジタルな世界が開き，様々な生産物の自動化・効率化が進展した。現在は，第3次から第4次にあたり，第4次産業革命は，5G[8] の普及によりデジタルな世界と物理的な世界と人間が融合する環境と解釈されている。内閣府 (2017) によると，こうした第四次産業革命は，「生産，販売，消費といった経済活動に加え，健康，医療，公共サービス等の幅広い分野や，人々の働き方，ライフスタイルにも影響を与える」と考えられている。

図1-2　各産業革命の特徴と変遷 (総務省 (2017) をもとに作成)

【4】インターネットサービスプロバイダ
光回線やADSLなどの回線を通じて，インターネットに接続するためのサービス事業者。

【5】VR (Virtual Realty)
コンピュータによって作り出された世界を現実として知覚させる技術を意味している。

【6】IoT
Internet of Things の略
様々な「モノ (物)」がインターネットに接続され，情報交換することにより相互に制御する仕組みである。

【7】AI (人工知能)
Artificial Intelligence
知的行動を人間に代わってコンピュータに行わせる技術である。

【8】5G (第5世代移動通信システム)
「高速・大容量通信」「多数端末の同時接続通信」「低遅延通信」が特徴に挙げられる。

❶ 高度情報社会とインターネットとの付き合い方

(1) 高度情報社会の利点と欠点

　現在，科学技術の進展がもたらした恩恵で，様々な情報を容易に入手可能な高度情報社会[9] となった。インターネットを利用可能であれば，いつでも，どこにいても情報にアクセスすることが可能である。しかし，情報へのアクセスが容易となった利点がある反面，多様な情報が氾濫し，正しいと考えられる情報や誤っている可能性のある情報が満ち溢れている。それらを避けることができない現代社会では，情報との望ましい付き合い方が求められる。

　たとえば，疑似科学[10] やフェイクニュースといった情報が，正しい情報かのように流布することが問題になっている。試しに「疑似科学」や「フェイクニュース」を検索ワードに，どのような事例があるか調べてみよう。今まで，正しいと考えていた情報であっても，誤っていると紹介されている事例がみつか

図1-3　疑似科学の科学性評定サイト

るのではないだろうか。図1-3 は，明治大学科学コミュニケーション研究所が，疑似科学とされるものの科学性を評定しているサイトである。同サイトは，「サプリメント，民間代替医療，生活環境改善，自己啓発，不思議現象など，各カテゴリーの個別事例において，これまで判明している知見や閲覧者の協力により集められた情報により評定を行っている」とし，暫定的な評定とするものの科学的に考察しているため非常に参考になる。当然，他者を惑わせ，人権や名誉を傷つけるような疑似科学やフェイクニュースなどの誤った情報は，発信側にも問題がある。しかし，それらの真偽を判断する情報リテラシー[11] が低い場合，情報を鵜呑みにしてしまい知らず知らずのうちに騙され，最悪の場合，悪徳業者の被害を受けてしまう。逆に，情報リテラシーが高い場合は，閲覧前や閲覧時に，誤った情報だと気づいたり疑わしい情報だと感じたりして真偽を確かめられる。このような「情報の科学的な理解力」を育むことが重要である。

(2) インターネットとの望ましい付き合い方

　具体的にどのようなことに注意するかポイントを紹介する。

【9】高度情報社会
大量の情報が瞬時に伝達でき，情報が諸資源と同様の価値をもち機能する社会

【10】疑似科学
本当は科学とは言えないのに科学であることを装った一連の信念のこと

【11】情報リテラシー
自らの目的を達するために適切に情報を活用することができる基礎的な知識や技能，思考力や判断力，態度などの能力をさす。

①その情報の情報源（ソース）を確認すること

たとえば，政府や行政機関など公的サービスやそれに準ずる情報は，一定の信頼性が比較的保障される。最近では，引用元の出典を記載している記事も増えている。逆に言えば，情報源が示されていない情報は，「疑わしいのでは？」と考える必要がある。

②統計情報の有無や解釈を確認すること

統計情報は必ずしも正しいとは言い切れないが，一個人の思いによる言説ではなく，多くのデータを取集した上で得られた情報であることを示している。もちろん，一部の偏った調査対象のデータではないことや，データの特徴を必要以上に強調していないことを確認するような，統計情報を正確に判断し解釈する統計リテラシーも必要である。

③正しい情報のみを発信していると考えないこと

近年では，様々な視点で自由に意見を表現することが可能なため，必ずしもメディアや図書が正しい情報を発信していると考えるのも望ましくない。その情報でさえも各社，各出版社の意向が入ることを避けられないためである。

以上のように，インターネット上の情報は，多くの情報があふれ，正しい情報も誤った情報も含まれている。したがって，統計情報などの情報源の根拠を求め，適切な判断をする情報リテラシーをもって生活することが望ましいと考えられる。

❷ 学校教育における情報教育

(1) 情報教育の目標

インターネット環境の発展にともなって，学校教育でも情報教育の必要性が提唱されてきた。我が国における情報教育は，平成元年の学習指導要領改訂頃から明記され，「情報及び情報手段を主体的に選択し活用していくための個人の基礎的な資質（情報活用能力）」を読み，書き，算盤に並ぶ基礎・基本と位置付け，今日の情報教育の基本的な考え方になっている。そして，文部科学省(2010)によれば，情報教育の目標として図1-4の3つの力を育むこととされている。

このように，情報機器を操作できるような「情報活用の実践力[12]」だけではなく，前節で述べた「情報の科学的な理解」や「情報社会に参画する態度」をも含んでいる。ただし，情報教育は，国語教育や数学教育のような教科教育とは異なり，高等学校を除いて教科として扱われておらず，多くの場合に総合的な学習の時間や各教科の中で扱われる。具体的には，調べ学習の際にパソコンで検索することや学習発表会でプレゼンソフトを活用すること，教員がICT機器で提示した教材を見聞きし触れることがあげられる。

【12】情報活用の実践力
具体的な情報活用の技能として，主に3つ挙げられる。
①文書作成（Word）
②表計算（Excel）
③プレゼンテーション
（PowerPoint）

1. 情報教育の目標

1) 情報活用の実践力

　課題や目的に応じて情報手段を適切に活用することを含めて，必要な情報を主体的に収集・判断・表現・処理・創造し，受け手の状況などを踏まえて発信・伝達できる能力

2) 情報の科学的な理解

　情報活用の基礎となる情報手段の特性の理解と，情報を適切に扱ったり，自らの情報活用を評価・改善するための基礎的な理論や方法の理解

3) 情報社会に参画する態度

　社会生活の中で情報や情報技術が果たしている役割や及ぼしている影響を理解し，情報モラルの必要性や情報に対する責任について考え，望ましい情報社会の創造に参画しようとする態度

図1-4　情報教育の目標（文科省（2010）より）

(2) 21世紀の教育の情報化

　情報教育を推進するために，情報機器の教育活動への活用が求められてきている。このような21世紀にふさわしい学校教育を実現できるICT教育環境の整備を図るため，文部科学省（2017）は，以下のような「教育のICT化に向けた環境整備5か年計画（2018 ～ 2022年度）」を策定している（図1-5）。

●学習者用コンピュータ
　⇒3クラスに1クラス分程度整備
●指導者用コンピュータ
　⇒授業を担任する教師1人1台
●ICT支援員　⇒4校に1人配置
　【100%整備を目指すもの】
●大型提示装置・実物投影機【13】
●超高速インターネット及び無線LAN
●統合型校務支援システム

【13】大型提示装置・実物投影機
各普通教室1台，特別教室用として6台
実物投影機は，整備実態を踏まえ，小学校及び特別支援学校に整備

図1-5　教育のICT化に向けた環境整備5か年計画（文科省（2018）より）【13】

(3) 情報教育の効果

　文部科学省（2014）は，ICT教育【14】の効果を明らかにするために，児童，教職員を対象にアンケートを実施している。総務省が平成22年より実施していた「フューチャースクール推進事業」と連携し，平成23年度より「学びのイノベーション事業」を実施した。対象校は，全国で20校の小中学校及び特別支援学校を実証校とし，1人1台の情報端末，電子黒板，無線LAN等が整備された環境の下で，ICTを活用

【14】ICT教育
情報教育と類似する用語であるが，主にICTを用いて教育をすることをさす。

した教育の効果・影響の検証，効果的な指導方法の開発，モデルコンテンツの開発を行っている。

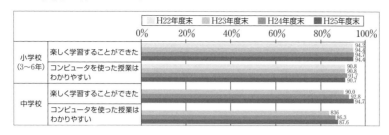

		H22年度末 H23年度末 H24年度末 H25年度末
小学校 (3〜6年)	楽しく学習することができた	94.3 / 94.4 / 94.7 / 94.4
	コンピュータを使った授業は わかりやすい	90.8 / 90.8 / 91.7 / 90.7
中学校	楽しく学習することができた	90.0 / 92.8 / 94.7
	コンピュータを使った授業は わかりやすい	836 / 86.3 / 87.6

図 1-6　ICT 活用に関する児童生徒のアンケート結果（文科省（2014）より引用）

　図1-6 の調査結果より，児童生徒の意識では，90％前後の子供たちが「楽しく学習することができた」「コンピュータを使った授業はわかりやすい」など，ICT を活用した授業について肯定的に評価している。このように，ICT 教育は，多くの子供たちの学習意欲を高めると考えられる。ただし，学習意欲は高まるが，学習内容を理解しやすいかどうかは検証が必要である。また，この調査結果は，ICT 機器を活用していなかった状況からの比較であるため，ICT 機器を活用した授業が日常化すれば学習内容や授業方法の質が求められるであろう[15]。

【15】Ed Teck
Education × Technology から作られた造語で，テクノロジーの力で教育にイノベーションを起こす取り組み。動画配信型・問題集型・ゲーム型など，様々な形態が考案されている。

COLUMN　タイピングスピードの目安

　タッチタイピングは，キーボードを見ずにタイピングしていくことであるが，それ以上に重要なことは，ある程度の速さでタイピングしていく技能である。日本情報処理検定協会の日本語ワープロ検定試験の試験基準では，10 分間に以下の文字数（漢字やひらがなの入力数）が目安として示されている。タイピングスピードは，作業効率を向上させる要因である。積極的に，タイピングソフトで練習することをお勧めする。

級	漢字含有率	合格文字数
4 級	23％〜 26％	200 文字以上
3 級		300 文字以上
準 2 級	25％〜 30％	400 文字以上
2 級		500 文字以上
準 1 級	25％〜 35％	600 文字以上
1 級		700 文字以上

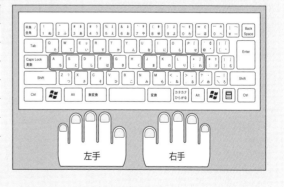

❸ 教員や保育者に求められる情報リテラシー

(1) 情報リテラシー

　情報リテラシーは，多くの情報を取捨選択し使いこなす能力をさす。総務省 (1998) によれば，「情報リテラシーの定義には，情報機器の操作などに関する観点から定義する場合 (狭義) と，操作能力に加えて，情報を取り扱う上での理解，更には情報及び情報手段を主体的に選択し，収集活用するための能力と意欲まで加えて定義する場合 (広義) がある。」とある。つまり，情報リテラシーとは，本書で扱うような情報機器の操作技能であり，それらを基礎能力として，情報を適切に判断する思考力，情報を主体的に活用しようとする実践力と考えられる。

(2) 教員に求められる情報リテラシー

　教員にとって身につけることが望ましい情報リテラシーは，大きく 2 つの段階に分けられる。

①社会に寄与する社会人として，情報リテラシーを身につけることである。

　具体的には，学級通信や学習教材などの文書を作成する技術や，子供たちの成績・出席を効率的に管理するために Excel などの表計算ソフトを用いる技術が必要である。また，近年，情報 ICT を活用した授業により，子供たちの学習を効果的にすることが求められている。さらに，多くの情報の中から，その情報の根拠や出典などを確認し，多様な視点を基に自身で適切に判断する力を身につけることが望ましい。

②子供たちに情報リテラシーを身につけさせることである。

　子供たちの情報リテラシーに対する実態を把握し，発達段階に応じて教育課程を作成する必要がある。その上で，子供たちが習得できるような授業計画を考案し，適切な指導を行う能力を高めることが望ましい。次世代の子供たちの活躍する社会では，情報リテラシーが欠かせない能力である。決して，自身が情報機器の操作が苦手だからと避けることはできない。情報リテラシーは，技術であるため習得スピードの差はあるが，身につけられる技能である。自身の能力に応じてタッチタイピング[16] が可能な程度にタイピングソフトで練習を重ね，情報社会に寄与できる子供たちを育む教員を目指して欲しい。

(3) 教員の情報リテラシーに対する実態

　教員に求められる情報リテラシーに対する現職教員の実態をより詳細に検討しよう。文部科学省は，平成 19 年以降，学校における教育の情報化の実態を毎年調査している。その調査内容の中で，教員の ICT 活用指導力として，次の 5 観点が挙げられている。各観点について複数の設問があり，その肯定的な回答の割合が示されている。平成 30 年ま

【16】タッチタイピング
キーボードを見ずにモニターを見ながら入力する技能である。フリーのタイピングソフトをダウンロードして練習するとよい。
(COLUMN「タイピングスピードの目安」P9 参照)

での調査結果を図1-7に示す。

① 「A：教材研究・指導の準備・評価などにICTを活用する能力」
② 「B：授業中にICTを活用して指導する能力」
③ 「C：児童のICT活用を指導する能力」
④ 「D：情報モラルなどを指導する能力」
⑤ 「E：校務にICTを活用する能力」

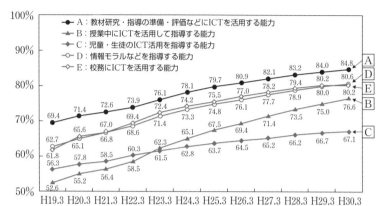

※全国の公立学校における全教員を対象として，文部科学省「教員のICT活用指導力の基準の具体化・明確化に関する検討会」において平成18年度にとりまとめた5つの大項目（A1〜E2）と18の小項目（A1〜E2）からなるチェックリストに基づき，全教員が自己評価を行う形で調査を行った。
※18の小項目（A1〜E2）ごとに4段階評価を行い，「わりにできる」若しくは「ややできる」と回答した教員の割合を，大項目（A〜E）ごとに平均して算出した値。
※A1〜E2の各小項目の内容については，(参考)教員のICT活用指導力チェックリスト(P.29)を参照。

図1-7　教員のICT活用指導力の推移（文科省（2018）より）

　調査結果によると，A，D，Eの観点については，比較的できると回答した教員の割合が高く，教材研究や校務への活用，情報モラルの指導は，かなり普及している。しかし，B，Cの観点である教員自身が授業にICT機器を用いたり，子供たちに指導したりすることは，25％〜35％程度の教員が苦手としている実態にある。ただし，経年推移によると，今後も若い教員が増え年々割合が高まり続けると考えられる。

　以上のように，教員や保育者は，高度情報社会に参画するためにも，情報教育をするためにも情報リテラシーを身につけることが求められる。技術面では，文章作成する技術や，Excelなどの表計算ソフトを使って，統計を用いる技術が必要である。また，知識面では，個人情報の保護や著作権などについての適切な情報倫理の知識と，グラフやデータから導き出せることなど統計データの見方が必要であろう。さらに，子供達に総合的な学習の時間などにプレゼンをする力を育てるためには，教員も授業の中で，パワーポイントなどを使って，視覚的に情報を提示する良さを日頃から感じさせるように努める必要がある。

1-1-3 セキュリティと情報モラル

■ セキュリティ対策

(1) インターネットの危険性

インターネットは，世界中を網の目のような状態で繋げた通信回線である。利用者には大変便利であるインターネットであるが，そこには危険性も潜んでいる。インターネットにつながっている個々のPC等は，それらが物理的には単体であるにも関わらず，通信網で結ばれた地球規模の1つの機器として構成されているとも言える。そのため，全く別の第3者が，自分のPCを操作する可能性がある。通常は，パスワード[17]を使って自分以外の人がPCやアプリを使えないようにしているが，パスワードを知られたり解読されたりしてしまうことがある。パスワードを時々変更することや，いろいろなサイトで同じパスワードを使い回してはならない。

(2) 被害を防ぐ方法

被害を防ぐためには，PCに不当にアクセスして攻撃したり，電子メール等に添付されているウイルス等を発見，駆除したり，スパイウェア，その他の悪意のあるソフトウェアに対するリアルタイム保護機能を持つウイルス対策ソフト[18]をインストールしておく必要がある。

また，見知らぬ相手からのメールに添付ファイルがついている場合は，メール自体を削除して添付ファイルを安易に開かないようにする。特に注意したいのは図1-8のようなフィッシング型メールである。当該銀行のアカウントを持っていたら慌ててしまうであろうが，よく読むと送信アドレスがおかしいことに気づく。また，よく使っているサイトから電子メールが送られてきて，「＊＊＊が使えなくなりました。下記アドレスから登録情報の確認をしてください。」といった内容が届く場合もある。指定されたリンク先を慌ててクリックすると，本物そっくりに作られた偽のホームページへ誘導し，IDやパスワードを入力させて，情報を盗み出すという手口が使われていることがある。このような内容のメールが届いた場合は，すぐに対応せずにメールアドレスをWeb上で検索して，同じような詐欺の情報が無いかを調べてみると良い。さらに，本物のホームページ上に

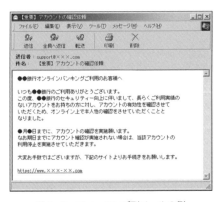

図1-8 フィッシング型メールの例

【17】パスワード
他人に推測されにくく，ツールなどで割り出しにくいものが安全である。反対に，家族に関することや一般的な英単語，規則的な数列は危険である。

【18】ウイルス対策ソフト
Windows10でもMicrosoft Security Essentialsが標準装備されている。他にも，McAfee Security等の市販ソフトウェアをインストールして起動させておく必要がある。

同じ情報があるかを確認したり，ホームページアドレスを確認したりして，慎重に対応しなければならない。

　ところで，駅や空港，公共施設など，街のあちらこちらで無料のネットワーク(Free Wi‑Fi)を利用できるようになった。便利である一方で，入力情報が暗号化されずに送信されている場合がある。このようなネットワーク上で，パスワードを送信したり，クレジットカード決済やネットバンキングの手続きなどを行ったりすることは厳に慎むべきである。

❷ 学生に求められる情報モラル

(1) レポート作成時の引用方法

　多くの大学生が，大学の講義で経験することにレポート課題の提出がある。あるテーマが教員から提示され，講義の内容を前提としながら，調べたことを引用した上で，自身の考察や見解を記述するのが一般的である。教育学部の場合は，各教科の学習指導案の作成や教材作成のレポート課題があるが，それらも広い意味でレポート課題と考えられる。その際に，必ず注意しなければならないのが，次の引用方法である。

　　①誰が，どの文献で，どう述べているかが，第3者から判別可能な
　　　ようにすること
　　②引用部分が短い場合は「　」で囲み，長い場合は枠で囲むようにす
　　　ること
　　③第3者が検索可能なように，章末などに著者と該当文献名，出版
　　　者名，出版年代などを示すこと

(2) レポート作成時の禁止事項

　昨今の高度情報社会では，インターネットで検索すればある程度の情報が記載されており，その文章をコピーして貼り付けることが可能な状況にある。しかし，他者が記述した文章を自身が記述したものであるかのように偽って用いる行為は，「剽窃(ひょうせつ)」とよばれ禁止されている行為である。もし，発覚した場合は，当該学期のすべての単位が不可となるなどの処分が課せられる大学もある。学生の中には，大学教員に多くのレポートが提出されるために気づかないと考える者がいるようだが，多くの場合気づきやすいのが実際のところである。また，そもそもレポート課題は，学生の学修成果を評価するためだけにあるのではなく，講義内容をより深く理解するために課されており，剽窃行為は学生自身の学びに全くつながらず最終的に自身の学びを阻害するものであり，人として守るべき倫理観として自省を求めたい。

(3) SNS との付き合い方や肖像権の問題

　総務省 (2015) によると，SNS でトラブルにあったことがある 20 代以下の 26.0％の人が，何らかのトラブルを経験していることが示されている。そのトラブルの内容は，「自分の発言が自分の意思とは異なる意味で他人に受け取られてしまった (7.4％)」「自分は軽いつもりで書き込んだが，他人を傷つけてしまった (4.7％)」「ネット上で他者と言い合いになったことがある (4.4％)」「自分の意思とは関係なく，自分について (個人情報，写真など) 他人に公開されてしまった (4.2％)」が挙げられている。上位 3 項目は，SNS などのコミュニケーションが，顔を見合わせていないために生じるトラブルであり，これまで頻繁に見聞きしてきた内容であろう。そして，4 つ目の項目が肖像権[19] の問題である。親しい友人や知人で会っても，SNS に挙げられるのを好まない人や，それらを閲覧することで不快に感じる人もいる。不必要なトラブルを生じさせないためにも，事前に了解をとる習慣が必要であろう。

　また，言うまでもなく，アルバイト先での不適切な行動をアップする行為は，退学などの厳しい処分が課せられるだけでなく，社会的な影響も大きく多額の賠償金を課せられる事例もある。

　特に，教育学部の場合，実地体験活動や教育実習・保育実習など，子供たちに関わることもあり得る。当然，ブログや SNS などにアップする行為は禁止されている。子供たちの写真をアップするだけでなく，そういった体験活動をしていることを記述することすらも，差し控えることが賢明である。

【19】肖像権
自身の肖像（容姿や姿態）をみだりに利用・公表されない権利のことである。

❸ 教員や保育者として求められる情報モラル

(1) 子供たちと ICT 機器の利用実態

　教員や保育者として求められる情報モラルは，前項の内容と大きく異なるわけではない。むしろ，それらを情報リテラシーとして子供たちや保護者の方々に伝えることが求められる。内閣府 (2018) によると，小学生の 55.8％，中学生の 75.5％，高校生の 98.9％がスマートフォンや携帯電話を所有していると推測され，タブレットについては，小学生の 42.7％，中学生の 38.0％が利用していることが示されている。つまり，現在の子供たちは，当然のように情報機器に触れている。したがって，情報リテラシーや情報モラルの教育は不可欠であり，適切な使用方法を伝える必要がある。

(2) 情報リテラシーや情報モラルに関する有益な公的サイト

　教員や保育者は，情報モラルの専門家ではなく，日々の主な業務内容は授業や保育である。そこで近年では，教員や保育者の業務をサポート

するために，図1-9のように，文部科学省や研究者の関わる団体がインターネット上で様々な情報を掲載している[20]。これらのサイトを活用することで，指導の前に正しい知識を確認でき，どのようなことを伝えるか検討することができる。サイト上には，子供たちに直接提示できる状態の教材プリントも準備されている内容もあり，非常に有効である。

【20】公的サイト
文部科学省「教育の情報化の推進」
http://www.mext.go.jp/a_menu/shotou/zyouhou/index.htm
ISEN「学校情報セキュリティお役立ちWeb 今日もワンステップ！」
https://school－security.jp/

図1-9　情報リテラシーや情報モラルに関する有益な公的サイト

(3) 子供たちのトラブルの事例

　子供たちの普段の会話や行動から，何らかのトラブルや困りごとを抱えていないかを敏感に感じとるためには，いくつかの事例を把握したり，事前に保護者会などの話題に挙げたりすることも重要であろう。下の項目は，総務省(2018)が作成した「インターネットトラブル事例集(2018年版)」の項目から一部抜粋したものである。これらは，実際の事例をもとにして挙げられており，特別な子供や特別な地域で起きたわけではない。子供たちが「叱られる・恥ずかしい」と考える傾向にあることを考慮した上で，各トラブルを予防・回避するための対応策も伝えておく必要があろう。

①なりすまし投稿による誹謗中傷
②SNSなどで知り合った人による性犯罪被害
③SNSなどへの投稿内容から個人が特定
④旅行中の写真や書き込みによる空き巣被害
⑤IDとパスワードを教えたことによる被害
⑥ゲームに夢中になって生じた高額課金
⑦ワンクリック詐欺などによる不当請求
⑧不正アプリやウイルスによる個人情報漏洩
⑨動画の違法なアップロードとダウンロード
⑩プログラミングしたウイルスのアップロード

1-2 著作物の利用

1-2-1 著作権と教育への利用

(1) 著作権の定義

　著作権とは，広辞苑 (2008) によると，「知的財産権の一つ，著作者がその著作物を排他的・独占的に利用できる権利。その種類は著作物の複製・上演・演奏・放送・口述・展示・翻訳などを含み，著作者の死後一定期間存続する」である。例えば，資料集の写真や地図帳の地図，統計資料，Web 上の画像や動画，市販の音楽 CD，デジタル教科書，コンピュータソフトウェア，学習プリント，テスト問題，問題集などである。

(2) 教育現場での著作物の利用

　近年，教育現場でも，授業で ICT 機器を用いて教材提示が多くなされるようになった。また，配布用の文書，学校の HP などで公開する記事などでは，写真やイラストを効果的に使うと，視覚的で興味を引きつける効果が高まる。そのような場合に，インターネットの画像検索などで見つけた画像データを利用したくなることがあるであろう。実際，教育現場で用いられている配布物や授業での提示物には，著作物が掲載されることがある。実は，教育現場での著作権については，著作権法第 35 条により，授業の過程における使用に供することを目的とする場合に，必要と認められる限度内で，公表された著作物を複製することができる。ただし，利用する著作物の種類や用途，複製の部数そしてその使い方が，著作権者の権利を不当に害する場合は認められない[21]。

(3) 教育現場における著作物の利用の具体例

　ここでは，誤解される可能性の高い重要な具体例について紹介する。

①授業で用いるために，市販の問題集等を全員分コピーして配布すること

　市販の問題集等は，個人が購入して使用することを目的として販売されている。仮に教員がコピーして配布した場合，利用者は購入しないため販売部数が減少し，著作権者の利益を害することになる。したがって，コピーして配布することはできない。

②学級通信などの保護者への配布物やホームページへの掲載すること

　著作権法での授業は，学習指導要領で定められた教育課程として解釈されており，課外である保護者の方への配布物や，ホームページ上での伝達は含まれていない。従って，学級通信やホームページへの掲載は，一般的な著作権の扱いと同様に，著作者に，使用の許諾を受ける必要がある[22]。

【21】参考サイト
【文化庁長官官房著作権課の『学校における教育活動と著作権』】
https://www.bunka.go.jp
【公益社団法人著作権情報センター】
http://www.cric.or.jp/qa/cs01/index.html
【一般社団法人日本著作権教育研究会】
http://www.jcea.info/Q&A.html

【22】保護者の同意
近年では，年度初めなどに，写真の撮影許可などの肖像権と合わせて，教育活動への利用の同意書を取るケースもある。

インターネットからの図や写真を利用する際の留意点とその方法を解説する。前項の通り，教育現場での著作物の利用は，一定の制限のもとで使用することができる。実際に写真やイラストなどの画像を利用する際には，どのようなことに留意すればよいであろうか。

■ 「フリー素材」

近年，無料で利用できる写真やイラストが「フリー素材」として公開されている。フリー素材であるため利用したい人が自由に何の制限もなく利用できると考えてしまうかもしれないが，好き勝手に利用できるわけではなく，さまざまな制限がある。「引用」として認められる範囲の使い方を除けば，当然，写真やイラストには著作権があり，作者の了解がないまま無断で利用することは認められない。フリー素材の「フリー」が意味する内容には，大きく3通りあるとされる。

① 「著作権フリー」(パブリックドメイン)

これは，一定の期間が経過したために著作権の保護期間が過ぎているもので，公的に利用が可能となっている。著作権の保護期間は，以前まで作者の死後50年だったが，2018年の著作権法改正のため死後70年に延長された。そのほか，作者が権利の放棄を宣言しているという場合もある。教育現場では，偉人の肖像画や創作物[23]を教育活動に利用することもあるが，それらは，著作権が消滅しているケースが多い。

② 「ロイヤリティフリー」

ロイヤリティとは，著作物に対する使用料のことであり，事前に取り決められた使用許諾範囲内であれば，追加の使用料（ロイヤルティ）が発生しない著作物のことである。最初に有料で購入した上で利用可能になるという場合が多い。ただし，著作物を追加料金なく自由に使っていいのは，購入した個人や事業者だけであり，画像データを他人に売却したり譲渡したりすることは，著作権者の利益を害することになるため認められない。

③ 無料で配布されている使用料が不要な素材

一般的には，このような場合をフリー素材と呼ぶことが多い。無料とはいえ，使用料が無料なだけで，著作権は放棄されていないケースが多い。利用規約をみると，「当サイトの素材は無料でお使い頂けますが，著作権は放棄しておりません。全ての素材の著作権は，○○が所有します。」などと記されている。つまり，必ず利用規約[24]を確認し，その範囲内で利用する必要がある。

【23】有益な創作物
著作権の保護期間の過ぎた名著を集め，閲覧可能にしている『青空文庫』というサイトがある。
https://www.aozora.gr.jp/

【24】利用規約
利用規約は，トップページの中から探す必要がある。多くの場合，トップメニューやサイドメニュー，フッターのいずれかに掲載されている。

❷ 著作権表示

(1) コピーライトとパブリックドメイン

　近年，フリー素材を相互に活用するために，様々な著作権表示をする試みが普及し始めている。著作権が認められていることを表示する「コピーライト©[25]」は，よく見聞きしているだろう。そして，パブリックドメイン[26] の表示は，複数あり，コピーライトマークに斜線をひいたものⓒや，ⓅⒹと書かれたものがある。著作権者の中には，作品の著作権を放棄したいという人もいる。また，近年は特に，以下のような「クリエイティブ・コモンズ[27]」の仕組みが注目されているので，知っておくと良いだろう。

(2) クリエイティブ・コモンズ

　「クリエイティブ・コモンズ」とは，作者の権利を守りつつ，簡単に作品を再利用できるよう作られた仕組みである。インターネットの普及とともに作品を Web 上で公開するクリエーターが増え，一定の条件で自由に利用して良いと意思表示されている作品も多くなってきた。このクリエイティブ・コモンズの仕組みを利用すると，作者は著作権を保持したまま作品を自由に流通させることができ，受け手はライセンス条件の範囲内で再配布や改変などをすることができるようになる。

　クリエイティブ・コモンズでは，利用条件を図 1-10 の 4 つのマークまたは文字で表し，これら 4 つのマークの組み合わせによって 6 種類のライセンスが規定されている。つまり，「クリエイティブ・コモンズの素材なら全て自由に使える」というわけではなく，6 種類のライセンスのうち，どのライセンスかを確かめる必要がある。

【25】コピーライト
知的財産権（著作権）が認められた状態を示すマーク

【26】パブリックドメイン
知的財産権（著作権）が消滅した状態を示す

【27】クリエイティブ・コモンズの日本語サイト
https://creativecommons.jp/

ⓘ 表示	¥ 非営利	= 改変禁止	↻ 継承
作品のクレジットを表示する	営利目的の利用をしないこと	元の作品を改変しないこと	元の作品と同じ組み合わせのライセンスで公開すること

図 1-10　クリエイティブ・コモンズの 4 つの表示と意味

		改変		
		許可する	許可するライセンスの条件は継承(SA)	許可しない(ND)
商用利用	許可する	CC ⓘ BY 表示	CC ⓘ↻ BY SA 表示-vv継承	CC ⓘ= BY ND 表示-改変禁止
	許可しない(NC)	CC ⓘ¥ BY NC 表示-非営利	CC ⓘ¥↻ BY NC SA 表示-非営利-継承	CC ⓘ¥= BY NC ND 表示-非営利-改変禁止

図 1-11　クリエイティブ・コモンズの 6 つのライセンス

6種類あり煩雑だと感じるかもしれないが，大きくは，商用利用の可否と改変の可否に分けると理解しやすい。図1-11の下段は，ドルマークに斜線が引かれており，非営利での利用を求めている。反対に上段は，非営利の表示がないため，営利目的での利用も可能となる表示である。あとは，共通して著作者のクレジット表示が必要であり，「クレジット表示のみ」「改変時にコピーライトを継承」「改変禁止」の3つと理解することができる。

❸ 画像検索でフリー素材を探す

(1)画像だけを検索する方法

　インターネットで，探している画像を検索すると，通常はその画像が含まれるようなサイトが表示される。そのサイトを1つずつ閲覧し，必要な画像を探すと時間がかかるため，画像だけの検索方法を紹介しよう。

①ブラウザを開き，「子供　イラスト　フリー素材」と検索ボックスに入力する

②検索ボックスの下にある「すべて」が選択されているので，「画像」をクリックすると図1-12が表示される。

図1-12　画像の検索画面

③色のバランスが黄色のイラストを探したいときは，図1-13の枠で囲まれた選択肢の中から黄色を選択すると，黄色い月や帽子，黄色い服を着た子供のイラストが検索できる。

図1-13　黄色のイラストの検索画面

　他にも，画像のサイズ[28]や種類，レイアウト，日付，人物の写る範囲[29]などを選択することができるので，用途に応じて選択すると良い。

(2)著作権のライセンスによってフィルタリングする方法

　著作権のライセンスによってフィルタリングする方法を紹介する。

①図1-14のように「ライセンス」をクリックすると，クリエイティブ・コモンズの条件が表示される。

②表示された条件の中の「すべてのクリエイティブ・コモンズ」をクリ

【28】画像のサイズ
画像のサイズは，数値が大きい方が画質が高いのが一般的である。ただし，その分，容量も大きくなる。

【29】人物の写る範囲
「すべて」「顔のみ」「肩から上」の3つの選択肢から選ぶことができる。

ックする。

③いずれかのライセンスが設定
　されている画像が表示される
　ので，希望の画像を選択する。

図1-14　ライセンスの選択肢

　ただし，この画像検索方法で
は，クリエイティブ・コモンズ
のライセンスが正しく表示されていることを保証するとは限らない。このクリエイティブ・コモンズは，アメリカの国際的非営利組織から取り入れられたため，我が国ではまだ過渡期にあたる。また，我が国の場合は，ライセンスでフィルタリングして表示されない画像の中にも，利用規約を確認するとフリー画像が含まれていることがある。

❹ 教育現場で役立つフリー素材サイト

　教育現場では，頻繁に学級通信などのお便りや，授業での教材資料を作成する。その都度，フリー素材を検索し，著作権のライセンスを確認しても問題はないが，気に入ったサイトがあれば，そのサイトをブックマーク（お気に入り）に登録しておくとよい。そうすれば，一度著作権を確認したサイトなので大きく変わる可能性は少なく，毎回確認する手間を省くことができる。効率的に仕事を進めるために，利用する素材配布サイトをいくつか決めておくのがお勧めである。ここでは，クレジット表示が不要で，営利目的，改変も可能というフリー素材の多い配布サイトを紹介しよう。利用規約が変更されている場合もあるので，実際に利用する際は，今一度利用規約や「よくある質問」を確認してほしい。

(1) 教育現場で使いやすいイラストが専門のサイト

　図1-15左のように教育現場で使いやすいイラストが専門のサイトに，「いらすとや（https://www.irasutoya.com/）」がある[30]。「いらすとや」は，様々なジャンルに分類されていて，学校行事や季節に応じたイラストを検索しやすい。膨大な点数があるため，サイト内の検索機能で，キーワードを入力して検索すると見つかりやすい。分類も細かいので，短時間で希望する画像を検索することができるであろう。

(2) 多彩な写真画像を配布しているサイト

　次に，イラストではなく，多彩な写真画像を配布しているサイトを紹介しよう。図1-15右の「ぱくたそ」は，質の高い風景や建物，人物，動物など多彩なジャンルの写真が揃っている[31]。特に，「ぱくたそ（https://www.pakutaso.com/）」は，人物写真が豊富なのが特徴であ

【30】他のサイト
イラストレイン
https://illustrain.com/
色味が穏やかで爽やかな絵柄のイラストが多い。

【31】他のサイト
pro.foto
https://pro.foto.ne.jp/
出版業界や広告業界などで活躍するプロカメラマンが撮影した高品質の写真をフリー画像素材として公開している。写真のジャンルは，女性モデルの無料人物写真素材，料理・食材・飲み物の無料フード素材，グラフィックデザイナーの無料CGイメージ素材など多岐に渡っている。

り，肖像権の許諾を得ているモデルリリースを取得している写真が多い。このサイトで検索すると，利用したい人物写真が見つかるであろう。

図1-15　イラストや写真が豊富なフリー素材サイト（左：いらすとや，右：ぱくたそ）

(3) クリエイティブ・コモンズを明示しているサイト

　作者が自らの意思で作品をパブリックドメインに置いた写真やイラストを検索できるサイトもある。図1-16の「pixabay（https://pixabay.com/）」は，クリエイティブ・コモンズに基づく独自基準で集めた素材を配布している[32]。日本語でも検索できるが，英語で検索した方が目的の画像がヒットしやすい。例えば「子供」より「child」，「数学」より「mathematics」の方が多くの画像がヒットする。

図1-16　クリエイティブ・コモンズを明示しているサイト

【32】他のサイト
Wikimedia Commons
https://commons.wikimedia.org/wiki/Main_Page
Wikipediaの画像専門のサイトである。パブリックドメインやフリー・ライセンスの教育的なメディア資料（画像，音声，動画）を収蔵している。

●Ｃ**OLUMN**　　データの記録媒体の発展とデータ管理

　情報機器の発展と合わせて，データを記録する電子媒体は，FD，CD-R，DVD−R，フラッシュメモリと短期間の間に普及・発展し，その記録容量も同時に飛躍的に発展してきた。近年では，クラウドシステム[33]を利用して，記録媒体を介さずネット上で保存・管理ができるようになった。個人のPCで記録・編集可能となりデータへのアクセスが容易となったため，大学での課題レポートや職場での仕事を自宅など様々な場所で行うことができる。以前までは，記録媒体の紛失による子供たちの成績や個人情報，試験問題などの教材の流失の危険性があった。それを防ぐために，多くの学校や自治体では，それらの記録・持ち出しが禁止されていることも多い。そこで，今後は，教育現場におけるクラウド活用の推進が期待されている。

【33】クラウドシステム
ファイルをクラウド上のデータセンターに保存するサービス。インターネットを介してファイルのアップロードやダウンロードを行うことができる。

第 2 章

Word 〜学級通信の作成

■ この章のポイント ▶

　Word は，文書作成のソフトウェアである。基本的には文字を入力するが，イラストや図，写真，グラフなどを挿入することもでき，学級通信や授業プリント，学習指導案などの作成ができる。

2−1 | Word の使い方

　Word は，以下のようなユーザーインターフェースで構成されている。

2-1-1 画面構成

①**クイックアクセスツールバー**…利用頻度の高いコマンドが表示されている。ユーザーが設定することも可能。

②**タブ**…クリックすると，それに応じたリボンが表示される。

③**タイトルバー**…スライドのファイル名（初期設定では［文書1］）が表示される。

④**リボン**…タブことにグループ化されたコマンドを実行するためのボタンが表示される。

⑤**ウインドウ操作ボタン**…アプリケーションを［最小化］［元に戻す（縮小）・最大化］［閉じる］コマンドが表示される。

⑥**表示選択ショートカット**…文書の表示を［閲覧モード］［印刷レイアウト］［Web レイアウト］に切り替えるコマンドが表示されている。

⑦**ズームスライダー**…表示されている文書の表示倍率を変更する。

2-1-2 リボン

Wordでよく利用するリボンについて紹介する。

①ホーム

フォントの変更など，よく利用されるコマンドがグループ化されているリボン。

コピー・切り取り　フォントの変更　箇条書き　　　　　　　　　　　　　検索・置換
貼り付け

②挿入

画像や図形，グラフなどを挿入する時に利用するリボン。

表の挿入　画像・オンライン画像・図形の挿入　　　ページ番号の挿入　テキストボックスの挿入

③レイアウト

ページや段落などを設定する時に利用するリボン。

余白の設定　段組みの設定　　　インデントの設定

④校閲

文書の校正やコメントの表示・追加・削除などを行う時に利用するボタン。

　　　　　　　文書内の文字数の確認
スペルチェックと文章校正　　　コメントの挿入・削除

⑤表示

文書の表示方法を変更する時などに利用するリボン。

表示設定　ルーラー・グリッド線の表示・非表示

⑥図ツール／書式

挿入した図などの色やサイズなどの設定を変更する時に利用するリボン。図などを選択した時にのみ表示可能となる。

図などの彩度・トーンなどの設定

図などの背景の削除　　図などにイラストなどの効果を設定　　図などの順序を変更　　図などのトリミング　　図などのサイズの設定

⑦数式ツール／デザイン

数式の入力や編集をする時に利用するボタン。数式エリアを選択した時にのみに表示可能となる。

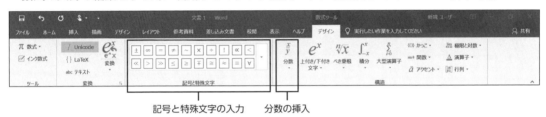

記号と特殊文字の入力　　分数の挿入

COLUMN　USB メモリの安全な取り外し

　USB メモリは，USB コネクターに接続して利用する記憶ストレージのことだが，取り外す時には注意が必要である。（図 1）のように，モニター右下で，隠れているインジケーターを∧をクリックして表示し，▯を選択する。表示された一覧の中から（図 2）のように自身の USB メモリを選択する。（図 3）のように表示されてから USB メモリを PC から抜く。もしも，（図 4）のように表示された時は，USB メモリ内のフォルダやファイルが開いている可能性がある。そのまま取り外すと，データが保存されなかったり，壊れてしまったりする可能性があるので，しっかりと保存してから取り外す。

　なお，USB メモリは HDD 等に比べてデータの欠損率が高く，長期保存には適していない。データの短期保存やデータ移動のためのツールだと思った方が良いだろう。

（図 1）　インジケーターの表示

（図 2）　USB メモリの選択の例

（図 3）　取り外し OK

（図 4）　取り外し NG

2-2 文書の設定

P46 の学級通信を作成するために，Word の準備をする。

〈2 節で扱う内容〉
・文字数／行数の設定
・余白の設定
・用紙サイズの設定

2-2-1 新しい用紙を準備

Word を起動し，新しい用紙を作成する。

① Windows の［スタートボタン］をクリックする
とスタートメニューが表示される。スタートメ
ニューの中から［Word］をクリックすると
Word が起動する。

② テンプレートの一覧の中から，［白紙の文書］を
クリックすると，図 2-1 のように新しい用紙が
表示される。

図 2-1 新しい用紙

2-2-2 文字数 / 行数，余白，用紙サイズを設定

課題の学級通信の設定（A4，縦，文字数 / 行数（文字数：40 字，行
数 36 行），余白（上 35mm，下左右 30mm）をする。

文字数と行数を設定する。

①［レイアウト］リボンの［ページ設定］グループ[1]にある［ダイア
ログボックス起動ツール］[2]をクリックすると［ページ設定］ダイ
アログボックスが表示される（図 2-3）。

②［文字数と行数］タブをクリックすると，図 2-3 のような内容が表
示される。

③［文字数と行数の指定］の［文字数と行数を指定する］をクリックす
ると，［文字数］の［文字数］ボックスがアクティブになる。

④［文字数］ボックスに 40 を入力する[3]。（初期設定が 40 の場合は，
そのままにしておく。）

図 2-2 ダイアログボックス
起動ツール

【1】グループ
各リボンにある設定ごとに仕
切られたまとまりのこと。

【2】ダイアログボックス起
動ツール
リボンの各グループの右下に
ある ⤢ のこと。

【3】数値の入力
スピンボタン（▲▼）で入力
しても，直接入力してもよい。

⑤［行数］の［行数］ボックスに 36 を入力する。（初期設定が 36 の場合は，そのままにしておく。）

余白を設定する。

⑥［余白］タブをクリックすると，図 2-4 のような内容が表示される。

⑦［余白］の［上］ボックスに 35，［下］［左］［右］にそれぞれ 30 を入力する。（初期設定が上 35，下左右 30 の場合は，そのままにしておく。）

用紙サイズを設定する。

⑧［用紙］タブをクリックすると，図 2-5 のような内容が表示される。

⑨［用紙サイズ］のドロップダウンリストで［A4］を選択する。（初期設定が A4 の場合は，そのままにしておく。）

⑩［OK］ボタンをクリックすると，［ページ設定］ダイアログボックスが閉じ，ページ設定が完了する。

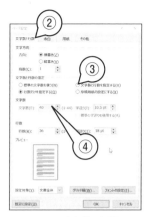

図 2-3　文字数と行数の
設定の画面

図 2-4　余白の設定の画面

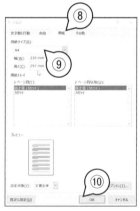

図 2-5　用紙の設定の画面

◉ **C**OLUMN　ページ設定

　2 節では，右図に示した各部分を設定した。Word で文書を作成する時はここで示したように，必要に応じて文字数・行数，余白，用紙サイズなどを設定すると良い。

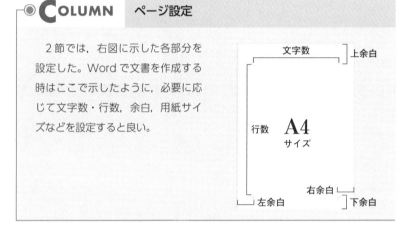

◉ **C**OLUMN　文章の保存と上書き保存

・保存

　［ファイル］タブをクリックすると下図のようなファイルメニューが表示される。［名前を付けて保存］をクリックすると，［名前を付けて保存］画面が表示される。保存したいフォルダをクリックすると，［名前を付けて保存］ダイアログボックスが表示される。［ファイル名］のボックスに保存したい名前を入力し，［保存］ボタンをクリックすると保存ができる。保存は P44 でも詳しく説明する。

・上書き保存

　［上書き保存］ボタンをクリックすると，上書き保存ができる。なお，上書き保存をすると，それまで保存していた内容が上書きされ消去されることに注意が必要である。それまでのものを保持する場合は，［名前を付けて保存］で異なったファイル名で保存するとよい。

2–3 | 文字列の入力・編集

準備した用紙に文字を入力し，フォントなどを変更する。

明日は音楽会♪

のあさんの朝の第一声が「昨日の夢は音楽会。すごく緊張したけど，いっぱい練習したので，上手にできて，一安心。と思ったら目が覚めた。夢じゃなかったらよかったのに！」でした。明日はいよいよ音楽会ですね。いっぱい練習しているので夢にもでてくるみたいですね。本番もぜひがんばりましょう！

音楽会のプログラム

開始時刻：10時　場所：体育館

1.　「5年　明日にむかって」
2.　「1年　なかよしマーチ」
3.　「3年　にじ」
4.　「4年　ここで全力！」
5.　「2年　ともだち」
6.　**「6年　勇気をもってとびだそう」**

〈3節で扱う内容〉
・フォントの変更
・フォントサイズの変更
・文字位置の変更
・太字・下線
・斜体・囲み線
・フォントの色の変更
・ルビ・箇条書き
・インデント
・段組み

2-3-1 文字列の入力

学級通信の「明日は音楽会♪」部分の文字列を入力[1] をする。

①以下の文章を入力する[2]。

> 明日は音楽会♪
> のあさんの朝の第一声が「昨日の夢は音楽会。すごく緊張したけど，いっぱい練習したので，
> 上手にできて，一安心。と思ったら目が覚めた。夢じゃなかったらよかったのに！」でした。
> 明日はいよいよ音楽会ですね。いっぱい練習しているので夢にもでてくるみたいですね。本
> 番もぜひがんばりましょう！
> 音楽会のプログラム
> 開始時刻：10時　場所：体育館
> 「5年　明日にむかって」
> 「1年　なかよしマーチ」
> 「3年　にじ」
> 「4年　ここで全力！」
> 「2年　ともだち」
> 「6年　勇気をもってとびだそう」

【1】文字入力
文字の入力方法が分かりにくい場合は，附録3を参照すること。

【2】記号「♪」
「♪」マークは，「おんぷ」と入力し，スペースキーを押すと一覧に表示されるので選択する。

2-3-2 フォントなどの編集

入力した文字列のフォントやフォントサイズなどを編集する。

1 文字列「明日は音楽会♪」を編集する。

フォントを「MSゴシック」にする。

①文字列「明日は音楽会♪」をドラッグ[3] して選択する[4]。

②［ホーム］リボンの［フォント］グループにある［フォント］のドロップダウンアロー[5] をクリックするとドロップダウンリストが表示される。リストから［MSゴシック］を選択しクリックすると，文字列のフォントがMSゴシックに変更される。

【3】ドラッグ
マウスを左クリックしたまま動かすこと。

【4】文字列の選択
行全体の文字列を選択する時は，行の左側にカーソルを移動させ，◢ の形になった時に左クリックしても選択できる。

【5】ドロップダウンアロー
［フォント］などの横にある「▼」のこと。

フォントサイズを 20 ポイントにする。

③文字列「明日は音楽会♪」を選択する。

④［ホーム］リボンの［フォント］グループにある［フォントサイズ］のドロップダウンアローをクリックするとドロップダウンリストが表示される。リストの［20］をクリックすると，文字列のフォントサイズが 20 ポイントに変更される。

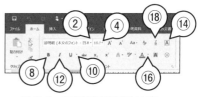

図 2-6 文書編集に関するリボン

文字位置を変更する。

⑤文字列「明日は音楽会♪」を選択する。

⑥［ホーム］リボンの［段落］グループにある［中央揃え］をクリックすると，文字列が中央揃えになる[6]。

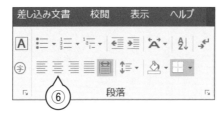

図 2-7 左揃え，中央揃え，右揃えのボタン

2 文字列「6 年 勇気をもってとびだそう」を編集する。

太字（ボールド）にする。

⑦文字列「6 年 勇気をもってとびだそう」を選択する。

⑧［ホーム］リボンの［フォント］グループにある［太字］をクリックすると，文字列のフォントが太字に変更される[7]。

下線をひく。

⑨文字列「6 年 勇気をもってとびだそう」を選択する。

⑩［ホーム］リボンの［フォント］グループにある［下線］のドロップダウンアローをクリックすると，ドロップダウンリストが表示される。リストの［点線の下線］を選択すると，文字列に下線が引かれる[8]。

3 文字列「昨日の～よかったのに！」を編集する。

斜体にする。

⑪文字列「昨日の～よかったのに！」を選択する。

⑫［ホーム］リボンの［フォント］グループにある［斜体］をクリックすると，文字列のフォントが斜体に変更される[9]。

4 文字列「音楽会のプログラム」を編集する。

囲み線をする。

⑬文字列「音楽会のプログラム」を選択する。

⑭［ホーム］リボンの［フォント］グループにある［囲み線］をクリックすると，文字列が囲み線で囲まれる[10]。

【6】左揃え・右揃え
「左揃え」ボタンで左揃え，「右揃え」ボタンで右揃えができる。

【7】太字の解除
解除するには再度⑦⑧を繰り返す。

【8】下線の解除
解除するには再度⑨⑩を繰り返す。

【9】斜体の解除
解除するには再度⑪⑫を繰り返す。

【10】囲み線の解除
解除するには再度⑬⑭を繰り返す。

文字に色を付ける。

⑮文字列「音楽会のプログラム」を選択する。

⑯ [ホーム] リボンの [フォント] グループにある [フォントの色] のドロップダウンアローをクリックすると, 図2-8のようなドロップダウンリストが表示される。「赤」をクリックすると, フォントの色が変更される。

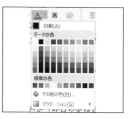

図2-8 フォントの色設定の
ドロップダウンリスト

⑤ 文字列「緊張」を編集する。

ルビをふる。

⑰文字列「緊張」を選択する。

⑱ [ホーム] リボンの [フォント] グループにある [ルビ] をクリックすると, 図2-9のようなダイアログボックスが表示される。

⑲ [文字単位] をクリックすると, 図2-9の [ルビ] ボックスのように表示されるので, [ルビ] ボックスで確認, および調整し, [OK] ボタンをクリックするとルビがふられる。

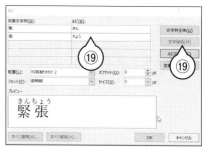

図2-9 ルビ設定に関する
ダイアログボックス

⦿**C**OLUMN　　**段落・間隔の設定**

・行と段落の間隔の設定

　[ホーム] リボンの [段落] グループにある [行と段落の間隔] ボタンをクリックすると, 行と段落の間隔の設定ができる。

　なお, [ホーム] リボンの [段落] グループにある [段落の設定] のダイアログボックス起動ツールをクリックすると, 右図のような詳細に設定できるダイアログボックスが表示され, 設定が可能となる。例えば, 行間を変更したい文字列を選択し, [インデントと行間隔] タブの [間隔] にある [行間] を「固定値」として「間隔」の値を小さくすると, 「行間」が狭くなる。

⦿**C**OLUMN　　**文字列の検索と置換**

・検索

　[ホーム] リボンの [編集] グループにある [検索] ボタンをクリックすると右図のような検索画面がでてくる。検索ボックスに検索したい文字列を入力すると, 文書中からその文字列が検索される。

・置換

　[ホーム] リボンの [編集] グループにある [置換] ボタンをクリックすると右図のような置換画面がでてくる。置換する前の文字列を [検索する文字列] ボックスに入力し, 置換した後の文字列を [置換後の文字列] ボックスに入力し, [置換] または [すべて置換] ボタンをクリックすると文字が置換される。なお, [置換] は個別に順次確認しながら置換し, [すべて置換] は一斉置換となる。

2-3-3 箇条書きの設定

「5年　明日にむかって」～「6年　勇気をもってとびだそう」の部分を箇条書きにする。

① 文字列「5年　明日にむかって」～「6年　勇気をもってとびだそう」を選択する。

② [ホーム] リボンの [段落] グループにある [段落番号] のドロップダウンアローをクリックすると，図2-10のようなドロップダウンリストが表示される。

③ [番号ライブラリ] から [1. −] をクリックすると，段落番号がふられる[11]。

図2-10　段落番号の
ドロップダウンリスト

【11】箇条書きの設定
箇条書きは「箇条書き」ボタンからできる。

2-3-4 インデントの設定

「5年　明日にむかって」～「6年　勇気をもってとびだそう」の部分をインデントする。

① [表示] リボンの [表示] グループにある [ルーラー] のチェックボックス（□部分）をクリックすると，レ点が入りルーラーが表示される。

図2-11　ルーラーに関するボタン

② 文字列「5年　明日にむかって」～「6年　勇気をもってとびだそう」を選択する。

③ ルーラーのインデントマーカー[12] の「左インデント」を任意の位置までドラッグするとインデントができる[13]。

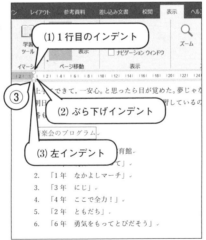

図2-12　インデントの設定

【12】インデントマーカー
(1) 1行目のインデント：段落の1行目の開始の位置を設定。
(2) ぶら下げインデント：段落の2行目以降の開始の位置を設定。
(3) 左インデント：段落全体の開始の位置を設定。
(4) 右インデント：段落全体の行末の位置を設定。

【13】インデント
[ホーム] タブの [段落] グループの [段落の設定] のダイアログボックス起動ツールをクリックすると [段落] ダイアログボックスが表示される。[インデントと行間隔] のタブをクリックすると，インデントを設定できるダイアログボックスが表示され，[インデント] 部分を操作すると，インデントの設定ができる。

図2-10のダイアログボックスの下段にある［新しい番号書式の定義］ボタンをクリックすると右図のようなダイアログボックスが表示される。

［番号の種類］のボックスをクリックするとドロップダウンリストが表示され，新しい番号の種類を選択することができる。

2-3-5 段組みの設定

「のあさん～勇気をもってとびだそう」の部分を2段組みにする。

① 文字列「のあさんの朝の第一声～勇気をもってとびだそう」を選択する。

② ［レイアウト］リボンの［ページ設定］グループにある［段組み］のドロップダウンアローをクリックすると，図2-14のようなドロップダウンリストが表示される。

③ ［2段］をクリックすると，例題2-2のような2段組になる[14]。

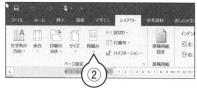

図2-13　段組みの設定のボタン

図2-14　段組みの
ドロップダウンリスト

【14】段落の詳細設定
「段組みの詳細設定」を選択すると，さらに詳細な段組み設定ができる。

文書に書式を自動的に設定する機能である。例えば，段落番号を設定すると，番号が自動的に付与される。また途中に行を追加すると，番号が再度設定されなおす。これはオートフォーマット機能による。なお，［ファイル］メニューの［オプション］をクリックすると，［Wordのオプション］ダイアログボックスが表示される。その中の［文章校正］をクリックし，さらに［オートコレクトのオプション］をクリックすると，右図のようなダイアログボックスが表示され，［オートフォーマット］をクリックすると自動的に設定されている内容の確認ができ，設定，解除ができる。

2-4 表の挿入

例題 2-3

座席表を作成する。

席がえしました☆

黒板

たばた	とみなが		わたなべ	もりや		おおた	かとう
もりおか	なりた		さとう	やまだ		たなか	なかお
きもと	ひらき		こばやし	くもで		おだ	きりゅう

〈4節で扱う内容〉
・3行×8列の表の挿入
・均等割り付け

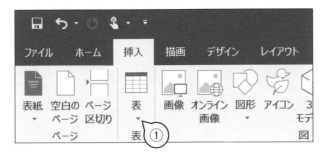

2-4-1 表の作成

座席表を作成するため，表を挿入する。

〈準備〉P46の学級通信のようにするため，3節で入力・編集した「明日は音楽会♪」の本文の下に，「席替えしました☆」を20ポイントMSゴシック，「黒板」を10.5ポイントMS明朝で入力し，中央揃えにする。

① 「黒板」の下の位置にカーソルをおき，［挿入］リボンの［表］グループにある［表］のドロップダウンアローをクリックすると，図2-16のようなドロップダウンリストが表示される。

② ［表の挿入］部分でマウスポインタを移動させ，3行×8列になるように選択してクリックすると，表が挿入される[15]。

【15】表作成
［表の挿入］をクリックしてからも表作成ができる。

図2-15　表のボタン

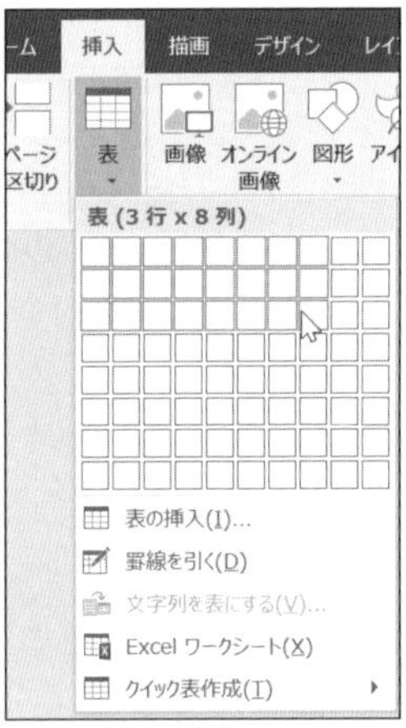

図2-16　表のドロップダウンリスト

2-4-2 文字列の入力・編集

座席表に文字（児童の名前）を入力する。

①例題2-3のようにそれぞれのセルに文字（児童の名前）を入力する。

②フォントをMS明朝，フォントサイズを10.5ポイントにする。

均等割り付けをする。

③「たばた」の位置にカーソルをおく。

④［ホーム］リボンの［段落］グルー
プにある［均等割り付け］をク
リックすると，セルの中で文字が
均等割り付けされる[16]。

⑤表中の他の名前についても，③～
④と同様の手順で均等割り付けにする。

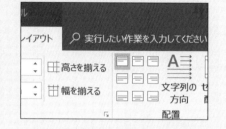

図2-17　均等割り付けボタン

【16】均等割り付け（文字数
指定）

文字列を選択してから均等割
り付けすると，文字数指定の
均等割り付けとなる。

◉ COLUMN　表中の文字の配置

　表のセルが広い場合は文字の配置ができる。表の中にカー
ソルがある時［表ツール レイアウト］リボンが表示可能とな
る。その［表ツール レイアウト］リボンの［配置］グループ
の枠内の9個のボタン（右図）により水平方向・垂直方向につ
いて，「両端揃え」「中央揃え」「右揃え」と［上揃え］［中央
揃え］［下揃え］の組み合わせで文字が配置できる。

◉ COLUMN　表の編集

　例題では利用していないが，表を利用する時に覚えてお
いた方が良いものを以下にまとめておく。必要に応じて確
認，利用すること。

（1）セルの結合…表中の複数のセルをまとめる。

①結合するセルをドラッグして選択する（図1）。

②［表ツール レイアウト］リボンの［結合］グループにあ
　る［セルの結合］ボタンをクリックすると，セルが結合
　される。

（図1）

（図2）

（2）斜線をひく…表中のセルに斜線をひく。

①斜線をひくセルにカーソルをおく。

②［表ツール デザイン］リボンの［飾り枠］グループにあ
　る［罫線］のドロップダウンアローをクリックすると，
　図3のようなドロップダウンリストが表示される。

③［斜め罫線（右上がり）］をクリックすると，斜線がひけ
　る。

（3）表の移動

①表の左上の⊞をドラッグすると，表が移動できる。

（4）表のサイズ変更

①表の右下の□をドラッグすると，表のサイズの変更ができる。

（図3）

2－5 　数式・図形・画像などの挿入

例題 2－4

数式・図形・画像などを挿入する。

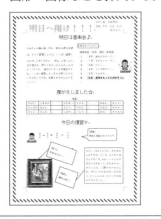

〈5節で扱う内容〉
・数式の挿入
・図形(吹き出し：角を丸めた四角形)の挿入
・図形(吹き出し：線)の挿入
・画像(ダウンロードした画像)の挿入
・画像(オンライン画像)の挿入
・テキストボックスの挿入
・ワードアートの挿入
・ヘッダーの挿入
・ページ罫線の挿入

2－5－1 　数式の挿入

「今日の復習Ψ」部分の数式を入力する。

〈準備〉P46の学級通信のようにするため，4節で作成した座席表の下に，「今日の復習Ψ」[17]を20ポイントMSゴシックで入力し，中央揃えにする。

①［挿入］リボンの［記号と特殊文字］グループにある［記号と特殊文字］のドロップダウンアローをクリックすると，ドロップダウンリストが表示される。表示されたリストの［数式］のドロップダウンアローをクリックすると図2-18のようなドロップダウンリストが表示される。

②［新しい数式の挿入］をクリックすると，図2-19の［数式ツール デザイン］リボンが表示され，図2-20のような数式エリアが文書内に表示される。

③数式エリアに［4/5 ÷ 3/7＝4/5 × 7/3］と入力する。Enterキーを押すと，例題2-4の数式のように変換される[18]。

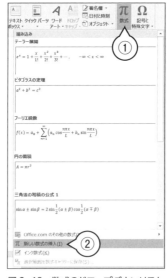

図2-18 　数式のドロップダウンリスト

【17】記号「Ψ」
「Ψ」はギリシャ文字でプサイとよむ。

【18】分数入力
4/5と入力して，Enterキーで決定すると分数になる。

図2-19 　数式ツール　デザインのリボン

図2-20 　数式入力エリア

④文字列を選択し，［ホーム］リボンの［フォント］グループにある
　［フォントサイズ］を 14 にすると，フォントサイズが 14 ポイントに
　変更される。

2-5-2　図形の挿入

◼ 図形 (吹き出し：角を丸めた四角形) を挿入し，編集する。

①［挿入］リボンの［図］グループにある［図形］のドロップダウ
　ンアローをクリックすると，図 2-21 のようなドロップダウンリ
　ストが表示される。

②ドロップダウンリストの［吹き出し］の［吹き出し：角を丸めた
　四角形］をクリックするとドロップダウンリストが閉じる。図形
　を挿入したい位置で再度クリックすると，［吹き出し：角を丸め
　た四角形］が図 2-22 のように挿入される。

図 2-21　図形のドロップダウン
　　　　　リスト

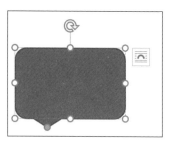

図 2-22　角を丸めた四角形

挿入した図形のスタイルを変更する。

③ ［描画ツール　書式］リボンの［図形のスタイ
　 ル］グループにある［図形の塗りつぶし］のド
　 ロップダウンアローをクリックすると，図2-24
　 のようなドロップダウンリストが表示される。

④ ［塗りつぶしなし］をクリックすると，図形の
　 内部の色が透明色に変更される。

⑤ ［描画ツール　書式］リボンの［図形のスタイ
　 ル］グループにある［図形の枠線］のドロップ
　 ダウンアローをクリックすると，図2-25のよ
　 うなドロップダウンリストが表示される。

⑥ ［テーマの色］の［黒，テキスト1］をクリッ
　 クすると，図形の枠線が黒色に変更される。

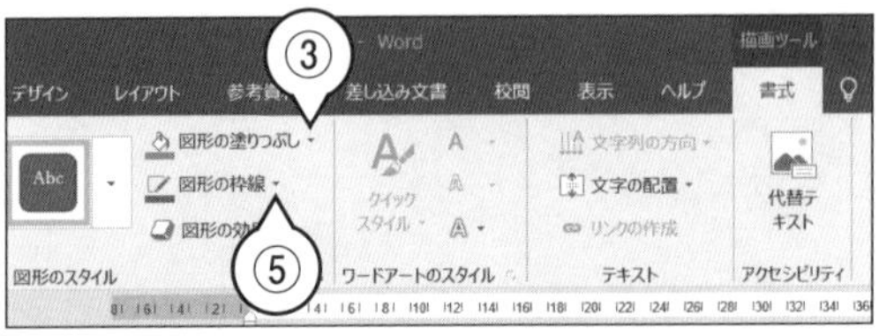

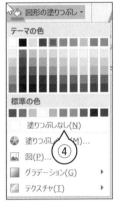

図2-23　描画ツール　書式のリボン

図2-24　図形の塗りつぶ
しのドロップダウンリスト

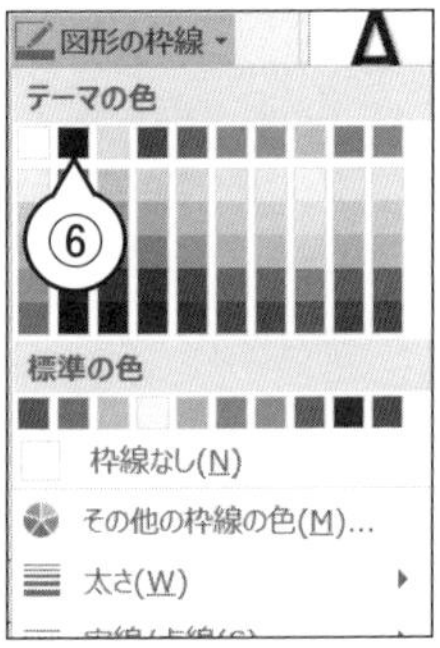

図2-25　図形の枠線の
ドロップダウンリスト

挿入した図形に文字を入力する。

⑦図形の中をクリックすると文字入力が可能となる。
　 図2-26のように文字列「[算数] 理由を説明できますか？」を入力する。

挿入した図形のサイズ，位置を変更する。

⑧図形の枠線にあるサイズのハンドル（白色
　 の○）をドラッグし，図2-26のように入
　 力した文字列が表記されるように図形のサ
　 イズを変更する。

⑨図形の枠線にある変形のハンドル（黄色の

　 ○）をドラッグし，吹き出し口の方向を図2-26のように変更する。

⑩図形の枠線上にマウスポインタをおくと，ポインタが　　のように変
　 更される。図形をドラッグアンドドロップ[19] し，例題2-4の場所に
　 移動させる。

図2-26　図形の変更

$$\frac{4}{5} \div \frac{3}{7} = \frac{4}{5} \times \frac{7}{3}$$

今日の復習Ψ

［算数］
理由を説明できますか？

【19】ドラッグアンドドロップ
マウスの左ボタンを押したま
ま，マウスを移動をして，左
ボタンをはなす。

2 図形（吹き出し：線）を挿入し，編集する。

⑪ ［挿入］リボンの［図］グループにある［図形］のドロップダウンア
　 ローをクリックするとドロップダウンリストが表示される。表示され
　 たドロップダウンリストの［吹き出し］の［吹き出し：線］をクリッ
　 クするとリストがとじる。図形を挿入したい位置でクリックすると，
　 図形が図2-27のように挿入される。

⑫図形上部の回転のハンドル（丸い矢印）をドラッグすると，図形が回
　 転できるので例題2-4のように回転させる。

⑬⑦と同様の手順で，例題2-4のように「[図工] 作家はだれ？」を入力する。

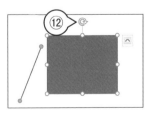

図2-27　図形の回転の
ハンドル

⑭図形のサイズ，位置などを見本のように⑧〜⑩の手順で変更する。

◉COLUMN　描画キャンバスと図形のグループ化

・描画キャンバス

　描画キャンバスとは複数の図形を 1 つの図形とする際に利用する。描画キャンバス上で複数の画像を配置すると，描画キャンバスとして 1 つの図形として扱うことができる。なお，[挿入] リボンの [図] グループにある [図形] ボタンのドロップダウンアローをクリックすると，右図のようなドロップダウンリストが表示され，その中の [新しい描画キャンバス] をクリックすると，描画キャンバスが表示される。

・図形のグループ化

　複数の図形を 1 つの図形とするのが図形のグループ化である。図形の移動や拡大・縮小に便利である。複数の画像を Shift キーを押しながら選択し，[描画ツール 書式] リボンの [配置] グループにある [オブジェクトのグループ化] のドロップダウンアローをクリックすると下図のようなドロップダウンリストが表示される。[グループ化] をクリックすると設定，[グループ解除] をクリックすると解除ができる。

　なお，複数の図を選択し，右クリックから [グループ化] を選択する方法もある。「2-5-3 画像の挿入と編集」で説明する。

2-5-3 画像の挿入と編集

■ ダウンロードして保存した画像の挿入と編集

事前にダウンロードして保存した画像を挿入する[20, 21]。

①[挿入] リボンの [図] グループにある [画像] ボタン（図 2-28）をクリックすると，[図の挿入] のダイアログボックスが表示される。

図 2-28　画像のボタン

②ダウンロードして保存しておいた「画像等一覧フォルダ」の中から，「Picture1」を選択する。[挿入] をクリックすると，選択した画像が文章中に挿入される。

挿入した画像を移動する。

③画像がアクティブになっている状態で，[図ツール　書式] リボンの

【20】画像選択時の注意点
画像を選ぶ場合は，「肖像権」など人権などに注意をする必要がある。

【21】画像のダウンロード
挿入する画像を含む「画像等一覧フォルダ」は，P216 の方法で事前にダウンロードし，保存しておくこと。

［配置グループ］にある［文字の折り返し］のドロップダウンアローをクリックすると，ドロップダウンリストが表示される（図2-29）。

④［四角形］をクリックすると図形の移動が可能となる[22]。

⑤画像をドラッグアンドドロップし，例題2-4の場所に移動させる。

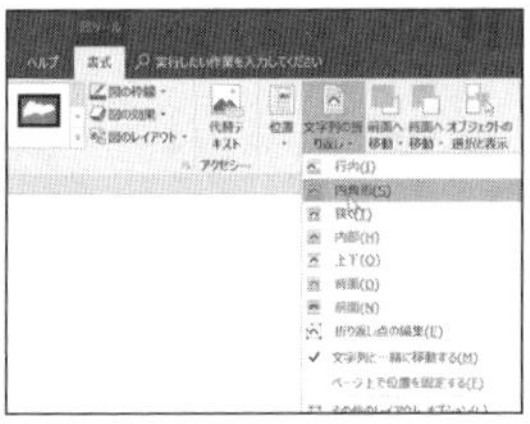

図2-29　文字の折り返しの
ドロップダウンリスト

挿入した画像を編集する。

⑥画像を選択する。

⑦［図ツール 書式］タブの［調整］グループ（図2-30）にある［アート効果］のドロップダウンアローをクリックすると，図2-31のようなドロップダウンリストが表示される。

⑧アート効果の中で［鉛筆：スケッチ］をクリックすると，画像に効果が反映される。

図2-30　図ツール　書式のリボン

図2-31　アート効果の
ドロップダウンリスト

挿入した画像と図をグループ化する。

⑨P36（「2図形の挿入」「**2**図形（吹き出し：線）」）で作成した図と挿入した画像を図2-32のように並べる[23]。

⑩Shiftキーを押しながら図と画像をクリックすると，2つが選択される。

⑪選択した図の上で右クリックし，［グループ化］の［グループ化］をクリックすると，グループ化される。

図2-32　グループ化の画面

【22】レイアウトオプション
画像がアクティブになっている時に，画像右横に出てくる図をクリックして表示されるレイアウトオプションから変更することも可能である。

【23】画像などの前面・背面
挿入した複数の画像や図形などを重ねると，前面にしたい図が背面になってしまう時がある。これは，Wordなどでは後から追加したものを前面（上）にするように設計されているからである。そのような場合は，前面にしたい画像などを選択し，［描画ツール 書式］，［図ツール　書式］リボンの［配置］グループにある［前面へ移動］のドロップダウンリスト一覧から，「最前面へ移動」などを選択する。COLUMN「画像・図形の順序」P39も確認しておくこと。

◉COLUMN　文字の折り返し

　図形や画像などを挿入すると，それらは［文字の折り返し］で［行内］として挿入される。［行内］で挿入された画像などの場合，挿入された行を独占してしまい，そのままでは他の画像や文字を画像の横に入力することができない。また，画像を自由に移動させることが難しい。［文字の折り返し］には［行内］の他に，［四角形］や［前面］，［背面］などがあり，いずれも画像などを自由に動かすことができる。

　［四角形］では右図のように文字が画像などを周り込むように表示される。［前面］では文字の前に画像などが表示され，［背面］では文字の後ろに回り込むように表示される。画像などを挿入した際は，必要に応じて図ツール［書式］リボンの［配置］グループにある［文字の折り返し］から変更すると良い。

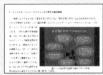

2 オンライン画像（2個）の挿入

⑫ ［挿入］リボンの［図］グループに
ある［オンライン画像］（図2-33）を
クリックすると，［オンライン画像］
のダイアログボックスが表示される。

図2-33　オンライン画像のボタン

⑬ Bingの検索入力ボックスに「児童　イラスト」と入力し，［Enter］
キーを押すと検索ができる。［Creative Commonsのみ］のチェック
ボックスにレ点が入っていることを確認し，検索結果から例題2-4の
画像と同じものを1個選択する[24, 25]。［挿入］をクリックすると，選
択した画像が文章中に挿入される。

⑭ 挿入した画像をドラッグアンドドロップし，例題2-4の位置に移動させる。

⑮ ⑬⑭をくり返してもう1個の画像を挿入する。

【24】検索の結果
一覧表示された画像の中に例
題2-4と同じものがなけれ
ば，類似したものを挿入する。

【25】著作権など
Webからの利用の場合は，
著作権に注意が必要である。
著作権については，1-2「著
作物の利用」P16を参照。

◉ **C**OLUMN　　**画像・図形の順序**

図形や画像などが重なると前後関係ができる。
　［描画ツール　書式］，［図ツール　書式］リボンにある［配置］グループの，
［前面への移動］または［背面へ移動］（及びドロップダウンアローをクリッ
ク し，ドロップダウンリストを表示してその中のボタン）などをクリックすると前面や背面へ図形が移動される。

◉ **C**OLUMN　　**挿入した画像などの背景を透明色にする**

　オンライン画像で挿入した画像の中には，背景が白く（四角）に残っているものがある。また，自身の描い
たイラストをスマートフォンのカメラなどで撮り，PCに取り込んで利用する時にも，イラストの背景が白く
残る場合がある。図形の背景が不必要な時には，以下の2つの方法で背景を透明化できる。

・方法1：［透明色を指定］
　図がアクティブになっている状態で，［図ツール　書式］リボンの［調整］
グループにある［色］のドロップダウンアローをクリックするとドロップダ
ウンリストが表示される（右上図）。ドロップダウンリストの中から［透明色
を指定］をクリックするとリストがとじる。透明にしたい部分（ここでは背
景の白色）をクリックすると，背景色が削除され，透明化される。

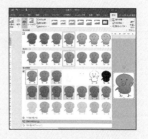

・方法2：［背景の削除］
　図がアクティブになっている状態で，［図ツール　書式］リボンの［調整］グ
ループにある［背景の削除］をクリックすると右下図のようになる。紫色で表示
されている部分が透明になるので，［保持する領域としてマーク］または［削除す
る領域としてマーク］を利用して，透明にしたい部分のみが紫色になるようにする。
［変更を保持する］ボタンをクリックすると，背景色が削除され，透明化される。
なお，方法1は簡便な方法だが，透明にしたい部分の色と同じ色が透明にな
る可能性がある（例えば，背景色が白で，目の色が白の場合，目の白も透明に
なる）ので注意が必要である。

2-5-4 テキストボックスの挿入と編集

作成する学級通信にテキストボックスを挿入する。

① [挿入] リボンの [テキスト] グループにある [テキストボックス] のドロップダウンアローをクリックすると，ドロップダウンリストが表示される（図2-34）。

② [シンプルテキストボックス] をクリックすると，文章中にテキストボックスが挿入される。

図2-34 テキストボックスのドロップダウンリスト

テキストを挿入する。

③ 「青空文庫」https://www.aozora.gr.jp/ にアクセスして，「おおかみと七ひきのこどもやぎ」を検索する[26〜28]。

④ 「おおかみと七ひきのこどもやぎ」のページで「いますぐXHTML版で読む」をクリックする。文字列「むかし〜ありませんでした。」を選択[29] し，右クリックをすると，図2-35のようなダイアログボックス[30] が表示される。

図2-35 テキスト選択して右クリックした際のダイアログボックス

⑤ [コピー] をクリックすると，ダイアログボックスが消える。

⑥②で挿入したテキストボックスをクリックして選択し，その上で右クリックをすると図2-36のようなダイアログボックスが表示される。

⑦ [貼り付けのオプション] で [テキストのみ保持] をクリックすると，テキストボックスにテキストが貼り付けされる。

⑧テキストボックスをクリックすると，[描画ツール　書式] リボンが表示可能となる。

⑨ [描画ツール　書式] リボンの [図形のスタイル] グループの [図形の枠線] のドロップダウンアローをクリックするとドロップダウンリストが表示される。

図2-36 テキストボックス上で右クリックした際のダイアログボックス

【26】検索方法
青空文庫の Top ページのメインエリアの [公開中　作家別] の [か行] をクリックする。[グリム ヴィルヘルム・カール] をクリックし，[公開中の作品] の [おおかみと七ひきのこどもやぎ] をクリックする。

【27】指定のものが無い場合
公開されていない場合は，適宜他の作品を利用して，作品を作るようにする。

【28】著作権など
Web からの利用の場合は，著作権に注意が必要である。

【29】選択
ドラッグすると選択ができる。

【30】
Google Chrome の場合，図2-35 のように表示される。Internet Explorer などの場合は異なる可能性があるので注意すること。

【31】枠線
最初から枠線が入っている場合は，挿入の必要はない。他の色を選択すると，他の色で枠線を挿入することも可能。[枠線無し] を選択すると枠線がなくなる。

⑩［黒，テキスト 1］をクリックすると枠線が挿入される[31]。

⑪テキストボックスは P46 の学級通信に近い位置に適宜配置し，例題
2-4 の「[[国語] 題名は何？」部分を P36 ⑪〜⑭を使って作成する。

◉COLUMN　貼り付けの種類

　　貼り付けする際に右クリックでダイアログボックスを表示した場合，［元の書式を保持］［書式を結合］［図］［テキストのみ保持］などが選択できる。［元の書式を保持］の場合は，元の書式が保持されたまま貼り付けられ，［書式を結合］の場合は元の書式と貼り付け先の書式が結合され貼り付けられ，［テキストのみ保持］の場合はテキストだけ保持されて貼り付けされる。

　　また，［ホーム］リボンの［クリップボード］グループにある［貼り付け］のドロップダウンアローをクリックすると，［貼り付けオプション］のドロップダウンリストが表示される。［元の書式を保持］［書式を結合］［図］［テキストのみ保持］などが選択できる。

　　［形式を選択して貼り付け］をクリックすると，下図のような［形式を選択して貼り付け］のダイアログボックスが表示される。［テキスト］の場合はテキストのみ保持されて貼り付け，［図（GIF）］の場合は，GIF 形式で図が貼り付けられる。図の場合は，それぞれの形式で貼り付けられることに注意が必要である。［HTML形式］や［Unicode テキスト］はそれぞれの形式のテキストで貼り付けがされる。［Microsoft Office Word 文書オブジェクト］の場合は，Word オブジェクトとして編集が可能な状態で貼り付けられる。なお，それぞれダイアログボックスの［結果］部分にそれらの内容が表示されている。なお［貼り付け形式］に表示される貼り付け形式は，可能なもののみ表示される。

2-5-**5**　ワードアートの挿入

学級通信の題名をワードアートで作成する。

①［挿入］リボンの［テキスト］グループにある［ワードアート］のドロップダウンアローをクリックすると図 2-37 のようなドロップダウンリストが表示される。

②ドロップダウンリストの中から［塗りつぶし：白；輪郭：青，アクセントカラー 1；光彩：青，アクセントカラー 1］[32] をクリックすると，図 2-38 のようなワードアートテキスト入力ボックスが表示される。

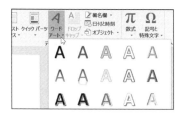

図 2-37　ワードアートの
ドロップダウンリスト

図 2-38　ワードアート
テキスト入力ボックス

【32】ワードアートの選択
指定されているワードアートの種類が無い場合は，他の種類を選択する。

【33】ワードアートの編集
ワードアートの挿入後，［描画ツール　書式］リボンの［ワードアートのスタイル］グループに［文字の効果］などのボタンがあるので，それらのボタンをクリックすると，ワードアートの編集ができる。

③入力ボックスに「明日へ翔け!!!」を入力する。

④例題 2-4 の位置にワードアート（テキストボックス）を移動させる[33]。

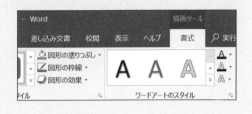
2-5-6　ヘッダーの挿入

ヘッダーに学級通信の号数などを記入する。

①［挿入］リボンの［ヘッダーとフッター］グループにある［ヘッダー］のドロップダウンアローをクリックすると，ドロップダウンリストが表示される（図 2-39）。

②［ヘッダーの編集］をクリックすると，図 2-40 のようにヘッダーが編集できる状態になる。

③文字「6 年 1 組　学級通信　令和　X 年　X 月　X 日　第 23 号」と入力する。

④［ヘッダー／フッターツール デザイン］リボンの［閉じる］グループにある［ヘッダーとフッターを閉じる］をクリックすると，ヘッダーの編集が終了する。

図 2-40　ヘッダーの編集画面

図 2-39　ヘッダーのドロップダウンリスト

2-5-**7** ページ罫線の挿入

学級通信のページ全体を囲む罫線を作成する。

① ［デザイン］リボンの［ページの背景］グループに
　ある［ページ罫線］をクリックすると，図2-42の
　ようなダイアログボックスが表示される。

② ［ページ罫線］の［種類］の「囲む」を選択する。

③ ［ページ罫線］の［絵柄］の「鉛筆」を選択する。

④ ［ページ罫線］の［線の太さ］を16ポイントにし，
　［OK］をクリックするとページ罫線が表示される。

図2-41　ページ罫線のボタン

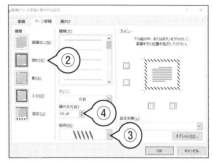

図2-42　ページ罫線のダイアログボックス

◉COLUMN　レイアウトと文字の折り返し

　ワード文章にExcelで作ったグラフや自分で撮影した写真などを貼り付けたり，「挿入」で図形等を挿入したりするときに，文章とその画像の位置関係を調整する必要がある。そんな場合は，レイアウトオプションの「文字列の折り返し」を利用する。まず，画像をクリックする。次にレイアウトオプションをクリックして，「文字列の折り返し」から文字列の中にどのように画像を配置するかを選択してクリックする。例えば，「四角」にすると，文字列が画像を囲むようなレイアウトになる。この状態で画像をドラッグすれば，文章内で画像を移動できる。

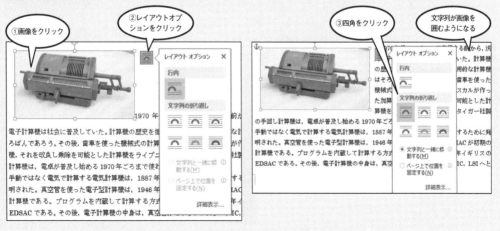

2-6 保存と印刷

作成した学級通信を保存し，印刷をする。

2-6-1 文書の保存

① ［ファイル］タブをクリックすると，図2-43のような［ファイル］メニュー画面が表示される。

② 一覧の中から，［名前を付けて保存］をクリックすると，図2-44のようなフォルダ選択画面が表示される。

③ ［参照］をクリックすると，［名前を付けて保存］のダイアログボックスが表示される（図2-45）。

③ 左側のリストから［ドキュメント］や［デスクトップ］，外付けのUSB

図2-43
［ファイル］
メニュー

図2-44　フォルダ選択の画面

図2-45　保存の画面

フラッシュメモリ等の保存する場所を選択し，さらに右側のリストの保存したいフォルダを選択し，［ファイル名］のボックスに任意のファイル名をつけて［保存］ボタンをクリックするとファイルが保存される。右側のボックスにはフォルダがあれば表示される。

［新しいフォルダー］をクリックすると新しいフォルダを作成できる。なお，上部のボックスにその階層が表示される。

2-6-2 文書の印刷

作成した学級通信を印刷する。

① ［ファイル］メニューの一覧の中から［印刷］をクリックすると図2-46のような画面が表示される。

② ［プリンター］で任意のプリンターを選択する。

③ ［印刷］をクリックすると，印刷ができる。

図2-46　印刷設定の画面

◉ **C**OLUMN　1枚に複数ページを印刷する

　A4の用紙に，作成しているA4の原稿を2ページ並べて印刷することもできる（1枚に2ページ）。図2-46の時の左に［1ページ/枚］のドロップダウンアローをクリックすると右図のようなドロップダウンリストが表示される。

　［2ページ/枚］を選択すると，1枚に2ページの印刷ができる。

◉ **C**OLUMN　ワードの描画機能やペイントの活用

　子供たちがワードの描画機能や作画ソフトの「ペイント」を使えるようになると，物を創り出す活動ができる。

①ワードの描画機能やペイントを使って絵柄をデザインする。

②その絵柄をコピーし，そのまま並べたり，回転や反転をさせて並べたりして貼り付ける。

③それをカラープリントして，お菓子の入れ物などに貼ると，オリジナル模様で飾られた鉛筆立てを作れる。

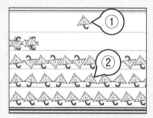

図1　回転や左右反転させた模様

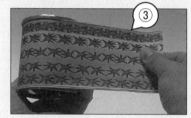

図2　プリントして缶に張り付ける

図3　鉛筆立ての作品例

引用文献

　加藤卓，「お絵かきしよう—運動模様—」，横地清・守屋誠司編著『低学年算数での情報教育』，明治図書，2003，66-93

明日へ翔け！！！

6年1組　学級通信
令和　X年　X月　X日
第23号

明日は音楽会♪

のあさんの朝の第一声が「昨日の夢は音楽会。すごく緊張したけど，いっぱい練習したので，上手にできて，一安心。と思ったら目が覚めた。夢じゃなかったらよかったのに！」でした。 明日はいよいよ音楽会ですね。いっぱい練習しているので夢にもでてくるみたいですね。本番もぜひがんばりましょう！

音楽会のプログラム

開始時刻：10時　場所：体育館
1. 「5年　明日にむかって」
2. 「1年　なかよしマーチ」
3. 「3年　にじ」
4. 「4年　ここで全力！」
5. 「2年　ともだち」
6. 「6年　勇気をもってとびだそう」

席がえしました☆

黒板

たばた	とみなが		わたなべ	もりや		おおた	かとう
もりおか	なりた		さとう	やまだ		たなか	なかお
きもと	ひらき		こばやし	くもで		おだ	きりゅう

今日の復習Ψ

$$\frac{4}{5} \div \frac{3}{7} = \frac{4}{5} \times \frac{7}{3}$$

[算数]
理由を説明できますか？

[図工]
作家はだれ？

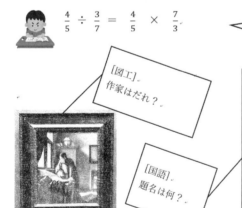

[国語]
題名は何？

むかし、あるところに、おかあさんのやぎがいました。このおかあさんやぎには、かわいいこどもやぎが七ひきあって、それをかわいがることは、人間のおかあさんが、そのこどもをかわいがるのと、すこしもちがったところはありませんでした。

課題 ❶ 「ほいくつうしん」を作成しよう。

①ページ設定（A4 40 字× 30 行　上下左右余白（30mm）に設定する。

②文章を入力する。

③フォントは 12 ポイントにする。

④「きゅうしょくがはじまりました～してね♪」を 2 段組みに設定する。

⑤「おいしかった！～いっぱ～い」を箇条書きにする。

⑥「きゅうしょく　スタート」「きょうの　えがお　さん」は 18 ポイント，MS ゴシックにして中央揃えにする。

⑦任意のオンライン画像のイラスト（カレー）を挿入し，編集する。

⑧保存している画像（Picture2）を挿入し，編集する。

⑨表を挿入し，テキストを入力する。

⑩空白セルに斜線をひく。

⑪ワードアートを挿入し，「ぴよぴよ」のテキストを入力する。

⑫ヘッダーに「年少だより」のテキストを入力する。

⑬「年少」にルビをふる。

⑭ページ罫線を挿入する。

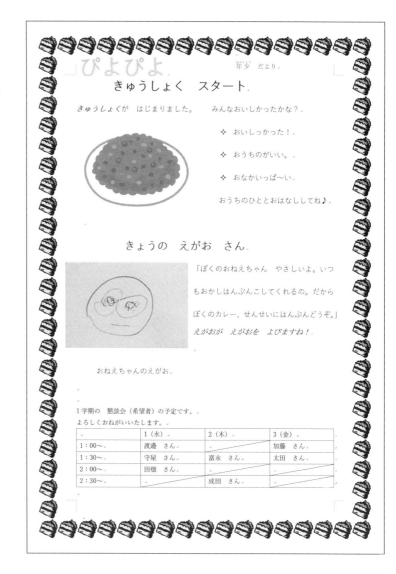

■ **この章のポイント** ▶

Excel は，スプレッドシート (spread sheet) と言われる表計算型のアプリケーションソフトの一つである。表計算では，行と列からなる表の形をしており，表の中のセル (複数のマス) に数値や文字列や計算式を入力し，一瞬で複雑な計算ができる成績処理や会計処理に欠かせないアプリケーションソフトウェアである。

3−1 Excel の使い方

Excel の起動の仕方，画面構成とリボンについて紹介する。

3−1−1 画面構成

Excel は，以下のようなユーザーインターフェースで構成されている。

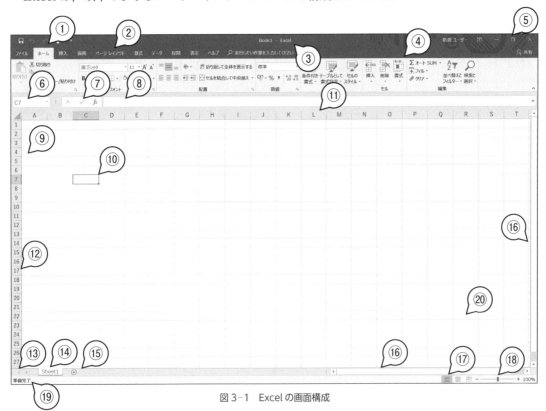

図 3−1　Excel の画面構成

①**クイックアクセスツールバー**…よく使うコマンドが表示されている。ユーザーが設定することも可能。印刷プレビューなどのアイコンを設定すると効率よく作業ができる。

②**タブ**…クリックすると，それに応じたリボン・ウィンドウが表示される。

③**タイトルバー**…ブックのファイル名 (初期設定では ［Book1］) が表示される。

④**リボン**…タブごとにグループ化された，コマンドを実行するためのボタンが表示される。

⑤**ウィンドウ操作ボタン**…アプリケーションを［最小化］［元に戻す（縮小）・最大化］［閉じる］コマンドが表示されている。

⑥**名前ボックス**…オブジェクトの名前などやアクティブセルのセル番地が，列番地と行番地で表示される。

⑦**キャンセル・入力・関数の挿入**……入力のキャンセル・入力の決定・関数を選択することができる。

⑧**数式バー**……セルに入力されている数字・数式・文字等が表示される。

⑨**セル**……数値や文字列や計算式を入力できる縦・横・2次元の複数のマスが表示されている。

⑩**アクティブセル**……マウスのクリックで選択されたセルは太枠で囲まれ，列・行番号も色が変化して表示される。

⑪**列番号**……セル番地を表す列番号（アルファベット）が表示されている。

⑫**行番号**……セル番地を表す行番号（数字）が表示されている。

⑬**見出しスクロールボタン**……見えないワークシート見出しをスライドさせて表示する。

⑭**ワークシート見出し**……ワークシートがタブの形で下側に表示される。

⑮**ワークシートの挿入**……新しいワークシートを挿入するコマンドが表示されている。

⑯**スクロールバー**……シートを上下・左右に移動して表示されていない部分を表示する。

⑰**表示選択ショートカット**…シートの表示を［標準］［ページレイアウト］［改ページプレビュー］に切り替えるコマンドが表示されている。

⑱**ズームスライダー**…表示されているシートの表示倍率を変更スライダーが表示されている。

⑲**ステータスバー**……作業の状況や処理方法が表示される。

⑳**マウスポインタ**……マウスをスライドさせて動かし，セルやオブジェクトを選択・操作することができる。対象と作業内容によって，形状を変化させて表示する。マウスポインタには，以下の形状変化がある。

形状	対象	作業内容	形状	対象	作業内容	形状	対象	作業内容
▷	タブ・リスト	選択	I	文字列	選択	✛	セル, オブジェクト	移動
➡	行	行の選択	⬇	列	列の選択	⤵	参照元	範囲修正
✚	行	行高の調整	↔	列	列幅の調整	▷	選択範囲	Excel 上のドラッグ
✛	セル・セル範囲	選択	✛	セル範囲	フィル	▷	選択範囲	Word へのドラッグ

図3-2　マウスポインタの形状変化

3-1-2 リボン

利用するコマンドがあるリボンを表示させるには，該当するリボンのタブをクリックする。

①**ホーム**

フォントの変更等，よく利用されるコマンドがグループ化されているリボン。

②挿入

画像や図形，グラフやテキストボックス等を挿入する時に利用するリボン。

画像や図形の挿入　　　　　様々なグラフの挿入　　　　　テキストボックスの挿入

③ページレイアウト

主に印刷の設定をするときに利用するリボン。

ページのレイアウト設定　　　　　　オブジェクトの表示設定

④数式

様々な関数を活用や数式のエラーをチェックする時に使用するリボン。

様々な関数の設定　　　　　　関数の参照元・参照先のトレース設定

⑤データ

データを取得や並べ替え・フィルタリング（抽出）・分析などをする時に使用するリボン。

データ取得の設定　　　　データの並べ替え・フィルター設定　　　　行・列の折り畳み設定

⑥校閲

校正やシート・ブックの保護をする時に使用するリボン。

校正に使用するツール　　コメントの設定　　　シート・ブックの保護・解除設定

⑦表示

シートの表示方法を変更する時などに利用するリボン。

表示形式の設定　　　　表示の拡大・縮小設定　　　ウィンドウの表示設定

3-2 セルへの入力

例題 3-1

P54 の月予定表を作成するため，セルへのデータ入力を行う。

〈2節の完成画面　月予定表の項目〉

COLUMN　Excel 本来の高い作業効率を発揮させることができる使い方

　Excel は，計算に特化したアプリケーションソフトであるため，表示画面と印刷画面に差が生じることが多い。精巧なレイアウトが必要な表を作成する場合は，Word を使用したほうがよい。

　精巧にレイアウトする必要がない場合の表や表計算には，Excel を使用することで効率よく作業を行うことができる。特に，表の中に数字や月日が入っている場合は，作業を自動化することができる。また，同じ文字が入力された枠内のデータを移動して文書を改訂する場合は，Excel ならばセルを移動するだけなので，Word などで 1 つ 1 つコピー・ペーストを行うよりもはるかに作業効率は高い。

　Excel で効率よく作業を行うためには，セルの結合を可能な限り設定しないことが大切である。Excel の上級者は，セル結合による非効率・非生産化を熟知しており，セル結合は極力設定しない。

　しかし，残念なことに，日本では，セル全体を方眼紙のように等間隔に表示させ，方眼を目印として複数のセル結合を行って表の書式を設定する「Excel 方眼紙」と呼ばれる方法が蔓延している。「Excel 方眼紙」の方法では，オートフィルでのコピー・ペーストなどができず，手入力しなければならなくなるため，作成済みのシートの再活用ができなくなり，作業効率が著しく低下してしまう。

　Excel の本来の特徴である高い作業効率を発揮することができる「正統な使用方法」を子供たちに指導できるように，未来の指導者は認識されたい。

3-2-1 新しいブックの作成

Excel を起動し，新しいブック（複数ワークシートを含むファイル）を作成する。

① ［スタートボタン］をクリックし，スタートメニューの中から ［Excel］をクリック[1] して起動する。

図 3-3　新しいブックの作成

②テンプレート一覧の中から，左上の ［空白のブック］をクリックすると，「Book1」[2] が作成される。

3-2-2 ワークシートのセルを選択し入力

Excel を起動して新しいブックを作成し，ワークシートのセルを選択して入力する。

空白のセルにデータを入力する。

① 「空白のブック」の「Book1」の下のタブで「Sheet1」が選択されていることを確認し，カーソルをセル「D2」に移動してクリックすると，セル「D2」が太枠で表示される[3]。

図 3-4　セル番地を選択し文字入力

②右下の MS−IME の入力表示に ［あ］が表示されていることを確認し[4]，セル「D2」に 「月の予定」と文字を入力すると，セル「D2」に「月の予定」が表示される。

③同様に，セル「D3」とセル 「B4」から「G4」に図 2 で示す文字（「予定」「月日」「学校」「学年」「学級」「給食」「下校」）を入力する[5, 6]。

④右下の MS−IME の入力表示に 「A」が表示されていることを確認し，セル「B5」を選択

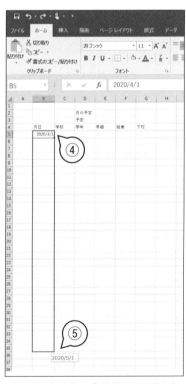

図 3-5　左ドラッグで年月日を自動入力

【1】様々なマウス操作
・クリック……左マウスボタンをマウスダウンした直後にマウスアップする。
・右クリック……右マウスボタンをマウスダウンした直後にマウスアップする。
・ドラッグ……左マウスボタンをマウスダウンしたまま移動し，マウスアップする。
・右ドラッグ……右マウスボタンをマウスダウンしたまま移動し，マウスアップする。

【2】ブックとシート
Excel では，ファイルのことを，「ブック」と呼ぶ。
ブックの拡張子は，Excel2019 では，
ブック名 .xlsx
である。
ブックの中には，複数枚の 「シート」を追加して使用することができる。

【3】列・行・セル番地
Excel では，列をアルファベットで表し，行を数字で表す。セル番地の表現は，Excel では「列・行」の順番である。

【4】入力データの種類
Excel のセルに入力できるデータは，文字と数値と数式がある。
文字には，全角ひらがな・全角カタカナ・全角英数・半角カタカナの種類がある。

【5】数式バーへの入力
Excel のセルに入力する代わりに，数式バーにカーソルを移動してクリックすると，カーソルが | の形になり，数式バーに入力することができる。

【6】表示倍率の変更
セルが小さくて入力しにくい場合は，右下部の「ズームスライダー」を移動させて，表示を拡大する。

し，「2020/04/01」と入力すると，「2020/4/1」のように年月日が表示される[7]。

⑤セル「B5」の右下にカーソルを移動し，カーソルをフィルハンドルの形 に変形させる。セル「B35」まで左マウスダウンしたままでドラッグして停止し，「2020/5/1」と表示されたことを確認して，左クリックを終了すると，自動的に年月日が挿入される。セルの幅が不足しているセルでは，「＃＃……＃＃（文字数分の＃）」が表示される。

3-2-3 セルの列幅や行高の調整

入力した文字がすべて表示されるように，列幅や行高を調整する。

1つの列幅を調整する。

①列番号「B」と「C」の中間にカーソルを移動し，「＋」の形に変形したことを確認し，ダブルクリックをすると，最小限で表示される列幅の「幅：9.63（82ピクセル）」に自動的に設定される[9]。

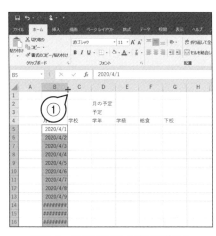

図3-6 列幅を調整して表示を整える

複数の列幅を調整する。

②カーソルを列番号「C」の文字上に移動させ，左マウスダウンしたまま列「G」までドラッグし，列「C」から列「G」までの複数の列を選択すると，列「C」から列「G」までがグレー色になる。

③列「G」と列「H」の中間にカーソルを移動し，＋の形に変形したことを確認

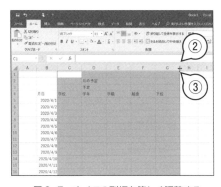

図3-7 すべての列幅を等しく調整する

し，左マウスダウンしたまま左右にドラッグすると，選択したすべての列の幅が等しくなるように自在に変更することができる。ここでは，列幅の表示が「幅：8.13（70ピクセル）」になるように調整する[10, 11]。

④列幅の調整が終了したら，空白のセルをクリックすると，選択が解除される。

【7】入力データの種類
Excelのセルへの入力で，数値や数式を入力する場合は，半角英数を使用する。Excelが数値や数式のデータとして扱うのは半角文字であるため，特に，全角英数と半角英数の違いには留意する。
なお，全角の数字で入力した場合は，通常は半角の数値に変換される。

【8】「行」と「列」
「行」は「横ならびのセル」，「列」は「縦並びのセル」を示す。

【9】列幅・行高の調整
列番号「B」と「C」の中間にカーソルを移動し，＋の形に変形したことを確認し，左マウスダウンしたままマウスを左右に動かし，列幅を「幅：9.63（82ピクセル）」に設定してもよいが，作業効率が悪い。
Excelでは，列幅だけでなく行高も自在に調整できる。

【10】列幅・行高の微調整
複数の列幅・行高をまとめて調整することができる。列幅や行高の調整の際に，希望する数値が表示されない場合がある。その時には，右下部の「ズームスライダー」を移動させて，表示を拡大する。

【11】各列データを最小幅で表示させる
各列のデータを最小幅で表示させたい場合は，列「G」と列「H」の中間にカーソルを移動し，「＋」の形に変形したことを確認し，ダブルクリックをすると，列「C」から列「G」の各列に記入されているデータのすべてが表示されるように自動的に個々の列幅が最小幅に設定される。

3-3 セルの書式設定

月予定表を完成させるため，セルの書式設定を行い，見やすく整える。

	A	B	C	D	E	F	G	H
1								
2				4月の予定				
3			予定					
4		月日	学校	学年	学級	給食	下校	
5		4/1(水)						
6		2(木)						
7		3(金)						
8		4(土)						
9		5(日)						
10		6(月)	入学式準備			弁当	15:00	
11		7(火)	入学式・始業式			弁当	15:00	
12		8(水)				○	16:00	
13		9(木)				○	16:00	
14		10(金)				○	16:00	
15		11(土)						
16		12(日)						
17		13(月)		全国学力・学習状況調査		○	16:00	
18		14(火)		全国学力・学習状況調査		○	16:00	
19		15(水)				○	16:00	
20		16(木)				○	16:00	
21		17(金)	一年生をむかえる会			○	16:00	
22		18(土)						
23		19(日)						
24		20(月)	職員会議			○	16:00	
25		21(火)				○	16:00	
26		22(水)				○	16:00	
27		23(木)				○	16:00	
28		24(金)	PTA総会		卒業対策委員会	○	12:00	
29		25(土)						
30		26(日)						
31		27(月)	児童会総会			○	16:00	
32		28(火)	身体測定			○	16:00	
33		29(水)	昭和の日					
34		30(木)				○	16:00	
35		1(金)				○	16:00	

〈3節の完成画面　月予定表〉

3-3-1 セルの「表示形式」の設定

「セルの書式設定」のタブ「表示形式」を設定し，「年月日」を「月／日（曜）」や「日（曜）」の形式に変更したり，時刻の表示形式を設定したりする。

「月／日（曜）」の表示形式にする。

①セル「B5」を選択し，右クリックをするとコンテキストメニューが表示され，［セルの書式設定］をクリックすると「セルの書式設定」のダイアログボックスが表示される[12]。

②［表示形式］タブをクリックし，「分類」の中の［ユーザー定義］をクリックすると，様々な表示形式の「種類」が表示される。

③中段の［yyyy/m/d］を選択し，上部の「種類」の入力窓に表示されている「yyyy/m/d」を「m/d/（aaa）」に書き換える。最上部「サンプル」に「4/1（水）」と表示されることを確認し，OK をクリックすると，セル「B5」も「4/1（水）」と表示される[12]。

「日（曜）」の表示形式にする。

④同様に，セル「B6」を選択し，右クリックをするとコンテキストメニューが表示され，［セルの書式設定］をクリックすると「セルの書式設定」のダイアログボックスが表示される。［表示形式］タブをクリックし，「分類」の中の［ユーザー定義］をクリックする。

⑤「種類」の中段の「yyyy/m/d」を選択し，「d（aaa）」に書き換え，最上部「サンプル」に「2（木）」と表示されることを確認し，OK をクリックすると，セル「B6」も「4（木）」と表示される。

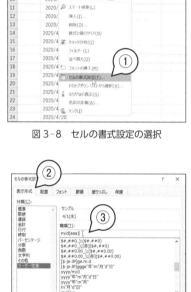

図 3-8　セルの書式設定の選択

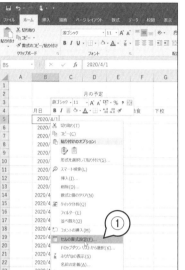

図 3-9　「月／日の（曜）」に変更

【12】**セルの表示形式❶**
セル「B5」を選択し，［ホーム］タブをクリックし，「数値グループ」のドロップダウンアローをクリックして，「セルの書式設定」のダイアログボックスを表示させる方法もある。
右クリックをする方法は，「セルの書式設定」のダイアログボックス内のタブ「表示形式」・「配置」・「フォント」・「罫線」・「塗りつぶし」・「保護」の各リボンの位置を覚える必要が無く，リボン表示の切り替えとマウス操作が少ないので作業効率がよい。

セルの表示形式❷
Excel のセルの表示形式は，次の 12 に分類されている。
・標準
・数値
・通貨
・会計
・日付
・時刻
・パーセンテージ
・分数
・指数
・文字列
・その他
・ユーザー定義
個々の設定の仕方は，使用しながら覚えるようにする。
なお，よく使用する「小数点以下の位」，「％」などは，「ホーム」タブの「数値」グループに大きく表示されており，そのリボンからも変更することができる。

「15:00」の表示形式（24H）にする。

⑥セル「G10」を選択し，右クリ
ックをするとコンテキストメニ
ューが表示され，［セルの書式
設定］をクリックすると，「セ
ルの書式設定」のダイアログボ
ックスが表示される。［表示形
式］タブをクリックし，「分類」
の中の［時刻］をクリックする。
「種類」の中の「13:30」を選択
し，OK をクリックする。セル

図 3-10　表示形式「13:30」に変更

図 3-11「数式バー」での入力

「G10」に「0」を入力し Enter キーを押すと，「0:00」と時刻が表示
される[13]。

⑦セル「G10」を選択し，「数式バー」[14] にカーソルを移動し，
「15:00:00」と入力し Enter キーを押すと，セル「G10」に「15:00」
と表示される[15]。

3-3-2 セル内の文字の「配置」の設定

「セルの書式設定」のタブ「配置」で，セル内の表示を整える。

セル内の表示位置を中央にする。

①セル「D3」にカーソルを移動
し，セル「D3」を選択する。

②［ホーム］タブの「配置」グル
ープにある［中央揃え］をクリ
ックすると，セル「D3」の中
央に文字が表示される。

③セル「C4」にカーソルを移動し，
セル「C4」からセル「G4」ま
でを左ドラッグして選択する。

④選択した複数セルの上で右クリ
ックをするとコンテキストメニ
ューが表示され，［セルの書式
設定］をクリックすると「セル
の書式設定」のダイアログボッ
クスが表示される。

⑤［配置］タブをクリックし，「横
位置」の中の［中央揃え］をク

図 3-12

図 3-13　「C4～G4」を中央揃えに変更

【13】時刻の表示形式
Excel の時刻の表示形式は，
数式バーには「0:00:00」の
ように正確に表示される。
「12 時 34 分 56 秒」の場合は，
「12:34:56」と入力する。

【14】数式バー
セル内に入力されているその
ものを表示する。セルには計
算結果が表示されるが，数式
バーには数式が表示される。
ここでの 00:00:00 は，00 時
00 分 00 秒を表す。

【15】入力した文字・数字の
デフォルト表示位置
デフォルトのセル内の表示位
置は，次のようになっている。
【左詰め】
全角ひらがな・全角カタカ
ナ・全角英数・半角カタカ
ナ・半角英字
【右詰め】
半角数字・数式の答え

文字の配置の設定を変えてい
ない場合は，全角の数字の文
字列は左詰めに表示され，半
角の数値は右詰めで表示され
るため，見分けることができ
る。

リックし「OK」をクリックすると，セル「C4」からセル「G4」までのすべてのセル内で，中央に文字が表示される[16]。

⑥列番号「B」の上にカーソルを移動し，列番号「B」の上でクリックし，列「B」を選択する。

⑦選択した列「B」の上で右クリックをするとコンテキストメニューが表示され，［セルの書式設定］をクリックし「OK」を押すと「セルの書式設定」のダイアログボックスが表示される。

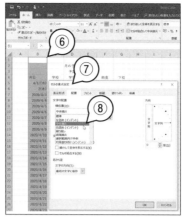

図3-14　列「B」を中央揃えに変更

⑧［配置］タブをクリックし，「横位置」の中の［中央揃え］をクリックすると，列「B」のすべてのセル内で，中央に文字が表示される[17]。

⑨列番号「F」の上にカーソルを移動し，列番号「F」から列番号「G」までドラッグし，列「F」から列「G」を選択する。⑦～⑧と同様の手順で［中央揃え］を指定すると，列「F」から列「G」の全てのセルで，中央に文字が表示される[18]。

3-3-3　セル内の文字の「フォント」の設定

「セルの書式設定」のタブ「フォント」で，文字のフォントを設定する。

表タイトル「月の予定」のセルを設定する。

①カーソルを移動し，セル「D2」を選択する。

②［ホーム］タブの「フォント」グループにある［フォント］のドロップダウンアローをクリックし，一覧から「MSPゴシック」を選択すると，フォントが「游ゴシック」から「MSPゴシック」に変更[19]される。

図3-15　選択セル内の文字フォントを設定

③「フォント」グループにある［フォントのサイズ］のドロップダウンアローをクリックし，フォントサイズの「16」をクリックすると，フォントサイズが16ポイント[20]になる。

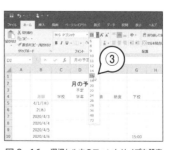

図3-16　選択セル内のフォントサイズを設定

【16】詳細な配置の設定
よく使用する設定は，タブのグループの中にボタンとして表示されている。しかし，詳細な設定まではできない。詳細な設定をしたい場合は，「セルの書式設定」のダイアログボックスで設定する必要がある。

【17】列・行等の位置設定
列と同様，行も指定することができ，複数行や列を指定することもできる。さらに，「全セル選択ボタン」（A1の左上）により，セル全体を指定して操作することができる。

【18】文字列の表示
セルの書式設定のダイアログボックスでは，横書きだけでなく，縦書きや任意の角度での表示の設定，縮小して表示を設定することも可能である。また，セル内で改行が必要な場合は，改行したい行末でキーボードの［Alt＋Enter］を押すと改行されてカーソルが1行分下に移動する。

【19】既定のフォント
Excel2019の既定のフォントは，「游ゴシック」である。Excel2013までは「MSPゴシック」であったが，Excel2016からは「游ゴシック」に変更となった。

【20】既定のフォントサイズ
Excelでは，既定のフォントサイズは，11ポイントとなっている。フォントサイズの変更は，「フォント」グループ内の［フォントサイズの拡大］の［A˄］と［フォントサイズの縮小］の［A˅］をクリックするか，［フォントのサイズ］の数値設定ウィンドウに直接「16」を入力してもよい。

予定表内のセル（「B3」〜「G35」）を設定する。

④カーソルを移動し，セル「B3」から左マウスダウンしセル「G35」までを左ドラッグして選択する。

⑤選択した複数セルの上で右クリックをするとコンテキストメニューが表示され，[セルの書式設定]をクリックすると「セルの書式設定」のダイアログボックスが表示される。

⑥[フォント]タブをクリックし，「フォント名」を[MS P ゴシック]に，スタイルを[標準]に，[サイズ]を[9]ポイントに指定し「OK」をクリック

図3-17　選択範囲内の
フォントサイズを設定

すると，セル「B2」からセル「G35」までのすべてのセル内で，指定したフォント，スタイル，フォントサイズで表示される[21]。

3-3-4　セルの「罫線」の設定

「セルの書式設定」のタブ「罫線」で，罫線を設定して表を見やすく整える。

①セル「B4」から「G35」を選択し，[ホーム]タブの「フォント」グループにある「罫線」ボタンのドロップダウンアローをクリックし，[格子]をクリックすると，セル範囲「B4」から「G35」に格子の罫線が引かれる[22]。

②セル「B4」から「B35」を選択し，「罫線」ボタンのドロップダウンアローをクリックし，[太い外枠]をクリ

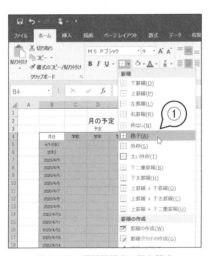

図3-18　選択範囲内に枠を設定

クすると，セル「B4」から「B35」の周囲に太い枠の罫線が引かれる。

③同様に，セル「C4」から「G35」を選択し，「罫線」ボタンのドロップダウンアローをクリックし，[太い外枠]をクリックすると，「C4」から「G35」の周囲に太い外枠の罫線が引かれる。

【21】既定のフォントの変更する範囲と方法

既定のフォントの指定を変更し，すべてのシートのフォントを変更することもできる。フォントの変更方法は，[ファイル]タブをクリックし，左下の[オプション]をクリックして「エクセルのオプション」のダイアログボックスを表示させ，[全般]で表示されている「新しいブックの作成時」項目の「次を設定フォントとして使用」のプルダウンメニューからフォントを選択すると，既定のフォントが変更される。

【22】罫線の設定方法

罫線は，⊞▾の「ドロップダウンアロー」から使用頻度の高い単純な罫線を選択することができる。

選択肢にない形式の罫線は，「ドロップダウンアロー」の「罫線の作成」グループで，形状や太さ等を変更できる。さらに複雑な罫線の設定したい場合は，「ドロップダウンアロー」の[その他の罫線]をクリックすると，「セルの書式設定」のダイアログボックスの[罫線]タブの設定ウィンドウが表示される。右クリックして，「セルの書式設定」のダイアログボックスの[罫線]タブをクリックしても表示させられる。

【23】合理的な罫線の設定手順

単純な罫線を組み合わせて，目的の罫線を設定することになる。その際，なるべく設定回数が少なくなるように広範囲を設定してから小範囲を修正するように手順を工夫して作業すると作業効率がよい。

④同様に，セル「F4」から「F35」を選択し，「罫線」ボタンの
ドロップダウンアローをクリックし，［太い外枠］をクリック
すると，セル「F4」から「F35」の周囲に太い枠の罫線が引
かれる。

図3-19　選択範囲内に太い枠を設定

⑤セル「C3」から「G3」を選択し，「罫線」ボタンのドロップ
ダウンアローをクリックし，［下罫線］をクリックすると，セ
ル「C3」から「G3」の下の太い枠が普通の罫線に変更される。

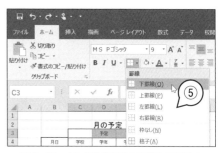
図3-20　太い線を普通の下罫線に変更設定

⑥セル「B3」から「B4」を選択し，「罫線」ボタンのドロップ
ダウンアローをクリックし，［枠なし］をクリック
した直後，再度［太い外枠］をクリックすると，セ
ル「B3」から「B4」の周囲に太い枠の罫線が引か
れる[23]。

⑦セル「B3」から「G4」を選択し，「罫線」ボタン
のドロップダウンアローをクリックし，［太い外枠］
をクリックすると，「B3」から「G4」の周囲に太
い枠の罫線が引かれ，表の罫線の設定が完了する。

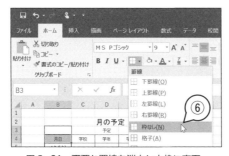
図3-21　不要な罫線を消去し太枠に変更

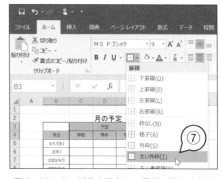
図3-22　太い外枠を設定して罫線の設定の完了

3-3-5　セルの日付を自動的に変える設定

　日付を自動的に変えるために，2番目（「B6」）以降のセルに簡単な数
式を設定する。

①セル「B6」を選択し，「数式バー」にカーソルを移動し，
「2020/4/2」を選択してキーボードの［Delete］のキー
を押すと「数式バー」の字が消える。

②空白の「数式バー」に「＝B5＋1」と半角英数で直接
入力[24]し，キーボードの［Enter］キーを押すと，セ
ル「B6」には，「2（木）」と表示される。

図3-23　日付に数式を入力する

③セル「B6」を選択し，セル「B6」の右下にカーソルを移動し，カーソルをフィルハンドルの形┼に変形させる。

④フィルハンドルを左クリックしたままセル「B35」までドラッグして停止し，左クリックを終了すると，セル「B6」の数式と書式がセル「B35」までコピーされ，セル「B35」までの日付の表示がセル「B6」と同じように1日ずつ増加するようになる。

⑤セル「B35」をクリックし，「罫線」ボタンのドロップダウンアローをクリックし，［下太罫線］をクリックすると，セル「B35」の下の罫線が太い罫線に変更される[25]。

3-3-6 セルの「塗りつぶし」の設定

「ホーム」タブの「フォント」グループの「テーマの色」で着色し，表を見やすくする。

①休業日の4/1（水）～3（金）と土曜・日曜日をグレーに塗りつぶすために，「C5」から「G9」を選択する。

②［ホーム］タブの［フォント］グループにある「塗りつぶし」ボタンのドロップダウンアローをクリックし，［白，背景1，黒＋基本色35％］をクリックすると，セル範囲「C5」から「G9」がグレーに塗りつぶされる[26]。

③同様に，4/29（水）を塗りつぶすために，セル「C33」から「G33」を選択し，「塗りつぶし」ボタンのドロップダウンアローをクリックし，［白，背景1，黒＋基本色35％］をクリックすると，セル範囲「C33」から「G33」がグレーに塗りつぶされる

④同様に，5/1（金）を塗りつぶす[27]ために，「B35」から「G35」を選択し，「塗りつぶし」ボタンのドロップダウンアローをクリックし，［白，背景1，黒＋基本色35％］をクリックすると，セル範囲「B35」から「G35」がグレーになる。

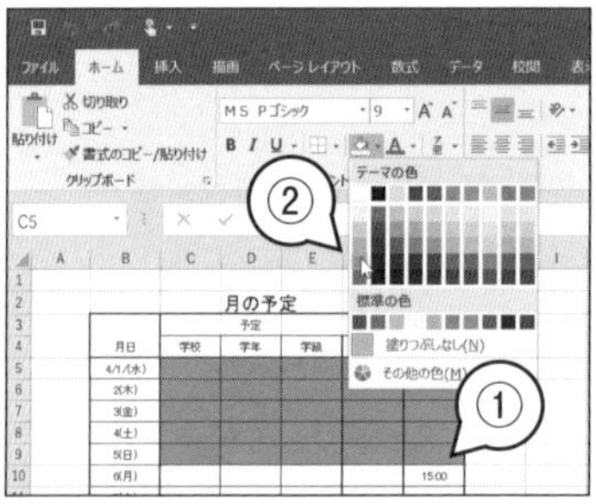

週単位で書式をコピーし，土日を着色する。

⑤セル「C8」から「G14」を選択し，セル「G14」の右下にカーソルを

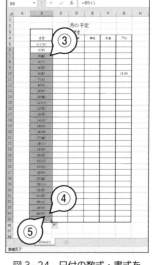

図3-24　日付の数式・書式をコピー

図3-25　休業日と土日を塗りつぶす

図3-26　5月の日を塗りつぶす

【24】数式の入力方法
数式を入力する場合は，先頭に必ず「＝」を入力する。数式には，数やセル番地を入力することができる。数式の入力は，半角英数ならば小文字でもよい。ここでは，セル「B5」の4/1（水）に1日をたす意味で「＝B5＋1」の数式を入力する。
数式の入力や基本的な演算記号，関数については，5節で詳しく学習する。

【25】罫線の再設定
数式をコピーすると，設定した太い罫線が標準の太さの罫線に戻るので，再設定をする。

【26】塗りつぶしの注意点
プリントアウトした原稿を印刷機で印刷する場合，特に白黒印刷では想定していた印刷濃度にならない場合が多い。使用する印刷機の性能に合わせ，塗りつぶしで設定する色を試行錯誤する必要がある。

移動し，カーソルをフィルハンドルの形╋に変形させる。フィルハンドル上で左マウスダウンしてセル「G30」まで[28]ドラッグして停止し，左クリックを終了し，「G30」の右下に表示させる「フィルオートオプション」の［書式のみコピー（フィル）］[29]をクリックする。セル「C8」からセル「G14」までの書式が1週間単位でコピーされ，表内の全ての土曜・日曜日がグレーに塗りつぶされる。

月予定表を完成させる。

⑥P54の＜3節の完成画面　月予定表＞を手本にし，給食の列のセル「F10」に「弁当」を直接入力し，セル「F10」をクリックしてセル「F10」の右下にカーソルを移動し，カーソルをフィルハンドルの形╋に変形させる。フィルハンドルで左マウスダウンしてセル「F11」までドラッグして停止し，左クリックを終了するとセル「F10」が「F11」にコピーされ，セル「F11」がセル「F10」の表示「弁当」と同じになる。

⑦セル「F12」に「○（記号）」を直接入力し，セル「F12」を右クリックしてコンテキストメニューの［コピー］[30]をクリックし，キーボードの「Ctrl」を押したまま，セル「F13」から「F14」，セル「F17」から「F21」，セル「F24」から「F28」，セル「F31」から「F32」，セル「F34」から「F35」を連続でクリックして貼り付け範囲を選択する。そのうえで右クリックしてドロップダウンメニューの［貼り付けオプション］の中の［値］をクリックすると，選択した全てのセルに「○」が貼り付けられる。

⑧下校の列の時刻も，同様に直接入力は最低限にし，コピーを多用して入力する[31]。

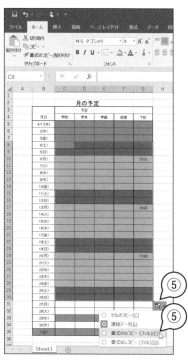

図3-27　1週間単位で塗りつぶす

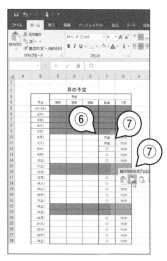

図3-28　［Ctrl］でセルを選択しコピー

【27】月末の表示の工夫

小の月・大の月の両方に作業量を最小限にして対応するために，31日までの表を作成する。

小の月の場合は，次の月の1日が表示されるので，グレーに塗りつぶして対処する。

【28】範囲選択の理由

セルの選択を「G30」までにするのは，すでに塗りつぶし済みのセル「C33」から「G33」とセル「B35」から「G33」を再び塗りつぶし換えてしまわないためである。

【29】フィルオートオプションの種類

選択した範囲を，フィルハンドルでコピーした場合，フィル後に，フィルオートオプションで，次の4つが選択できる。

・セルのコピー
・書式のみコピー
・書式なしコピー
・フラッシュコピー

【30】コピー時のセル元の表示と解除方法

選択したコピー元のセルやセル範囲の周囲には，時計回りに回転する点線が表示される。コピー終了後に，コピー元を示す表示が目障りな場合は，マウスで数式バーをクリックする，または，キーボードの［Ese］を押すとよい。

【31】入力の省力化

文字や時刻が同じ場合は，一つひとつのセルに入力するのではなく，コピーか数式を入力して省力化する。

コピーした後の貼り付けオプションの指定は，「値」でもよいが，慣れてくると，「数式」のほうが効率よくなる場合もある。

⑨ P58 の「完成した月予定表」を手本に，学校・学年・学級の各行事名をセルに入力すると予定の入力が完成する。

⑩ セル「E28」を選択し，セルの表示を右詰めにすると，給食の欄にはみ出さないようになる。同様に，他の文字が表示される位置も工夫して設定する。

⑪ セル「C2」を選択し，「4」を入力し，フォントを16ポイントに設定し，予定表のタイトルを完成させる。

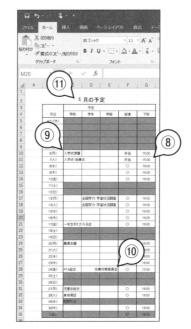

図 3-29　移動・フィル・コピーで入力

Excel の表を Word に貼り付ける。

⑫ Excel と Word を左右に並べ，貼り付け元と貼り付け先を表示する。

⑬ Excel 上で選択したセル範囲（「B2」から「G35」）のへりにマウスポインタを移動し の形になったら［Ctrl］を押して の形にする。そのままドラッグし，Word 上でクリックを終了すると Word に選択した範囲が貼り付けられる。

⑭ 貼り付けられた表をダブルクリックすると，セルを直接編集することができる[32]。

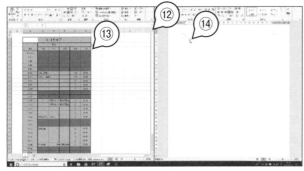

図 3-30　Excel と Word を表示し，Excel の表を Word に貼り付ける

【32】形式を指定した Ms-Word への貼り付け
Ms-Word の中でのセルは編集できないが，多様な形式で貼り付けるには次のようにする。
Excel で作成した必要なセル範囲を選択してコピーをする。
次に，Ms-Word の貼り付けたい位置を右クリックし，「貼り付けのオプション」の中の6つの形式から選択してクリックすると，選択したセル範囲が貼り付けられる。

3-4 | 保存とシートの活用

作成したブックを保存し，シートを活用する。

3-4-1 ブックの保存

作成したブックを任意の場所に保存する。

	A	B	C	D	E	F	G
1							
2			**5 月の予定**				
3				予定			
4		月日	学校	学年	学級	給食	下校
5		5/1(金)	憲法記念日				
6		2(土)	みどりの日				
7		3(日)	こどもの日				
8		4(月)	振替休業日（憲法記念日）				
9		5(火)				○	16:00
10		6(水)		春の遠足		○	16:00
11		7(木)				○	16:00
12		8(金)	眼科検診			○	16:00
13		9(土)					
14		10(日)					
15		11(月)	耳鼻科検診			○	16:00
16		12(火)				○	16:00
17		13(水)	歯科検診			○	16:00
18		14(木)				○	16:00
19		15(金)				○	16:00
20		16(土)					
21		17(日)					
22		18(月)				○	16:00
23		19(火)				○	16:00
24		20(水)				○	16:00
25		21(木)				○	16:00
26		22(金)	職員会議		卒業対策委員会	○	15:00
27		23(土)					
28		24(日)					
29		25(月)				○	16:00
30		26(火)	身体測定			○	16:00
31		27(水)				○	16:00
32		28(木)				○	16:00
33		29(金)	運動会総練習			○	16:00
34		30(土)					
35		31(日)	運動会			弁当	14:00

〈4 節の完成画面　5 月の月予定表〉

① ［ファイル］タブをクリックすると［情報］のページが表示される。

② 一覧の中から，［名前を付けて保存］を選択すると，［名前を付けて保存］のページが表示される

③ ［参照］をクリックし，［名前を付けて保存］のダイアログボックスを表示する。

④ ［ドキュメント］や［デスクトップ］，［USB］等の任意の保存先を選択し，ファイル名を入力する［ボックス］に，「西暦年月日 _ 月予定表」[33]（図 3 では，「20200401_ 月予定表」）と入力して［保存］をクリックすると，ブックが保存される[34]。

【33】ブック名
ブック名の先頭に西暦で日付をつけると，ブックが時系列に並ぶので後々都合がよい。ファイルが壊れるなどのトラブルに備え，作成したファイルは基本的には削除しない。ファイルを保存する際は，西暦年月日を更新して保存するか，ブック名の末尾に数字を入れてバージョンアップする形式で保存するとより万全である。

【34】ブックの保存
ブックは，ブック名をつけて開始当初に保存するとよい。作業開始から保存場所とファイル名を確定する方法が確実である。
保存する任意の場所のフォルダを開き，右クリックをしてコンテキストメニューを表示させる。メニューの中の［新規作成］にマウスポインタを乗せ，［新規 Microsoft Excel ワークシート］をクリックすると，ブック名が青地の［新規 Microsoft Excel ワークシート］が作成される。任意のブック名を入力して上書きし，ブック名を決定後，ダブルクリックすると作業を開始することができる。

図3-31 ［名前を付けて保存］
をクリック

図3-32 ［参照］を
クリック

図3-33 ファイル名の
［ボックス］に入力

3-4-2 シートのコピー

入力と書式が設定済みのシートをコピーして名前を設定する。

シート名を変更しシートをコピーする。

①下部のシート名「Sheet1」を右クリックするとコンテキストメニューが表示がされ，［名前の変更］をクリックすると，表示がグレーになり，シート名を変更できるようになる。表示がグレーのまま状態で「4月の予定」なので「4」と上書き入力[35]し，キーボードの［Enter］キーを押すと，シート名が「4」に変更される。

図3-34 シート見出しを
「4」に変更

図3-35 シートをコピーする

②①で変更したシート名「4」の上にカーソルを移動して右クリックをするとコンテキストメニューが表示され，メニューの中の［移動またはコピー］をクリックすると「シートの移動またはコピー」のダイアログボックスが表示される。ダイアログボックスの下部の「コピーを作成する」チェックボックスをクリックして☑にし，[OK］をクリックすると，シート「4(2)」が左に作成される。

図3-36 シート見出しを
「5」にする

③下部のシート名「4(2)」をダブルクリックすると表示がグレーになり，シート名を変更できるようになるので，表示がグレーのままの状態で「5月の予定」にするために「5」と上書き入力し，キーボードの［Enter］キーを押すと，シート名が「5」に変更される。

【35】シート名の注意点
Excel のブックの中には，複数のシートを設定できるので，シートの名前を最小限の文字数にすると，後々，全てのシートが表示されず使いにくいという不都合が起こりにくい。数字の場合は，半角英数にして少しでも横幅を最小限にする。

3-4-3 コピーしたシートの変更と活用

入力と書式が設定済みのシートを活用して作業効率を上げる。

コピーしたシートを4月から5月に改訂する。

①シート「5」が選択されシート名の部分が白色になっていることを確認

し，セル「C2」の「4」を「5」に上書きして「5月の予定」に変更する。

②セル「B5」をクリックして数式バーに表示されている「2020/4/1」を「2020/5/1」に変更すると，セル範囲「B5」から「B35」までの全ての日付と曜日が5月に自動的に変更される。

③5月の土曜・日曜日が4月と違っているので塗りつぶしを変更する。セル「B5」から「G35」を選択し，「塗りつぶし」の［ドロップダウンアロー］をクリックし，［塗りつぶしなし］をクリックすると，選択したセルのグレー色の塗りつぶしが消える。

図3-37　5月の曜日と塗りつぶしに改訂

5月の予定を入力し，土日・祝祭日を塗りつぶす。

④P63の〈4節の完成図　5月の月予定表〉を手本にし，学校・学年・学級の各列を5月の予定表に改訂する。再利用できる予定は，セルを選択してセルの縁にカーソルを重ね，セルが🖑になったら，ドラッグして目的のセル番地に移動する。新規の予定は，セル番地を選択して入力する。

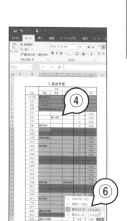

図3-38　各予定のセル移動と塗りつぶし

⑤給食と下校の列も同様にセルを選択して移動・コピー・削除・追記すると，5月の予定になる[36]。

⑥全てのセルの予定の改訂が終了してから，土曜・日曜日の予定をグレーに塗りつぶす。P60-61の要領で，セル「C5」から「G8」を選択し，5/1から5/4を塗りつぶす。

同様に，セル「C13」から「G14」を選択し，5/9・10の土・日を塗りつぶす。

以降の土・日を同様に塗りつぶすために，セル「C13」から「G19」までを選択し，選択したうえで右クリックをするとコンテキストメニューが表示され，メニューの中の［コピー］を選択すると，選択範囲が点線で囲まれて表示される。

セル「G19」の左下のフィルハンドルを右クリックし，セル「G34」までドラッグしてクリックを終了すると，貼り付け方法のコンテキストメニューが表示される。メニューの中の［書式のみ（フィル）］を選択すると，5/30までの土日がグレー色になる。

次に，祝祭日・休業日の予定をグレーに塗りつぶすと，5月の予定が完成する。

【36】日付と曜日の変更
MS－Excelでは最小限の操作で作業を自動化することができる。
また，セルを移動したり，値や書式をコピーしたりして入力することができるため，工夫次第で作業効率を高めることができる。

3-5 関数の入力

例題 3-2

教員は，教材等の会計処理をすることも多い。ここでは会計報告書の作成を効率よく行うため，基本的な数式入力を行う。

	A	B	C	D	E	F	G	H	I	J	K	L	M	N	O	P	Q
1																	
2	3.00	3.00	3.00	3.00	3.00	3.00		27.00		13.00	3.00	8.00	5.00		13.00	3.00		13.00	3.00
3							令和2年度		ABC小学校		7学年1組			教材会計報告			
4																	
5		収	支		2	年	摘　　　要					収入金額		支出金額		差引残高	
6		入	出		月	日		単価	×	数	領収書番号						
7		1			4	1	前年度 繰越金	¥ 314	×	1		¥ 314	¥ －		¥ 314	
8		1					4月教材費集金	¥ 2,500	×	20		¥ 50,000	¥ －		¥ 50,314	
9							5月教材費集金		×			¥ －	¥ －		¥ 50,314	
10							6月教材費集金		×			¥ －	¥ －		¥ 50,314	
11							7月教材費集金		×			¥ －	¥ －		¥ 50,314	
12							臨時集金1		×			¥ －	¥ －		¥ 50,314	
13							臨時集金2		×			¥ －	¥ －		¥ 50,314	
14							臨時集金3		×			¥ －	¥ －		¥ 50,314	
15																
16			1				1学期 購入101	¥ 1,000	×	20		¥ －	¥ 20,000		¥ 30,314	
17							1学期 購入102		×			¥ －	¥ －		¥ 30,314	
18							1学期 購入103		×			¥ －	¥ －		¥ 30,314	
19							1学期 購入104		×			¥ －	¥ －		¥ 30,314	
20							1学期 購入105		×			¥ －	¥ －		¥ 30,314	
21							1学期 購入106		×			¥ －	¥ －		¥ 30,314	
22							1学期 購入107		×			¥ －	¥ －		¥ 30,314	
23							1学期 購入108		×			¥ －	¥ －		¥ 30,314	
24							1学期 購入109		×			¥ －	¥ －		¥ 30,314	
25							1学期 購入110		×			¥ －	¥ －		¥ 30,314	
26																
27							小　計					¥ 50,314	¥ 20,000		¥ 30,314	
28																

〈5節の完成画面　会計報告〉

3-5-1 表の項目の入力と表示形式・セル幅の設定

　新しいブックを作成し，表の項目を入力して表示形式を設定し，セル幅を設定する。

表のタイトルと項目を入力し，表示形式を設定する。

①図3-39と同じになるように，セル「G3」を選択し「令和2年度」と入力する。同様に，セルを選択してすべての文字を入力[37, 38]すると，表の項目が完成する。

図3-39　表の題名と項目を入力

②太字にするセルを選択し，[ホーム] タブの「フォント」グループの「B」をクリックすると，太字になる。

③セル「K6」を選択して，セルの上で右クリックをして「コンテキストメニュー」を表示させ，[セルの書式設定] をクリックしてダイアログボックスを表示させ，タブ [配置] をクリックして，[縮小して

【37】学校名と学年名の変更
ここでは任意の学校名・学年・クラス名を設定しているので，必要に応じで学校名・学年名を変更すること。

【38】「収入」「支出」の入力について
「収入」と「支出」については，「B5」「B6」，「C5」「C6」にそれぞれ一文字ずつ入力している。

【39】「縮小して全体を表示する」
セルごとに文字の大きさを変更しなくても，セルと文字列の長さに応じて自動で変更される。

全体を表示する］にチェックを入れると，セルの大きさに応じて縮小された文字が表示[39] されるようになる。

セル幅を記録し，設定する。

④図 3-40 を見本に，セル範囲「A2:Q2」（セル「A2」から「Q2」まで）の数字を入力する。半角英数で入力し，キーボードのカーソルキーの▶を押すと，入力が決定されてセルの選択を右に進めることができる[40]。

図 3-40 列幅の数値の入力

⑤行「2」をクリックし，［ホーム］タブクリックし，「フォント」グループにある「フォントサイズ」を「8」に指定すると，行「2」に入力された全ての数字のフォントサイズが 8 ポイントで表示される。また，［ホーム］タブの「数値」グループにある「小数点以下の表示桁数を増やす」を 2 回クリックすると，行「2」に入力された全ての数字の表示が「小数点以下 2 位」に設定される[41]。

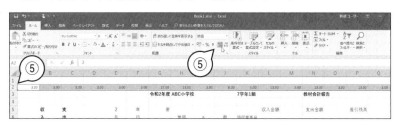

図 3-41 小数点以下の表示を設定

⑥行「2」の列幅「3.00」となっているセルを選択する。カーソルを列「A」に移動して列「F」までドラッグし列「A ～ F」を選択する。［Ctrl］キーを押したまま列「I・M・O・Q」を選択すると，列「A ～ F・I・M・O・Q」が同時に選択される。

⑦列「Q」の右にマウスポインタを移動して✛の形にし，マウスダウンしたまま左右にマウスを動かし，入力した数字と同じように列幅を「3.00」に設定すると，列「A ～ F・I・M・O・Q」の列幅がすべて「3.00」に設定される[42]。

図 3-42 複数の列幅を同時に設定

⑧他の列も同様に，④で入力した数字と同じように列幅を設定すると，図 3-43 のように列幅が設定される。

図3-43　全ての列幅を設定する

摘要の項目や記号を入力する。

⑨図6の「摘要」と同じように，セル「G7」を選択し，「前年度　繰越金」と入力する。

⑩同様に，セル「G8」を選択し，「4月教材費集金」と入力する。

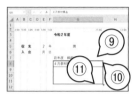

図3-44　「摘要」の
項目を入力

⑪セル「G8」を選択し，セル「G8」の右下の「フィルハンドル」にマウスポインタを重ねて✛を表示させ，マウスダウンしたまま「G11」までドラッグし，クリックを終了すると，「7月教材費集金」まで自動的に入力される[43]。同様に，オートフィルを使用して未入力の「摘要」の項目（「臨時集金」1～3，「1学期　購入」101～110）を入力する。

⑫セル「G27」に「小計」を入力し太字「B」に設定すると，「小計」が太字で表示される。

⑬セル「I6」に「×」を入力し，セル範囲「I6:I25」にオートフィルをすると，設定したセル範囲がすべて「×」になる。

⑭セル「I15」を選択して，キーボードの「Delate」を押すと，不要な「×」が削除される。

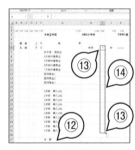

図3-45　必要な記号を
入力

【43】オートフィル後の設定変更

フィルハンドルをマウスダウンし，目的のセルでドラッグを終了した後，右下に「オートフィルオプション」が表示される。「オートフィルオプション」をクリックすると，「ドロップダウンメニュー」が表示される。

セルにどのようにコピーするかについて，ドラッグ後に選択・変更することができる。

3-5-2　セルの書式設定

各セルに書式を設定する。

①セル範囲「H7:H14」を選択し，キーボードの[Ctrl]を押したまま，セル範囲「L7:L14」，セル範囲「N7:N14」，セル範囲「P7:P14」と，ドラッグを繰り返し複数のセルを選択する。

②選択したグレー色の上で右クリックをして「コンテキストメニュー」を表示させ，[セルの書式設定]をクリックしてダイアログボックスを表示させる。[表示形式]タブの[会計]をクリックして，「記

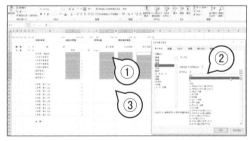

図3-45　表示書式を「会計」の「¥」に設定

号」のプルダウンリストから［¥］を選択して［OK］をクリックする。この書式設定により，選択されたセルに数字が入力されると，セルの左に「¥」が表示される。(0の場合は，「¥ －」と表示される。)

③①～②と同様の手順で，セル範囲「L16:L25」，セル範囲「N16:N25」，セル範囲「P16:P25」，セル「L27」，セル「N27」，セル「P27」にも同じ書式を設定する。

3-5-3 四則演算等の入力

各セルに応じて必要な数式を入力する。

収入での乗法の数式を入力し，セルの書式設定をする。

①「前年度 繰越金」の「単価」を表すセル「H7」に「314」を，「数」を表すセル「J7」に「1」を入力する。セル「B7」に「1」を入力(収入無しの場合は空欄にしたままか「0」を入力)する。支出の欄も同様にする。

②「収入金額」を表すセル「L7」を選択し，マウスポインタを「数式バー」の左に移動してIの形にし，クリックする。

図3-47 「収入金額」の数式 と 数式の確認

③「数式バー」にキーボードで「＝」を入力し，マウスポインタを移動してセル「H7」をクリックすると，数式バーに「＝H7」と入力される。連続して，キーボードで「＊」(アスタリスク)[44] を入力し，マウスポインタを移動してセル「J7」をクリックし，連続して，キーボードで「＊」を入力し，マウスポインタを移動してセル「B7」をクリックすると，数式バーとセルに「＝H7＊J7＊B7」[45] と入力される。

④数式バーに表示されている「＝H7 ＊ J7 ＊ B7」の最後にカーソルが点滅していることを確認して，キーボードで「Enter」を押すと，「収入金額」を表すセル「L7」に自動的に計算された積「¥ 314」が表示される。

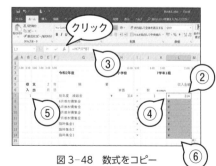

図3-48 数式をコピー

⑤セル「B7」が「1」の場合にセル「L7」が「¥ 314」になり，セル「B7」が「0」の場合にセル「L7」が「¥ －」となるか試し，正しい数式が入力されているかを確認する[46]。

【44】基本的な演算
基本的な演算には，半角英数の次の記号を使用する。
・加法「＋」(プラス)
・減法「－」(マイナス)
・乗法「＊」(アスタリスク)
・除法「/」(パー)
・べき乗「^」(キャレット)
「＋」「＊」「＝」は Shift キーを押しながら各キーを押す。

【45】数式の意味
「収入金額」は，「単価」×「数」で求められるので，数式は，セル「H7」×セル「J7」となる。
収入金額の有り・無しの場合を簡単にシミュレーションできるようにするための数式は，
H7＊J7＊B7
にする。

【46】コピー前後の数式の確認
数式は1つだけ正確に入力し，その後，コピーをする。コピー後に数式の誤りが見つかると二度手間になるので，コピー前に意図した計算ができるか数式を確認する。
また，数式をコピーすることによって，数式の参照セルが意図していないセルに変更されていないか，コピー後にも数式を確認する。

⑥セル「L7」を選択し，右下の「フィルハンドル」にマウスポインタを重ねて✚を表示させ，セル「L14」までドラッグし，クリックを終了すると，ドラッグした範囲に数式がコピーされる。

図3-49　コピー先の数式も確認

⑦セル「H8」に「2500」を，セル「J8」に「20」を，セル「B8」に「1」を入力すると，セル「L8」に「￥50000」が表示されるか試し，数式が正しくコピーされているかを確認する[47]。

収入での値が等しい場合の数式を入力する。

⑧「支出金額」を表すセル「N7」に「0」を入力し「Enter」を押すと，セル「N7」に「￥　－」が表示される。同様に，セル「N7」を選択し，右下の「フィルハンド

図3-50　セル「N7」をオートフィル

ル」にマウスポインタを重ねて✚を表示させ，クリックしたままセル「N14」までドラッグし，クリックを終了すると，ドラッグした範囲に数式がコピーされ「￥　－」が表示される。

⑨「差引残高」を表すセル「P7」を選択し，セル上で「＝」をキーボードで入力し，マウスポインタを移動してセル「L7」をクリックすると，セル「N7」と数式バーに「＝L7」と入力される[46]。

図3-51　等しい金額を表す数式

⑩セル「P7」に表示されている「＝L7」の右にカーソルが点滅していることを確認し，キーボードで「Enter」を押すと，セル「P7」に「￥　314」が表示される。

収入での加法の数式を入力する。

⑪セル「P8」を選択し，セル上で「＝」をキーボードで入力し，マウスポインタを移動してセル「L7」をクリックすると，セル「N7」と数式バーに「＝L7」と

図3-52　上と左のセルを合計する数式

入力される。キーボードで「＋」を入力し，マウスポインタを移動してセル「L8」をクリックすると，セル「P8」と数式バーに

【47】数式の入力方法
③では数式バーで入力したが，ここではセル上で入力した。このように，数式の入力は，セルに直接入力することでも可能だが（修正も可能だが），セル上で入力するのは，数式が短い場合だけにしたほうがよい。
数式が長い場合，周囲のセルまで数式がはみ出して表示されて，セルの選択ができなくなる場合がある。長く複雑な数式を確認したり入力・修正したりする場合は，「数式バー」で行ったほうが作業効率がよい。

「＝P7＋L8」と入力される[48]。

⑫セル「P8」に表示されている「＝P7＋L8」の右にカーソルが点滅していることを確認し、キーボードで「Enter」を押すと、セル「P8」に「¥　50314」が表示される。

⑬セル「P8」を選択し、右下の「フィルハンドル」にマウスポインタを重ねて✛を表示させ、クリックしたままセル「P14」までドラッグし、クリックを終了すると、ドラッグした範囲に数式がコピーされ「¥　50314」が表示される。

支出での乗法の数式を入力し、セルの書式を設定する。

⑭「1学期　購入101」の「単価」を表すセル「H16」を選択し「1000」を入力し、「数」を表すセル「J16」を選択し「20」を入力し、支出をシミュレーションするためのセル「C16」に「1」を入力する。

⑮「1学期　購入101」の「収入金額」を表すセル「L16」を選択し「0」を直接入力すると、セル「L16」に「¥　－」と表示される。

⑯セル「L16」を選択し、右下の「フィルハンドル」にマウスポインタを重ねて✛を表示させ、クリックしたままセル「L25」までドラッグし、クリックを終了すると、ドラッグした範囲に数式がコピーされ「¥　－」が表示される。

⑰「1学期　購入101」の「支出金額」を表すセル「N16」をクリックして選択し、数式バーに半角英数で「＝H16＊J16＊C16」と直接入力すると、数式バーとセル「N16」に「＝H16＊J16＊C16」と表示される。

⑱数式バーに表示されている「＝H16＊J16＊C16」の最後にカーソルが点滅していることを確認して、キーボードで「Enter」を押すと、「支出金額」を表すセル「N16」に自動的に計算された積「¥　20000」が表示される。

⑲セル「N16」からセル「N25」までは同じ数式になるので、セル「N16」を選択し、右下の「フィルハンドル」にマウスポインタを重ねて✛を表示させ、クリックしたままセル「N25」までドラッグし、クリックを終了すると、ドラッグした範囲に数式がコピーされ「¥　－」が表示される。

【48】数式の意味
「4月教材費集金」の「差引残高」を表すセル「P8」は、「前年度　繰越金」の「差引残高」を表すセル「P7」と「4月教材費集金」の「収入金額」を表すセル「L8」の合計になる。

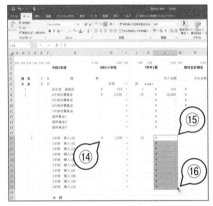
図3-53　セル「L16」をオートフィル

図3-54　「支出金額」の数式

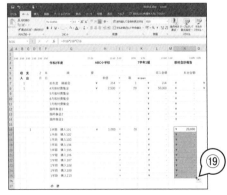
図3-55　セル「N16」をオートフィル

支出での減法の数式を入力する。

⑳「1学期　購入101」の「差引残高」を表すセル「P16」を選択し，数式バーに半角英数で「＝P14－N16」と直接入力すると，数式バーとセル「P16」に「＝P14－N16」と表示される。

㉑数式バーに表示されている「＝P14－N16」の最後にカーソルが点滅していることを確認して，キーボードの「Enter」を押すと，「差引残高」を表すセル「P16」に自動的に計算された積「￥30314」が表示される。

㉒セル「P16」を選択し，右下の「フィルハンドル」にマウスポインタを重ねて＋を表示させ，クリックしたままセル「P25」までドラッグしクリックを終了すると，ドラッグした範囲に数式がコピーされ「￥　－」が表示される。

図3-56　「差引残高」の数式

㉓セル「P17」を選択し，ダブルクリックすると，「数式バー」に数式「＝P15－N17」が表示される。また，セル「P17」に表示される数式では，数式中のセル番地「P15」が青の文字で，数式中のセル番地「N17」が赤の文字で表示される。さらに，参照元のセル「P15」が青のカラーリファレンス（着色と囲み線）で，参照元のセル「N17」が赤のカラーリファレンス[49]によって表示される。

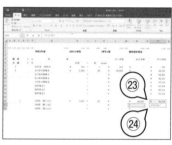

図3-57　「差引残高」の数式の修正

㉔マウスポインタを移動して，参照元のセル「P15」のカラーリファレンス（着色と囲み線）の下縁に重ねて　を表示させ，クリックして青のカラーリファレンスをセル「P15」からセル「P16」に移動すると，参照元がセル「P15」からセル「P16」に変更され，セル「P17」や数式バーの数式も「＝P16－N17」に変更される[50]。

㉕セル「P17」からセル「P25」までは同じ数式になるので，セル「P17」を選択し，右下の「フィルハンドル」にマウスポインタを重ねて＋を表示させ，クリックしたままセル「P25」までドラッグしクリックを終了すると，ドラッグした範囲に数式がコピーされ「￥30314」が表示される。

図3-58　セル「P17」をオートフィル

【49】カラーリファレンス
カラーリファレンスととは，着色された枠のことでグラフや数式のデータ元を示す。
表示色は，青，濃い緑，紫，茶，緑，オレンジ，ピンクの7色が順に表示される。参照元が8箇所以上の場合は，再度青色から順番に表示される。

【50】数式の修正
数式の修正には，次の方法があり，効率的な方法を選択するとよい。
・数式バーに表示されている数式を直接入力で修正する。
・セル内に表示されている数式を直接入力で修正する。
・参照元のカラーリファレンスを移動したり範囲変更したりして修正する。

○セルに，数字と演算記号だけを直接入力する方法（ほぼ使用しない）

　（1）～（7）の各式を入力し，計算結果から推測して計算の順序を解明してみよう。

　準備　セル「B2」に「(」，セル「C2」に「1」，セル「D2」に「)」を入力し，セル範囲「B2:D2」を選択し，セル「D9」までオートフィルを使用すると，（1）から（8）が表示される。

（1）加法……演算記号は，＋（プラス）を使用する。

　セルE2を選択し，セルまたは数式バーに「=8+4」と入力する。

（2）減法……演算記号は，－（マイナス）を使用する。

　セルE3を選択し，セルまたは数式バーに「=6−2」と入力する。

（3）乗法……演算記号は，＊（アスタリスク）を使用する。

　セルE4を選択し，セルまたは数式バーに「=6＊2」と入力する。

（4）除法……演算記号は，／（スラッシュ）を使用する。

　セルE5を選択し，セルまたは数式バーに「=6/2」と入力する。

（5）＋−だけ，または，×÷だけの演算の順序

　セルE6を選択し，セルまたは数式バーに「=10+6-2」と入力する。

　セルE7を選択し，セルまたは数式バーに「=7＊6/3」と入力する。

　⇨左から順に計算される。

（6）＋−と×÷が混合した演算の順序

　セルE8を選択し，セルまたは数式バーに「=7+6/2」と入力する。

　⇨×÷が優先されて計算される。

（7）（括弧）のある計算……演算記号はすべてに小カッコ（　）を使用する。

　セルE9を選択し，セルまたは数式バーに「=（26+6）/2」と入力する。

　⇨（　）内から計算される。

	A	B	C	D	E	F
1						
2		(	1	)	12	
3		(	2	)	4	
4		(	3	)	12	
5		(	4	)	2	
6		(	5	)	14	
7		(	6	)	14	
8		(	7	)	10	
9		(	8	)	16	

数値を入力した数式の演算規則

（図1）

○セルに，数値が入力済のセル番地を数式に入力する方法（よく使用する）

　次の（1）～（4）の数式を入力し，セル番地を入力した数式の演算を確かめなさい。

　最初に，セルG2に「a」，セルG3に「b」，セルG4に「c」と入力し，条件となる数字としてセルH2に「8」，セルH3に「4」，セルH4に「2」，と入力する。

（1）加法　セルH7を選択し，セルまたは数式バーに「=H2+H3」と入力する。このとき，「H2」を文字で入力するのが面倒ならば，マウスポインタでセル「H2」を選択すると「H2」が自動入力されるので，効率的に数式の入力ができる。

（2）減法　セルH8を選択しセルまたは数式バーに「= H2 − H3」と入力する。

（3）乗法　セルH9を選択しセルまたは数式バーに「= H2 ＊ H3」と入力する。

（4）除法　セルH10を選択しセルまたは数式バーに「= H2/H3」と入力する。

　⇨セル参照の数式でも，数学の演算規則と同じである。

　さて，ここで条件aのセル「H2」の数値を「10」に変更する。すると，セル番地を数式に入力した方は，変更された数値によって答えが自動的に計算しなおされる。

　⇨セル番地を数式に入力すると，そのセル番地の数値を変えるだけで，効率的に作業を進めたり，シミュレーションに使用したりすることができる。

	F	G	H
1			
2		a	8
3		b	4
4		c	2
5			
6			
7			12
8			4
9			32
10			2
11			

セル番地を入力した数式の演算規則

（図2）

合計などの関数を入力する。

① 「小計」の「支出金額」を表すセル「N27」を選択し，[ホーム]タブの「編集」グループの「Σ」[51]をクリックすると，数式「＝SUM(L16:L26)」が自動的に入力される。

図3-59　セル「N27」のオートSUMと修正フィル

② セル「N27」または「数式バー」に表示された数式の中の「L26」を「L25」に変更し，キーボードの「Enter」を押すと，数式が「＝SUM(L16:L25)」に変更され，セル「N27」に「￥20000」と表示される。

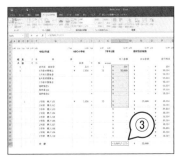

図3-60　セル範囲「L16:L26」の移動

③ 「小計」の「収入金額」を表すセル「L27」を選択し，[ホーム]タブの「編集」グループの「Σ」をクリックすると，自動的に数式「＝SUM(L16:L26)」が入力され，参照元セル範囲「L16:L26」に青いカラーリファレンスが表示される。

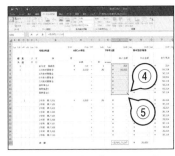

図3-61　セル範囲「L7:L14」に変更

④ 参照元セル範囲「L16:L26」の青いカラーリファレンス（着色と囲み線）の下縁に重ねて🖑を表示させ，クリックしたままドラッグし，青のカラーリファレンスをセル範囲「L7:L17」に移動する。

⑤ 参照元セル範囲「L7:L17」の青いカラーリファレンスの右下隅にマウスポインタを重ねて🖑を表示

図3-62　セル「P27」の数式

させ，クリックしたままセル範囲を「L7:L14」になるように変更してクリックを終了すると，参照元セル範囲が「L7:L14」に変更され，セル「L27」や数式バーの数式も「＝SUM(L7:L14)」に変更され，キーボードの「Enter」を押すと，セル「L27」には「￥50314」と

【51】オートSUM
頻繁に使用する関数は，「ホーム」タブに表示されている。「オートSUM」の［ドロップダウンアロー］をクリックすると，次の関数を選択することができる。
・合計
・平均
・数値の個数
・最大値
・最小値
・その他の関数（関数の挿入ダイアログボックスが表示される。）

表示される。

⑥「小計」の「差引残高」を表すセル「P27」を選択し，数式バーに半角英数で「＝L27－N27」と直接入力すると，数式バーとセル「P27」に「＝L27－N27」と表示され，キーボードの「Enter」を押すと，セル「P27」には「¥ 30314」と表示される。

3-5-5 数式の修正

参照元が変更されたり崩れたりした数式を修正する。

行が不足する場合，行を挿入する

①マウスポインタを行「23」上に移動し，➡が表示されたら，行「24」までドラッグしマウスアップすると，行範囲「23:24 (行「23」から行「24」まで)」が選択される。

②行範囲「23:24」の上で右クリックをして「コンテキストメニュー」を表示させ，[挿入] をクリックすると，行範囲「23:24」に新しい行が挿入される[52, 53]。

③行「22」を選択し，行「22」の右下の「フィルハンドル」でマウスダウンし，行「25」までドラッグしマウスアップすると，挿入

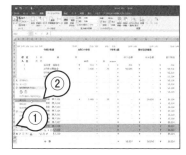

図 3-63　行範囲「23:24」の選択と挿入

図 3-64　行「22」のオートフィル

した新しい行に数式が入力され，行「25」の数式の参照元も修正される[54]。その後，[オートフィルオプション] のドロップダウンアロー」をクリックしてメニューを表示させ，[セルのコピー] をクリックすると，セル範囲「L23:L25」の数字が「¥ －」に変更される。

行が不要な場合，行を削除する。

④マウスポインタを行「23」上に移動し，➡が表示されたらクリックして，行「24」までドラッグしクリックを終了すると，行範囲「23:24 (行「23」から行「24」まで)」が選択される。

⑤行範囲「23:24」の上で右クリ

図 3-65　行範囲「23:24」の選択と削除

【52】挿入されたセル
新しく挿入された範囲のセルは次のようになっている。
・直前のセルの書式が設定される。
・文字や数値や数式は，まったく入力されていない。

【53】行挿入による数式の自動変更
行を挿入すると，例えばセル「P25」の数式は，「＝P22－N23」から「＝P22－N25」に自動的に変更される。セル参照が分断されないように，挿入された行を飛ばしたセル参照に変更される。数式の自動変更は，行「25」内の全ての数式で行われる。

【54】数式の修正
行をコピーすることにより，例えば，セル「P25」の数式は，「＝P22－N25」から「＝P24－N25」に自動的に変更される。コピーは，行「25」内の全ての数式に行われる。

【55】行削除による数式の参照元の消失
行「24」を削除すると，例えばセル「P25」の数式「＝P24－N25」では，式中の参照元セル「P24」が消失してしまう。そのため，行削除後に移動したセル「P23」の数式は「＝×REF!－N23」に自動的に変更される。そして，セル「P23」には，数式中で無効なセルが参照されているエラー値「×REF!」(Reference の略) が表示される。

クをして「コンテキストメニュー」を表示させ、［削除］をクリックすると、行範囲「23:24」が削除される[55]。

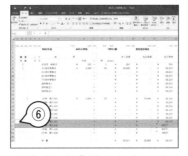

図3-66　行「22」のオートフィル

⑥行「22」を選択し、行「22」の右下の「フィルハンドル」でマウスダウンし、行「23」までドラッグしマウスアップすると、挿入した新しい行に数式が入力され、行「23」の数式の参照元も修正される。

⑦最後に、P66〈5節の完成画面　会計報告〉をお手本にし、罫線を設定する。（罫線の設定方法は、P58-59を参照）

セル「E26」から「K26」に赤い斜線を引くために、［挿入］タブの［図］の［図形］ドロップダウンアローをクリックし、図形の中の線＼をクリックする。

マウスポインタが「＋」になるので、「E26」の左下から開始し「K26」の右上までドラッグすると、線が引かれる。

引かれた線の上でマウスポインタが になったら、右クリックをしてコンテキストメニューを表示させ、［図形の書式設定］をクリックする。

［線］の［色］を赤に設定し、［幅］を1ptに変更し、［図の書式設定］の×をクリックすると、斜線が1ptの太さの赤に変更される。

3-5-6　シートの保護

図3-67　入力が必要なセルの選択

【56】保護の考え方

Excelの操作は、繊細であることもあり、初心者はうっかり誤入力や数式を変更してしまうことがある。変更すると不都合なことが起こる値や数式が入力されたセルは、保護を設定して変更できないようにすることができる。

「シートの保護」を設定すると、すべて「セル」は入力ができない状態になる。

入力が必要なセルだけは、「セルの書式設定」の「保護」タブの「ロック」のチェックボックスのチェックを外すように設定する。

シートを保護する。

①キーボードの［Ctrl］を押したまま，図30の白い複数のセル範囲を，マウスで連続して選択する。

②選択した複数のセルがグレーで表示されている上で右クリックをして「コンテキストメニュー」を表示させ，［セルの書式設定］をクリックすると，「セルの書式設定」ダイアログボックスが表示される。「保護」タブをクリックし，「ロック」と「表示しない」のチェックボックスの☑をクリックし，チェックを外して□にする。

③「校閲」タブの「保護」グループの［シートの保護］をクリックすると，「シートの保護」のダイアログボックス[57]が表示されるので，次の3つの項目
「シートとロックされたセルの内容を保護する」
「ロックされた範囲の選択」
「ロックされていない範囲の選択」
のチェックボックスが☑になっていることを確認し，［OK］をクリックすると，セル範囲「L5:Q28」のグレーのセルには入力することができなくなる。

数式のエラーを確認する。

①会計簿に数値を入力し，不具合が無いか確認する。列範囲「B:C」を1か空欄または0にし，会計がマイナスになるかシミュレーションし，ブックを上書き保存する。

図3-68 「保護」のタブの設定

図3-69 「シート保護」
の設定

【57】保護のダイアログボックス

「シートの保護を解除するためのパスワード」の設定は，次のように使用する。

・入力しなければ，シートの保護を解除する際にパスワードを入力するダイアログボックスが表示されない。

・半角英数を入力すれば，パスワードの再確認後にシートが保護される。また，シートの保護を解除する際には，ダイアログボックスが表示されてパスワードの入力が求められる。ただ，「保護」で設定したパスワードは，VBA（Visual Basic for Applications）を習得した人ならば解読し保護を解除することができる。

◉ **C**OLUMN 　会計報告と会計簿を同時に作成する方法

　教員がある会計を担当すると，1つの会計について「会計報告」(保護者向け，またはPTA総会用)と「会計簿」という2つの文書作成を求められ，2倍の作業量が必要になる。そこで，「会計報告」と「会計簿」の2つの文書作成を自動化し，1倍の作業量で合理的に効率よく行う方法を紹介する。

　1回の入力で2つの文書を作成するためには，1つのシートに「入金・出金データ」を入力する。その「入金・出金データ」のシートのデータを「会計簿」と「会計報告」の2つのシートにリンクさせて文書を作成する[58]。実際には，入出金データの以外の重要な元データをまとめ，「元データ」としてもリンクをさせる。これら4つのシート間のリンク設定によるデータの流れは，以下の図のようになっている。

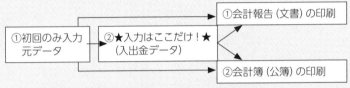

（図1）データのシート間のリンクのさせ方

　上記の設計により，タブ「①初回のみ入力 元データ」を入力した後はタブ「★入力はここだけ！★」に入力するだけで，会計報告と会計簿が印刷できる。実は，課題2で作成した会計簿は，シート「②★入力はここだけ！★」とほぼ同じである。ぜひダウンロードして設計の仕方や数式の入力方法について研究されたい。

シート「②★入力はここだけ！★」は，学んだ会計簿と同じ

　具体的な研究方法は，はじめに，Vectorに登録されている「Excel3期制用会計報告 会計簿一括作成『とりとりⅢ』3.06」(Vectorでウィルススキャンされているので，ウィルスの心配はない)をダウンロードする[59]。ダウンロードフォルダにダウンロードされたtoritori3-v306.zipフォルダは，ZIPファイルなので，フォルダtoritori3-v306.zip上にマウスポインタを重ね，右クリックで「コンテキストメニュー」を表示し，[全て展開]→青いダイアログボックスの下部の[展開]を左クリックするとファイルが展開される。

　新規フォルダを作成し，フォルダ名を「2020会計」に変更し，そのフォルダ内にファイルの全てをコピーして保存する。ダウンロードされるのは，2013形式（*.xls）なので，リボン[ファイル]→[名前を付けて保存]を左クリックして，2019形式（*.xlsx）に保存しなおしてから使用するとよい[60]。

【58】リンクの設定
リンクの設定とは，セル「A」のデータを，セル「B」に反映させるように設定することである。リンクの設定方法については，7節（P104）で詳しく説明する。

【59】検索方法
ブラウザの検索窓に「Excel3期用会計」を入力すると，ほぼトップでヒットする。

【60】ブックの蓄積による作業効率の向上
Excelのブックは，作成・使用して用済みになったら廃棄してしまうことが多い。しかし，少しの手間でこのように原版として繰り返し活用することができるようになる。また，学校では2年毎に同じ学年を担当しやすいので，教材などに大きな変更が無い場合，2年前の入力ずみ会計データがほぼそのまま生かせる。毎年，ゼロから行う作業と，ほぼ完成済みブックを微修正する作業とを比較すれば，効率の差が大きいこと想像に難くない。
特に，会計では，ブックを蓄積すれば，近未来の作業速度・効率を向上させることができるようになる。

3-**6** 印刷

COLUMN (P78) でダウンロードした『とりとり III』の「会計報告書」を印刷する。

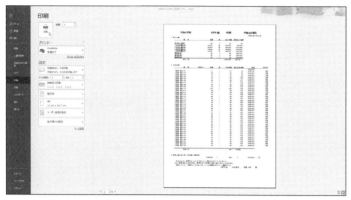

〈「会計報告」の印刷設定の完了画面〉

3-6-**1** 印刷範囲の設定

印刷範囲を設定して，必要な範囲だけを 1 枚の用紙に印刷する。

表示を標準に設定する。

①ブック『とりとり III』を開き，シート「入力不要！ 毎学期の
報告書の印刷」を選択すると，シートが「改ページプレビュ
ー」で表示され，印刷範囲に指定された範囲だけが灰色になり，
ページ番号つきで表示され，1 ページの中に収まらない場合の
み，青い点線が表示される。青い点線が表示された場合は，青
い点線を列 J の右にドラッグする。

②「表示」タブをクリックし，「ブックの表示」グループの［標
準］をクリックすると，表示が標準に変更される。

図 3-70　ブックの表示の変更

シート保護を解除する。

③「校閲」タブをクリックし，「変更」グループの［シート保護
の解除］をクリックすると，「シート保護の解除」ダイアログ
ボックスが表示される。

④キーボードで「Caps Lock」が設定されていないことを確認し，
半角英数小文字で「パスワードの入力欄」にこのシートの場合
に設定されているパスワード「kiken」を入力すると，「シー
トの保護」が解除される。

図 3-71　シートの保護を解除

不要な行を削除し，印刷範囲を設定する。

⑤不要な行「70:130」を選択し，右クリックをして「コンテキストメニ

ュー」を表示させ，［削除］をクリックすると，指定した行が
削除される。

⑥セル範囲「B12:J80」を選択し，「ページレイアウト」タブを
クリックし，「ページ設定」グループの［印刷範囲］をクリッ
クし，［印刷範囲の設定］クリックすると，指定した範囲だけ
が印刷される設定となる。

図 3-72　印刷範囲の設定

改ページプレビューで1ページに収まるように修正する。

⑦「表示」タブをクリックし，「ブックの表示」グループの［改
ページプレビュー］をクリックすると，指定した範囲だけが白
色になり，ページ番号つきで表示される。

⑧列Iと列Jの間に青い点線にマウスカーソルを重ね，列Jと
Kの間に移動すると，指定した横のセル範囲は，1ページ内
に収められるようになる。

⑨「クイックアクセスツールバー」の［上書き保存］アイコンを
クリックすると，ブックと共に印刷設定も保存される。

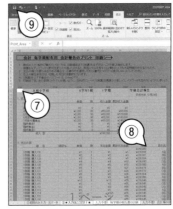

図 3-73　改ページプレビューで
1ページに修正調整

3-6-2　印刷の設定

印刷の設定を行い，印刷する。

①「ファイル」タブをクリックし，「印刷」をクリックすると印刷の設
定ウィンドウが表示される。

②P84の〈会計簿の印刷設定の完了画面〉を参照し，「余白」は「標準」，
「用紙」は「A4」，「用紙方向」は「縦」に設定する。

③「ページ設定」は，「ページ設定ボックス」を「1」から「1」に設定
する。行数が多いために，用紙1枚に印刷できない場合は，「ページ
設定ボックス」を「1」から「2」に設定する。

④表示されている印刷イメージを見て，指定した印刷範囲が1ページ
の紙面の中に収まるかを確認し，印刷されない範囲があったり余白が
広すぎたりする場合は，「設定」の拡大縮小の設定をクリックして，
拡大・縮小で調整すると，1ページの紙面の中に収めることができる。

⑤セルのデータが表示されていない場合は，編集画面に戻ってセル幅・
行高・文字設定などの調整を完全にする。

⑥「部数」を必要な数だけ設定し，［印刷］をクリックすると，「入力不
要！　毎学期の報告書の印刷」が用紙に印刷される。

⑦同様の手順で，シート「入力不要！　会計簿の印刷」の印刷を行う。

⑧印刷が終了したら，ファイルを上書き保存する。

3-7 関数の活用

例題 3-3

成績処理を正確に効率よく行うため，Excel の関数[61] を使う。

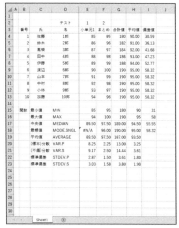

〈7節の完成画面　成績一覧表と成績処理〉

3-7-1 見出しの入力

　Excel を起動し，新しいブックを作成し，表の見出しを入力する。
① 右の完成画面と同じように，次の項目を入力[62, 63] する。

　　行範囲「2:3」の行見出し
　　行範囲「4:13」の番号と氏と名
　　行範囲「15:23」の関数名
　　列範囲「B:I」の列見出し

3-7-2 データの入力

　本来は個々の得点を直接入力するが，ここでは練習用のデータ入力なので時間短縮のためオートフィルによりデータを作成する。

昇順で自動入力する。

① セル「E4」を選択し「85」を入力する。セル「E4」の「フィルハンドル」にマウスポインタを重ねて ✛ を表示させ，クリックしたままセル「E13」までドラッグし，クリックを終了する。
② セル「E13」の右下に表示された

図 3-74　列「E」へのデータ入力

【61】7節で設定する関数
正しく読むことができるように，関数の簡略化しない英語表記を次に示す。
・MIN
Minimum value
・MAX
Maximum value
・MEDIAN
Median
・MODE.SNGL
Mode Single
・AVERAGE
Average

・VAR.P
Variance Population
・VAR.S
Variance Sample
・STDEV.P
Standard Deviation Population
・STDEV.S
Standard Deviation Sample

・CORREL
Correlation coefficient
・COVARIENCE.P
Covariance Population

・RANK
Rank

【62】セル E2・F2 の数字
テスト回数を表す。回数の入力は，演算に活用できる場合が多い。

【63】オーフィルでの入力
学習済みのオートフィルを使用し，可能な限り手入力を減らして効率的に作業をする工夫をする。様々なオートフィルが使用でき，それらを知っておくことで，作業効率を向上させることができる。

「オートフィルオプション」のドロップダウンアローをクリックすると，ドロップダウンメニューが表示され，「連続データ」をクリックすると，85 から 94 まで昇順に自動的に数字が入力される[61]。

③セル「F4」を選択し「95」を入力する。セル「F4」の「フィルハンドル」にマウスポインタを重ねて＋を表示させ，右マウスダウンしたままセル「F13」までドラッグし，マウスアップすると，②と同様にドロップダウンメニューが表示されるので「連続データ」をクリックすると，95 から 104 まで昇順に自動的に数字が入力される。

降順で自動入力する。

④セル「F10」を選択し「99」を入力する。セル範囲「F9:F10」を選択し「フィルハンドル」にマウスポインタを重ねて＋を表示させ，右マウスダウンしたままセル「F13」までドラッグし，マウスアップすると，99 から 96 まで降順に自動的に数字が入力される。

3-7-3 セルの表示の設定

関数を入力するセルに，小数点以下 2 桁まで表示される設定をする。

「小数点以下の桁数」の設定

①セル範囲「E17:G23」[64]を選択した後，キーボードの [Ctrl] を押したまま，セル範囲 [H4:I23] を選択すると，複数のセル範囲がグレーで表示される。

②選択したセル範囲の上で右クリックをして，「コンテキストメニュー」を表示させ，[セルの書式設定] をクリックすると，「セルの書式設定」メニューが表示される。[表示形式] タブの [分類] で [数値] を選択し，「小数点以下の桁数」の入力ボックスの数字を「2」して [OK] をクリックすると，指定した範囲が小数点以下第二位まで表示されるようになる。

「セル幅」の設定

③列範囲「B:I」を選択し，列番号「I」と「J」の境にマウスポインタを重ねて＋を表示させ，ダブルクリックをすると，選択したセル範囲のセル幅が最小限に設定される。

3-7-4 ウィンドウの固定

スクロールしても項目が見えるようにウィンドウを固定する。

①シートを見やすい位置にスクロールしてセル「E4」を選択し，「表示」

図 3-75　列「F」上部への
データ入力

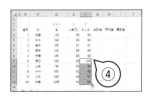

図 3-76　列「F」下部への
データ入力

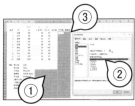

図 3-77　小数点以下の桁数の
設定

【64】小数点以下の桁数の設定
「最小値」と「最大値」については，小数点の設定が必要ではないため，ここではそれらのセルを除いた関数を入力するセルを選択している。

【65】ウィンドウの固定
表が大きい場合やグラフを作成する場合，シートをスクロールすると，項目が見えなくなる。
ウィンドウの固定を設定すると，作業効率の低下を防ぐことができる。ウィンドウの固定には，次の 3 つがある。
・行だけの固定
・列だけの固定
・行と列の固定
「最小値」と「最大値」については，小数点の設定が必要ではないため，ここではそれらのセルを除いた関数を入力するセルを選択している。

タブの「ウィンドウ」グループにある「ウィンドウ枠の固定」の［ドロップダウンアロー］をクリックする。

②その中の「ウィンドウ枠の固定」をクリックすると，列範囲「A:D」と行範囲「1:3」が固定されて，常に表示されるようになる[65]。

図 3-78　ウィンドウ枠を固定する設定

3-7-5　代表値の関数

最小値・最大値・中央値・最頻値・平均値を求める関数を設定する。

最小値を求める MIN 関数を設定する。

①セル「E15」を選択し，［数式］タブの「関数ライブラリ[66]」グループにある「その他の関数」のドロップダウンアローをクリックすると，ドロップダウンメニューが表示される。

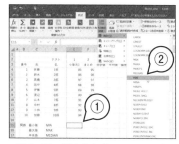

図 3-79　最小値を求める MIN 関数

②その中の［統計］にマウスポインタを重ねると，さらにドロップダウンメニューが表示される。マウスホイールでアルファベット順にならぶ関数をスクロールし，中ほどにある［MIN][67] をクリックすると，「関数の引数」ダイアログボックスが表示される。

図 3-80　MIN の引数のセル範囲変更

③「数値1」の入力ボックスに自動的に選択された引数のセル範囲「E4:E14」を直接入力でセル範囲「E4:E13」に書きかえ，［OK］をクリックすると，最小値を求める正しい数式「＝MIN（E4:E13）」が入力され，セル「E15」に「85」と表示される[68]。

最大値を求める MAX 関数を設定する。

④セル「E16」を選択し，①と同様の手順で［統計］のドロップダウンメニューを表示させる。マウスホイールをスクロールし，中ほどの［MAX］をクリックすると，「関数の引数」ダイアログボックスが表示される。

⑤「数値1」の入力ボックスに自動

図 3-81　最大値を求める MAX 関数

【66】様々な関数

Excel では，様々な関数が準備されており，「関数ライブラリ」グループでは，以下のように表示される。

・オート SUM
・財務
・論理
・文字列操作
・日付 / 時刻
・検索 / 行列
・数学 / 三角
・その他の関数

Excel 2019 で使用できる関数は，470 種類以上あるためすべて覚える必要はないが，繰り返し使用して，使用頻度の高い関数から少しずつ習得するようにする。

【67】末尾に A のつく関数とつかない関数の違い

MIN 関数では文字列のデータは無視される。

MINA 関数では文字列のデータは「0」として処理される。末尾に A がつく関数は，いかなる文字が入力されているとしても，すべてのセルに数値（データ）があると解釈する関数である。

これに対し，末尾に A のつかない関数は，文字列は，計算から除外する関数である。

【68】数式設定後の確認

数式が正しく入力されていれば，P81 の〈7 節の完成画面　成績一覧表と成績処理〉と同じ値になるので，以後の数式の設定完了時にその都度確認すること。

的に選択された引数のセル範囲「E15」を直接入力でセル範
囲「E4:E13」に書きかえ，［OK］をクリックすると，最大
値を求める正しい数式「＝MAX（E4:E13）」が入力され，
セル「E16」に「94」と表示される。

図3-82　MAXの引数のセル範囲変更

中央値を求める MEDIAN 関数を設定する。

⑥セル「E17」を選択し，①と同様の手順で［統計］のドロッ
プダウンメニューを表示させる。マウスホイールをスクロー
ルし，中ほどにある［MEDIAN］をクリックすると，「関
数引数」ダイアログボックスが表示される。

⑦「数値1」の入力ボックスに自動的に入力された式
「E15:E16」はそのままにして，▲（選択ボタン）をクリック
すると，「関数の引数」を選択する入力ボックスが表示され
る。

⑧セル範囲「E4:E13」をマウスで選択し，キーボードの
「Enter」を押すと，「関数の引数」のダイアログボックスが表示され
て「数値1」の入力ボックスにセル範囲「E4:E13」が表示される[69]。
［OK］をクリックすると中央値を求める正しい数式「＝MEDIAN
（E4:E13）」が入力され，セル「E17」には「89.50」と表示される。

図3-83　中央値を求める
MEDIAN 関数

【69】引数の入力
⑦は，入力ボックスを表示し，
⑧で範囲を選択した。
③・⑤と同様に「E4:E13」
を直接入力しても同様の結果
が得られる。

図3-84　MEDIANの引数の変更　　図3-85　MEDIANの引数のセル範囲の再設定

最頻値を求める MODE.SNGL 関数を設定する。

⑨セル「E18」を選択し，①と同様の手順で［統計］のドロ
ップダウンメニューを表示させる。マウスホイールをスク
ロールし，中ほどにある［MODE.SNGL］をクリックす
ると，「関数の引数」ダイアログボックスが表示される。

⑩「数値1」の入力ボックスには何も自動的に入力されてい
ないので，▲（選択ボタン）をクリックすると，「関数の引
数」を選択する入力ボックスが表示される。

⑪セル範囲「E4:E13」をマウスで選択し，キーボードの
「Enter」を押すと，再度「関数の引数」のダイアログボ
ックスが表示され，「数値1」の入力ボックスにセル範囲
「E4:E13」が自動的に表示される。

図3-86　最頻値を求める MODE.SNGL 関数

⑫「関数の引数」のダイアログボックス［OK］をクリックすると最頻値を求める正しい数式「＝MODE.SNGL（E4:E13）」がセル「E18」に入力され，セル「E18」には「＃N/A」[70] が表示される。

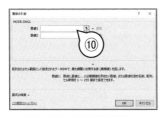

図 3-87　MODE.SNGL の引数の変更

図 3-88　MODE.SNGL の引数のセル範囲の再設定

平均値を求める AVERAGE 関数[71] を設定する。

⑬セル「E19」を選択し，「数式バー」の左の［関数の挿入］［fx］をクリックすると，「関数の挿入」ダイアログボックスが表示される[72]。「関数の分類[73]」ボックスの「すべて表示」を選択し，「関数名」をスクロールした上部に表示される［AVERAGE］を選択し［OK］をクリックすると，すると，「関数の引数」ダイアログボックスが表示される。

図 3-89　平均値を求める AVERAGE 関数

⑭「数値1」の入力ボックスには何も自動的に入力されていないので，⑩～⑪と同様の手順でセル範囲「E4:E13」をマウスで選択すると，

図 3-90　AVERAGE の引数のセル範囲の再設定

再度「関数の引数」のダイアログボックスが表示され，「数値1」の入力ボックスにセル範囲「E4:E13」が自動的に表示される。「関数の引数」のダイアログボックス［OK］をクリックすると平均値を求める正しい数式「＝ AVERAGE（E4:E13）」が入力され，セル「E19」に「89.50」と表示される。

3-7-6　分散・標準偏差

分散と標準偏差を求める関数を設定する。

（標本）分散を求める VAR.P 関数[74] を設定する。

①セル「E20」を選択し，「数式バー」の左の［関数の挿入］をクリックすると，「関数の挿入」ダイアログボックスが表示される。「関数の分類」ボックスの「統計」を選択し，「関数名」のスクロール下部に

【70】#N/A エラー
Excel では，演算でエラーがあった場合，エラー記号を表示する。＃N/A（No Answer）は，答えが無いという場合に表示される。

【71】AVERAGE 関数の注意点
AVERAGE 関数では，セルのデータによって計算方法が次のように変化する。
・あるセルが 0 の場合は，母集団に入れて計算される。
・あるセルが空欄の場合は，母集団から除外して計算される。
・あるセルが文字などの場合は，母集団から除外して計算される。
AVERAGEA 関数の場合は，あるセルが文字などの場合は，「0」とみなして母集団に含めて計算される。

【72】関数の入力
⑬では「関数の挿入」からダイアログボックスを表示した。①・④・⑥・⑨などと同様に，［その他の関数］から［AVERAGE］を選択しても同様のことができる。

【73】「関数の挿入」での関数の分類表示
「数式バー」の左の「関数ライブラリ」では，以下の順に表示される。
・最近使った関数
・すべて表示
・財務
・日付 / 時刻
・数学 / 三角
・統計
・検索行列
・データベース
・文字列操作
・論理
・情報
・エンジニアリング
・キューブ
・互換性
・Web

表示されている［VAR.P］を選択して［OK］をクリックすると，「関数の引数」ダイアログボックスが表示される。

② 「数値1」の入力ボックスには「E19」が自動的に入力されているが，「5代表値の関数」の⑩〜⑪と同様の手順でセル範囲「E4:E13」をマウスで選択すると，「関数の引数」のダイアログボックスが表示され，「数値1」の入力ボックスにセル範囲「E4:E13」が自動的に表示される。「関数の引数」のダイアログボックスの［OK］をクリックす

図3-91　（標本）分散を求める VAR.P 関数

図3-92　VAR.P の引数のセル範囲の再設定

ると中央値を求める正しい数式「＝VAR.P（E4:E13）」が入力され，セル「E20」に「8.25」と表示される。

（不偏）分散を求める VAR.S[74] 関数を設定する。

③ セル「E21」を選択し，①関数 VAR.P の設定と同様の手順で，（不偏）分散を求める関数［VAR.S］を設定すると，数式「＝VAR.S（E4:E13）」が入力され，セル「E21」に「9.17」と表示される。

標準偏差を求める STDEV.P[75] 関数を設定する。

④ セル「E22」を選択し，①関数 VAR.P の設定と同様の手順で，標準偏差を求める関数［STDEV.P］を設定すると，数式「＝STDEV.P（E4:E13）」が入力され，セル「E22」に「2.87」と表示される。

標本標準偏差を求める STDEV.S[75] 関数を設定する。

⑤ セル「E23」を選択し，①関数 VAR.P の設定と同様の手順で，標本標準偏差を求める関数［STDEV.S］を設定すると，「＝STDEV.S（E4:E13）」が入力され，セル「E23」に「3.03」と表示される。

設定した関数を他のセルにコピーする。

⑥ 小単元1について合計値から標準偏差まで設定した数式をコピーし，まとめだけでなく，合計値・平均値の数式まであらかじめ設定する。セル範囲「E15:E23」を選択し，セル「E23」の「フィルハンドル」にマウスポインタを重ねて╋を表示させ，クリックしたままセル「H23」までドラッグし，クリックを終了すると，ドラッグした範囲

【74】VAR.P（標本）分散と VAR.S（不偏）分散

分散は，標本の散らばりの度合いを表す値の一つである。分散は，平均値では表されない標本（個々の得点など）の散らばり具合を表すことができる。分散が大きければ大きいほど，標本の散らばりの度合いが大きいことを表す。分散は次の式で求められる。

$$s^2 = \sum_{n=1}^{n} (x_i - \overline{x})^2$$

VAR.P は，標本を母集団と見なした場合に用いる。

VAR.S は，標本が母集団の一部である場合，標本を元に母集団を推定して分散を求めるときに用いる。また，標本が少ない場合に用いる。

一般に，母集団を推定して値が補正されるため，VAR.P < VAR.S となる。標本が多ければ多いほど，2つの関数の差は小さくなる。

【75】STDEV.P 標準偏差と STDEV.S 標本標準偏差

標準偏差も，標本の散らばりの度合いを表す値の一つである。分散の平方根を取って表される。分散は次の式で求められる。

$$s^2 = \sqrt{\sum_{n=1}^{n} (x_i - \overline{x})^2}$$

STDEV.P は，標本を母集団と見なした場合に使用する「標準偏差」に用いる。

STDEV.S は，標本が母集団の一部である場合，標本を元に母集団を推定して使用する「標本標準偏差」に用いる。

に数式がコピーされる。

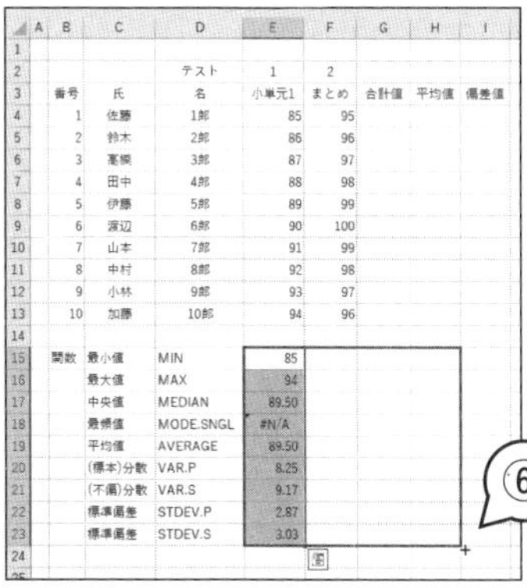

3-7-7 偏差値

偏差値[76] を求める数式を設定する。

個人ごとの合計値を求める。

①セル「G4」を選択し，[数式] タブの「関数ライブラリ」グループにある ［Σ］ をクリックすると，合計を求める数式「＝SUM（E4:F4）」がセル「G4」に自動的に表示され，キーボードの「Enter」を押すと数式がセル「G4」に入力される。セル「G4」に「180」と表示される。

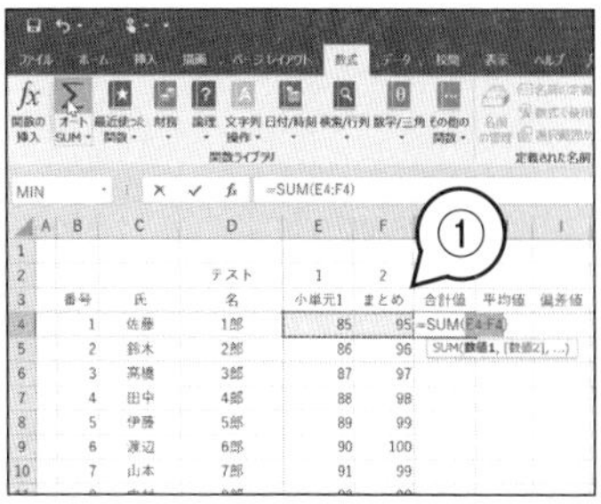

個人ごとの平均値を求める。

②セル「H4」を選択し，「数式バー」の左の［関数の挿入］をクリックすると，「関数の挿入」ダイアログボックスが表示される。「関数の分類」ボックスの「最近使った関数」を選択し，「関数名」の上部に表示されている ［AVERAGE］ を選択して ［OK］ をクリックすると，「関数の引数」ダイアログボックスが表示される。

③「数値1」の入力ボックスの「数値1」の入力ボックスに自動的に「E4:G4」が入力されているので，「5 代表値の関数」の⑩～⑪と同様の手順でセル範囲「E4:F4」をマウスで選択すると，「関数の引数」のダイアログボックスが表示され，「数値1」の入力ボックス

にセル範囲「E4:F4」が自動的に表示される。ダイアログボックスの ［OK］ をクリックすると正しい数式「＝AVERAGE（E4:F4）」がセル「H4」に入力され，セル「H4」に「90.00」と表示される。

合計値・平均値の数式をコピーし，他の児童の合計や平均を求める。

④セル範囲「G4:H4」を選択し，「フィルハンドル」にマウスポインタを重ねて✚を表示させ，右クリックしたままセル「H13」までドラッグし，クリックを終了す

図 3-93　設定した数式のコピー

図 3-94　合計値を求める関数 SUM

図 3-95　平均値を求める関数 AVERAGE

図 3-96　設定した数式を他のセルにコピー

【76】偏差値の関数

偏差値は，ある数値が標本の中でどの位置にあるかを表した値である。標準偏差が 10 になるように規定され，平均値は 50 として表される。
Excel では，偏差値は関数としての設定は無い。

偏 差 値（Deviation Value）の算出は，次の 3 つが必要になる。

・素データ
・平均値
・標準偏差

平均値と標準偏差は，複数のセルを指定して求められるため，偏差値の関数を設定すると，ダイアログボックスでの数値・配列の指定が複雑になるためであろう。

ると，ドラッグした範囲に自動的に数式がコピーされる。

偏差値を求める数式[77] の入力。

⑤セル「I4」を選択し，数式バーに
半角英数で「＝（G4−」を入力し，
マウスでセル「G19」をクリック
すると，数式「＝（G4−G19」と
入力される。直後にキーボードの
「F4」を押す[78]と「＝（G4−
$G$19」となる。数式「＝
（G4−$G$19」の最後に「）」を
入力し，キーボードの「Enter」
を押すとセル「I4」に数式「＝
（G4−$G$19）」が入力され，セル「I4」に「（7.00）」と表示される。

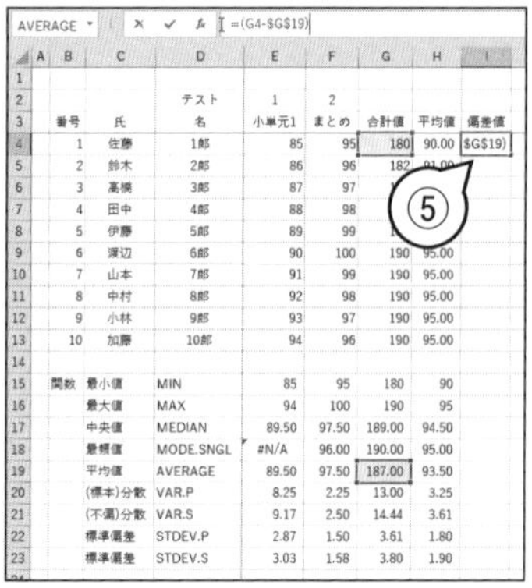

⑥セル「G4」を選択して，数式バーの「＝（G4−$G$19）」に，「／」
を追加入力する。マウスでセル「G22」をクリックし，キーボードの
「F4」を押すと「$G$22」となり，「＝（G4−$G$19）／$G$22」とな
る。

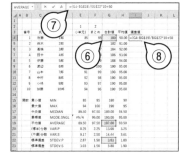

図 3-97 「＝（G4-$G$19）」まで入力

⑦さらに「＊10＋50」を追加入力
して「＝（G4−$G$19）／$G$22
＊10＋50」まで入力し，キーボ
ードの「Enter」を押すと，数式
「＝（G4−$G$19）／$G$22＊
10＋50」がセル「G4」に入力さ
れ，セル「I4」に「30.59」と表
示される。

図 3-98 「＝（G4-$G$19）／$G$22*10+50」

偏差値の数式を他のセルにコピーし，他の児童の偏差値を求める。

⑧セル「I4」を選択し，セル「I4」の「フィルハンドル」にマウスポイ
ンタを重ねて╋を表示させ，クリックしたままセル「I13」までドラ
ッグし，クリックを終了すると，ドラッグした範囲に数式がコピーさ
れる。

3-7-8 順位の関数

順位を求める関数を設定する。

①セル「J3」を選択し，「順位」を入力すると，セル「J3」に「順位」
と表示される。

【77】偏差値の数式
偏差値を求める数式は次のよ
うになる。
（素点 − 平均値）／ 標準偏差
× 10 ＋ 50
ここでは，標本を母集団と見
なしているので，STDEV.
P を用いている。

【78】F4 キーの押し方と相
対参照と絶対参照
機器によって F4 キーの押し
方が違う。
・デスクトップ PC ではその
まま F4 を押す。
・ノート PC では，Fn（func-
tion）キーを押しながら F4
を押す。
先頭に「$」がつかないセル
番地を含む数式の場合，その
セルをコピーすると，数式の
参照元セル番地は，セルの相
対位置によって自動的に書き
換えられる。これを相対参照
という。
先頭に「$」を付したセル番
地を含む数式の場合，そのセ
ルをコピーしても，数式の参
照元セル番地は同じままで書
き換えられない。これを絶対
参照という。
数式の中のセル表現には次の
4 つがある。
相対参照のセル
・「＝B52」
絶対参照のセル
・「＝$B$52」行列固定
・「＝B$52」行のみ固定
・「＝$B52」列のみ固定
数式を入力時，セル番地を入
力した直後にキーボードの
「F4」を押すと，押す度に上
記 4 つの順で循環表示される。

②セル「J4」を選択し，「数式バー」の左の［関数の挿入］をクリックすると，「関数の挿入」ダイアログボックスが表示される。「関数の分類」ボックスの「すべて表示」を選択し，「関数名」のスクロール下部に表示されている［RANK.AVG］[79]を選択して［OK］をクリックすると，「関数の引数」ダイアログボックスが表示される。

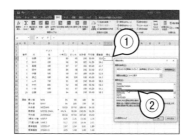

図 3-99　順位を求める RANK 関数

図 3-100　「数値」の指定

③「数値」[80]の入力ボックスを選択し，「5 代表値の関数」の⑩～⑪と同様の手順で「H4」を選択すると，「数値」の入力ボックスにセル「H4」が入力される。

④ダイアログボックスの「参照」[49]の入力ボックスを選択し，「5 代表値の関数」の⑩～⑪と同様の手順でセル範囲「H4:H13」を選択すると，「参照」の入力ボックスにセル範囲「H4:H13」が自動的に表示される。キーボードの

図 3-101　「参照」の指定

「F4」を押しして「$H$4:$H$13」とし，［OK］をクリックすると「参照」の入力ボックスに「$H$4:$H$13」が入力される。

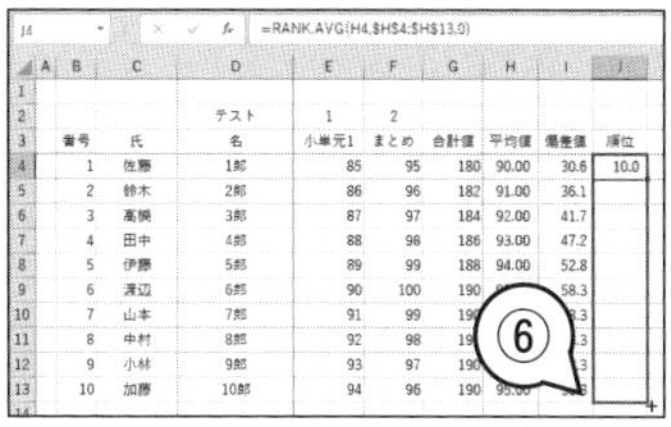

⑤ダイアログボックスの「順序」[79]の入力ボックスには何も記入・指定せず，［OK］をクリックすると，セル「J4」に「10」と順位が表示される。

⑥セル「J4」を選択し，セル「E4」の「フィルハンドル」にマウスポインタを重ねて＋を表示させ，クリックしたままセル「J13」までドラッグし，クリックを終了すると，ドラッグした範囲に数式がコピーされ，各セルに順位が表示される。

⑦セル範囲「J4:J13」を選択し，セル範囲の上で右クリックをして，「コンテキストメニュー」を表示させ，［セルの書式設定］をクリックすると，「セルの書式設定」メニューが表示されるので，［数値］を選択し，「小数点以下の桁数」の入力ボックスの数字を「1」し，［OK］をクリックすると，指定した範囲が小数点以下第一位まで表示される[78]。

図 3-102　セル J4 のオートフィル

【79】3 つの RANK 関数
RANK 関数は，次の 3 つがある。
・RANK
・RANK.AVG
・RANK.EQ
RANK 関数と RANK.EQ 関数は同じであり，順位がそのまま表示される。
RANK.AVG は，データに同じ値が複数ある場合の表示が，「順位の合計 / 同位の人数」で表示される。例えば，セル「J9:J13」は，
$(1+2+3+4+5)$（位）$/5$（人）
$=3.0$（位）
である。
また例えば，1 位が 2 名いる場合は，
$(1＋2)$（位）$/2$（人）
$=1.5$（位）
と小数点以下第一位まで表示される。

【80】ダイアログボックスの 3 つの設定
次のように設定する。
・「数値」
順位を表示したいデータ 1 つを選択する。数式をコピーした際に，セル番地を自動的に書き換えさせたいので，相対参照で指定する。
・「参照」
順位を表示させたい複数のデータの範囲を選択する。数式をコピーした際に，選択したセル範囲を自動的に書き換えさせないように，絶対参照で指定する。
・「順序」
大きい値を 1 位としたい場合は，何も指定しない。小さい値を 1 位と表示させたい場合は「0」を記入して指定する。

3-7-9 評定の表示を自動的に行う IF 関数

特定の値の評価基準に基づき，特定の記号の評定表示をするために，IF関数[81]を使用する。

特定の値の評価基準 (60 点未満) で，評定「△」が表示されるように IF 関数を入力する。

①セル「K3」を選択し，「評定」を入力すると，セル「G3」に「評定」と表示される。

②セル「K4」を選択し，「数式バー」の左の［関数の挿入］をクリックすると，「関数の挿入」ダイアログボックスが表示される。「関数の分類」ボックスの「論理」を選択し，「関数名」の上部に表示されている［IF］を選択して［OK］をクリックすると，「関数の引数」ダイアログボックスが表示される。

③「論理式」の入力ボックスを選択し，マウスでセル「H4」を選択し，キーボードの直接入力で「H4<60」[82]と入力すると，「論理式」の入力ボックスに論理式「H4<60」が入力される。

④「値が真の場合」の入力ボックスを選択し，「"△"」を「"」は半角英数で，「△」は全角で直接入力すると「値が真の場合」の入力ボックスに「"△"」[83]が入力される。

⑤「値が偽の場合」の入力ボックスには何も記入・指定せず，［OK］をクリックすると，セル「H4」に正しい数式「＝IF(H4<60,"△")」が入力され，セル「H4」に「FALSE」が表示される。

既定の評定 (90 点未満) で，評定「△」か「○」が表示されるように IF 関数を追記する。

⑥セル「K4」を選択し，数式バーに表示された数式に，次の下線のように追記する。

「＝IF(H4<60,"△",IF(H4<90,"○",FALSE))」

⑦数式を入力後に，キーボードの［Enter］を押すと，セル「H4」に正しい数式が入力され，セル「H4」に「FALSE」が表示される。

既定の評定で，特定の評定「△・○・◎」が表示されるように IF 関数を追記する。

⑧セル「K4」を選択し，数式バーに表示された数式を，次の下線のように修正する。

図 3-103 論理式に使用する IF 関数

図 3-104 論理式と値が真と偽の場合の設定

【81】IF 関数の設定
IF 関数の設定は，「論理式」・「値が真の場合」・「値が偽の場合」の 3 つを設定する。「値が真の場合」・「値が偽の場合」に「TRUE」「FALSE」以外を表示させたいときは，""" を付して「"だめ"」のように設定する。
IF 関数は，1 つだけでなく，入れ子構造にすることができる。これを，ネストという。IF 関数は，最大 7 つまでネストできる。
数式は，1 か所でも間違っていると正しく作動しないので，入力には特に注意を要する。

【82】大小関係の設定
Excel では，大小関係は以下のように記載する。
数学用語・入力方法・数学記号 (全角)・Excel 数式での符号 (直接入力半角英数) の順に示す。
以上・「イジョウ」・「≧」・「＝>」
以下・「イカ」・「≦」・「＝<」
未満・「ショウナリ」・「<」・「<」
より大きい (超過)・「ダイナリ」・「>」・「>」

「＝IF（H4<60," △ ",IF（H4<90," ○ ",IF（H4<=100," ◎ ",FALSE)))」[84]

図3-105　数式バーに入力して
IF関数のネスト

⑨数式を入力後に，キーボードの［Enter］を押すと，セル「H4」に正しい数式が入力され，セル「H4」に「◎」が表示される。

図3-106　IF関数のネスト　3つ

⑩セル「K4」を選択し，セル「K4」の「フィルハンドル」にマウスポインタを重ねて✚を表示させ，クリックしたままセル「K13」までドラッグし，クリックを終了すると，ドラッグした範囲に数式がコピーされ，各セルに評定が表示される。

3-7-10 評価規準を任意に変更可能にするIF関数

任意の値の評価基準をもとに，特定の記号の評定が表示されるようにIF関数を修正する。

任意の値に変更できる評価基準と特定の記号の評定表示を，セルに設定する。

①セル「L2」に「△」，セル「P2」に「○」，セル「T2」に「◎」を入力する。セル「M2」・「Q2」に「<」を入力し，セル「O（オ-）2」・セル「S2」・セル「U2」に「≦」を入力すると，各セルに入力した文字が表示される。

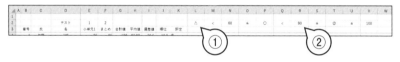

図3-107　セル範囲「L2:V2」への入力

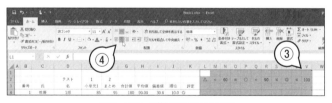

図3-108　列範囲の表示の設定

②セル「N2」に「60」，セル「R2」に「90」，セル「V2」に「100」を入力すると，各セルに入力した数字が表示される。

③列範囲「L:V」を選択し，列「V」の右にマウスポインタを重ね，✚が表示されたらクリックしたままマウスを左右に移動させ，列幅表示が「38ピクセル」になったところでクリックを終了すると，選択範囲の列がすべて38ピクセルに設定される。

④列範囲「L:V」を選択したまま，「ホーム」タブの「配置」グループの［中央揃え］を選択すると，列範囲「L:V」が中央揃えで表示される。

【83】「""」
（ダブルクォーテーション）
セルに文字列を表示させたい場合は，ダブルクォーテーションではさむように記載する。

【83】「""」
（ダブルクォーテーション）
セルに文字列を表示させたい場合は，ダブルクォーテーションではさむように記載する。

【84】数式として入力できるもの
数式は，ダイアログボックスでの設定だけでなく，追記して修正することができる。
また，数式内には，数値だけでなく，セル番地，絶対参照セル番地を指定することができる。
関数は単体で使用するだけでなく，ネスト（入れ子）や組み合わせて使用することができる。
開始と終了のカッコは同じ個数であることに気をつける必要がある。

任意の値の評価基準（60点未満）で，特定の記号の評定「△」が表示されるように修正する。

⑤セル「K4」を選択し，数式バーに数式を表示させ，式の中の「60」だけをマウスで選択し，セル「N2」をクリックし，直後にキーボードの［F4］を押すと，数式バーの数式が次の下線のように変更される。

「＝IF（H4<$N$2," △ ",IF（H4<90," ○ ",IF（H4<=100," ◎ ",FALSE)))」[84]

図3-109　数式の一部「60」を選択し，セル番地を指定

⑥数式を入力後に，一旦，キーボードの［Enter］を押すと，セル「H4」に修正した数式が入力され，セル「H4」に「◎」が表示される。

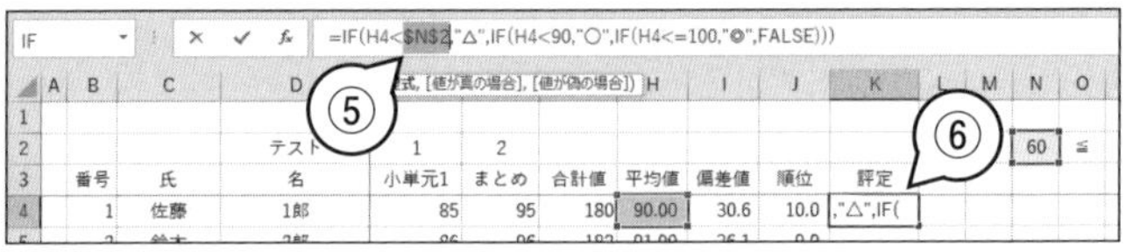

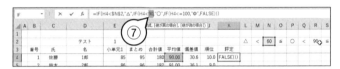

図3-110　直後に絶対セル番地を指定

任意の値の評価基準（90点未満）で特定の記号の評定「△」か「○」が表示されるように修正する。

⑦セル「H4」を選択し，数式バーに数式を表示させ，式の中の「90」だけをマウスで選択し，セル「R2」をクリックし，直後にキーボードの［F4］を押すと，数式バーの数式が次の下線のように変更される。

「＝IF（H4<$N$2," △ ",IF（H4<$R$2," ○ ",IF（H4<=100," ◎ ",FALSE)))」

図3-111　数式の一部「90」を選択し，セル番地を指定

⑧一旦，キーボードの［Enter］を押すと，セル「H4」に修正した数式が入力され，セル「H4」に「◎」が表示される。

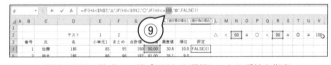

図3-112　直後に絶対セル番地を指定

任意の値の評価基準で，特定の記号の評定「△・○・◎」が表示されるように修正する。

⑨セル「H4」を選択し，数式バーに数式を表示させ，式の中の「100」だけをマウスで選択し，セル「V2」をクリックし，直後にキーボードの［F4］を押すと，数式バーの数式が次の下線のように変更される。

「＝IF（H4<$N$2," △ ",IF（H4<$R$2," ○ ",IF（H4<=$V$2," ◎ ",FALSE)))」

図3-113　数式の一部「100」を選択し，セル番地を指定

⑩キーボードの［Enter］を押すと，

図3-114　直後に絶対セル番地を指定

セル「H4」に修正した数式が入力され，セル「H4」に「◎」が表示される。

数式の動作を確認する。

⑪セル「N2」・「R2」・「V2」の数字を任意に変更し，セル「K4」の評定の表示が，意図した数式の通りに変更されるか，極端な数値を入力してもエラーが表示されないか動作を確認する。

⑫動作確認が終了したら，一旦，元のように，セル「N2」に「60」，「R2」に「90」，「V2」に「100」に戻すと，セル「N2」・「R2」・「V2」に元の値が表示される。

図3-115　評価基準のセル「N2・R2・V2」を任意に変更

3-7-11　評定表記と評価基準を任意に変更可能にするIF関数

任意の値の評価基準をもとに，任意の記号の評定が表示されるようにIF関数を修正する。

任意の値の評価基準により任意の記号の評定「△」が表示されるように修正する。

①セル「H4」を選択し，数式バーに数式を表示させ，式の中の「"△"」だけをマウスで選択し，セル「L2」をクリックし，直後にキーボードの［F4］を押すと，数式バーの数式の一部が次の下線のように変更される。

図3-116　数式の一部「"△"」を選択し，セル番地を指定

「＝IF（H4＜<u>$N$2</u>,$L$2,IF（H4＜$R$2," ○ ",IF（H4＜＝$V$2," ◎ ",FALSE)))」

任意の値の評価基準により任意の記号の評定「△・○」が表示されるように修正する。

②①と同様にして，式の中の「"○"」だけをマウスで選択し，セル「P2」をクリックし，直後にキーボードの［F4］を押すと，数式バーの数式が次の下線のように変更される。

図3-117　数式の一部「"○"」を選択し，セル番地を指定

「＝IF（H4＜$N$2,$L$2,IF（H4＜$R$2,<u>$P$2</u>,IF（H4＜＝$V$2," ◎ ",FALSE)))」

任意の値の評価基準により任意の記号の評定「△・○・◎」が表示されるように修正する。

③①・②と同様にして，式の中の「"◎"」だけをマウスで選択し，セル「T2」をクリックし，直後にキーボードの［F4］を押すと，

図3-118 数式の一部「"◎"」を選択し，セル番地を指定

数式バーの数式が次の下線のように変更される。

「＝IF（H4＜$N$2,$L$2,IF（H4＜$R$2,$P$2,IF（H4＜＝$V$2,$T$2,FALSE)))」

数式の動作を確認する。

④セル「L2」・「P2」・「T2」の評定の記号を任意に変更し，セル「K4」の評定の表示が，任意の記号に変更されるか，エラーが表示されないか動作を確認する。

図3-119 評定の表記のセル「L2・P2・T2」を任意に変更する

⑤エラーが無ければ，セル「L2」・「P2」・「T2」にそれぞれ元の評定記号「△」・「○」・「◎」を入力すると，それぞれのセルに元の記号が表示される。

数式をコピーする。

⑥セル「K4」を選択し，「ホーム」タブの「配置」グループの［中央揃え］をクリックすると，セル「K4」の評定が中央に表示される。

⑦セル「K4」を選択し，オートフィルを使用して，セル「K13」までドラッグしてクリックを終了すると，セル「K4」の数式がセル範囲「K4:K13」にコピーされる。

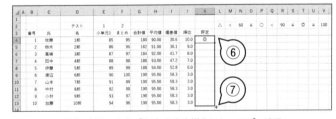

図3-120 セル「K4」を中央揃えにし，コピーする

3-7-12 リンクの設定

リンクを設定する。

シート内にコピーをする。

①セル範囲「L2:V2」を選択し，選択したセル範囲の上で右クリックをして「コンテキストメニュー」を表示させ，［コピー］をク

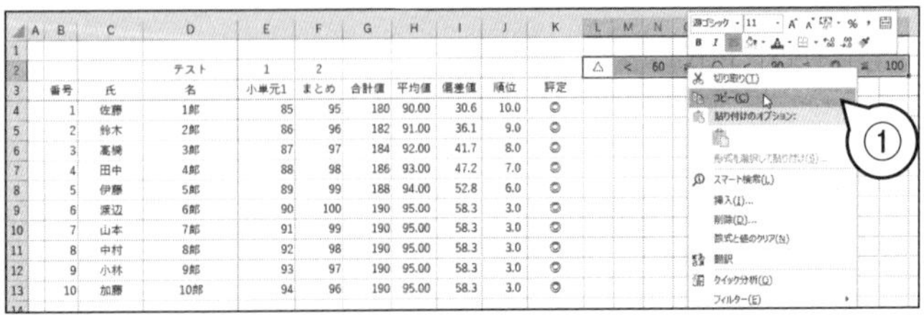

図3-121 セル範囲「L2:V2」を選択し［コピー］をクリック

リックすると，選択した範囲が右回りに動く点線で囲まれて表示される。

②セル「L1」を選択し，選択したセルの上で右クリックをして「コンテキストメニュー」を表示させ，［貼り付け］をクリックすると，選択した範囲がセル範囲「L1:V1」に貼り付けられる。

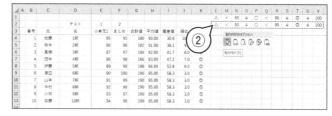

図3-122　セル「L1」を選択し［貼り付け］をクリック

③セル「L1」をクリックし数式バーを見ると，記号「△」が入力されていることが分かる。また，セル「L2」をクリックし数式バーを見ると，記号「△」が入力されていることが分かる[85]。

【85】セルの中身の確認
セルには，数や計算結果が表示される。セルの中身を確認するためには，確認したいセルを選択して数式バーの表示から読み取る。

シート内にリンクを設定する。

④セル範囲「L2:V2」を選択し，選択したセル範囲の上で右クリックをして，「コンテキストメニュー」を表示させ，［コピー］をクリックすると，選択した範囲が右回りに動く点線で囲まれて表示される。

図3-123　セル「L1」を選択し［リンク貼り付け］をクリック

⑤セル「L1」を選択し，選択したセルの上で右クリックをして「コンテキストメニュー」を表示させ，［リンク貼り付け］をクリックすると，選択した範囲がセル範囲「L1:V1」にリンクして貼り付けられる。

⑥セル「L1」をクリックし数式バーを見ると，記号「=L2」が入力されていることが分かる。また，セル「L2」をクリックし数式バーを見ると，記号「△」が入力されていることが分かる。さらに，リンク元のセル「L2」をクリックして「◆」(シカク)を入力すると，リンク先のセル「L1」にも「◆」が表示される。

⑦同じシート内でリンクの設定ができたことを確認したら，リンク元のセル「L2」に「△」を入力すると，リンク先のセル「L1」にも「△」が表示される[86]。

シートをまたいでコピー[87]をする。

⑧「Sheet1」の右の［新しいシート］［○+］をクリックすると，新しいワークシート「Sheet2」が追加される。

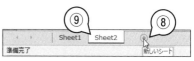

図3-124　新しいワークシート「Sheet2」を追加

⑨ワークシート「Sheet1」のタブをクリックすると，ワークシート「Sheet1」が表示される。

⑩ワークシート「Sheet1」のセル範囲「L1:V1」を選択し，選択した

セル範囲の上で右クリックをして、「コンテキストメニュー」を表示させ［コピー］をクリックすると、選択した範囲が右回りに動く点線で囲まれて表示される。

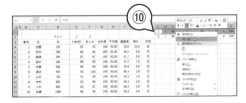

図3-125　セル範囲「L1:V1」を選択し［コピー］をクリック

⑪ワークシート「Sheet2」のタブをクリックすると、ワークシート「Sheet2」が表示される。

⑫セル「B2」を選択し、選択したセルの上で右クリックをして「コンテキストメニュー」を表示させ、［貼り付け］

図3-126　セル「B2」を選択し［貼り付け］をクリック

をクリックすると、選択した範囲の書式とデータがセル範囲「B2:L2」に貼り付けられる。

⑬セル「B2」をクリックし数式バーを見ると、数式「＝B3」が入力されており、そのためにセル「B1」が「0」と表示されていることが分かる。

⑭再度セル「B2」を選択し、選択したセルの上で右クリックをして「コンテキストメニュー」を表示させ、［値］をクリックする

図3-127　セル「B2」を選択し［値］をクリック。

と、選択した範囲の値がセル範囲「B2:L2」に貼り付けられる。

⑮セル「B1」をクリックし数式バーを見ると、記号「△」が入力されていることが分かる。

⑯全ての動作を確認したら、任意の場所にブックを保存する。（保存とブック名については、P63参照）

【86】リンク

リンクを設定すると数値や記号をセルに入力し直す必要がなくなる。リンクの設定数は上限がないので、一元化して適切にリンクを設定することにより、作業効率を飛躍的に高めることができる。

【87】コピー

コピーは、目的に応じて、1回だけでなく2回以上組み合わせて使用することが多い。⑬の［貼り付け］では、数値・数式・文字・書式の全てがコピーされ、数式は絶対参照が指定されていない限りセルの位置関係によって自動的に変更されて入力される。

⑭の［値］では、⑬の［貼り付け］設定の上に、数値・数式・文字はそのままに貼り付けられ、数式では元の計算結果の値がそのまま貼り付けられている。

コピー後にで貼り付ける際の主な選択肢は次の6つである。
・貼り付け
・値
・数式
・行列の入れ替え
・書式設定
・リンク貼り付け

この他に、［形式を選択して貼り付け］では
・貼り付け7種
・値の貼り付け3種
・その他の貼り付けオプション4種
を選択できる。
加えて、［形式を選択して貼り付け］によって、さらに詳細な設定が可能である。
これらの複数回の組み合わせの効果については、経験を通して各自習得されたい。

データ数が多い場合は，シート間にまたがってリンクを設定することがある。直前の⑮に引き続き，基本的な方法を紹介するので，余裕のある人は，習得されたい。

シート間にリンクを設定する。

⑰ワークシート「Sheet2」のタブをクリックすると，ワークシート「Sheet2」が表示される。

⑱ワークシート「Sheet2」のセル範囲「B2:L2」を選択し，選択したセル範囲の上で右クリックをして，「コンテキストメニュー」を表示させ［コピー］をクリックすると，選択した範囲が点線で囲まれて表示される。

⑲ワークシート「Sheet1」のタブをクリックすると，ワークシート「Sheet1」が表示される。

⑳セル「L2」を選択し，選択したセルの上で右クリックをして，「コンテキストメニュー」を表示させ，［リンク貼り付け］をクリックすると，選択した範囲の書式とデータがセル範囲「L2:V2」にリンクして貼り付けられる。

（図1）　セル「L2」を選択し［リンク貼り付け］を
クリック。

㉑リンク先のセル「L2」をクリックし数式バーを見ると，数式「=Sheet2!B2」が入力されており，リンク元の「Sheet2」のセル「B2」が表示されていることが分かる。

シート間のリンクを確認する。

㉒ワークシート「Sheet2」のタブをクリックすると，ワークシート「Sheet2」が表示される。

㉓セル「B2」を選択し，「◆」を入力すると，セル「B2」に「◆」が表示される。

㉔セル「D2」を選択し，「55」を入力すると，セル「D2」に「55」が表示される。

㉕ワークシート「Sheet1」のタブをクリックすると，ワークシート「Sheet1」が表示される。

㉖ワークシート「Sheet1」のリンク先のセル「L2」が「◆」に，セル「N2」が「55」に変更されていることが分かる。

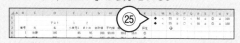

（図2）　リンク先「L2・N2」と「L1・N1」の変化

㉗「Sheet1」のリンク元「L2」の真上のリンク先のセル「L1」が「◆」に自動的に変化していることが分かる。同様に，リンク元「N2」の真上のリンク先のセル「N1」が「55」に自動的に変化していることが分かる。

関数で計算された数値を別のシートで別様式の表に活用するなどということが必要になってくる。

たとえばテストの成績の個票をつくる場合に，個人の点数や平均点などを表示して1枚を仕上げなければならない。そういう場合に自由にリンクを貼り付けできると，とても効率的に作業するようになる。

シート間のリンクの設定を習得すると，先に紹介した「Excel3 期制用会計報告 会計簿一括作成『とりとりⅢ』3.06」のようなテンプレートを作成することができるようになる。

3-8 | データの編集

【88】リスト内の区分
並べ替えをすることができる表の形式をリストという。7節で作成した成績一覧は、リストの形式であり次の要素からなる。
・フィールド
　列「B」の番号
・列見出し
　行「3」の各見出し
・レコード
　行範囲「4:13」のデータ

例題 3-4

入力ずみのデータを活用するために、データの編集機能を使用する

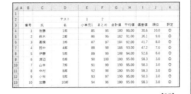

〈7節で作成した成績一覧表のリスト[85]〉

3-8-1 データの並べ替え

並べ替えを行い、データを編集する[88]。

① 7節で作成した成績一覧表のファイルを開き、ファイル名の先頭に課題を行う日付を付し、作業前にファイルを保存する[89]。

② マウスポインターを ➡ にして、行範囲「4:13」を選択し、選択された行をグレー色にし、[データ]タブの[並び替えとフィルターグループ]の[並べ替え]をクリックすると、並べ替えのダイアログボックスが表示される。

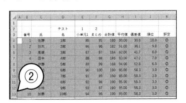

図3-128 行範囲「4:13」を選択

【89】日付を付してのブックの保存
7節で作成した課題のブックをそのまま保存しておくため、先頭に作業をした日付を付して、別名で保存する。ハージョンアップで保存することにより、不測の事態があった際にも、最も近い過去の作業状態を回復することができる。

降順[90]に並べ替えする。

③ ダイアログボックスの[列]の[優先されるキー]のプルダウンメニューから[列F]を選択し、[並べ替えのキー]を[セルの値]にし、順序を[大きい順]にして[OK]をクリックすると、列Fの値が降順になるように行全体が並び替えされる。(列「F」の値が、$100 \to 99 \to 99 \to 98 \cdots 95$になることで確認。)

図3-129 セル範囲「F5:F14」を降順に

昇順[90]に並べ替えする。

④ ②と同じようにすると、並べ替えのダイアログボックスが表示される。

⑤ ダイアログボックスの[列]の[優先されるキー]のプルダウンメニューから[列B]を選択し、[並べ替えのキー]を[セルの値]にし、

【90】並べ替えの規則
レコードが昇順・降順で並べ替えられるルールは次になっている。
・昇順
数字
$\{-1,0,1,2,3,\cdots\cdots\}$
アルファベット
$\{A,B,C,D,\cdots\cdots\}$
かな・カナ
$\{あ,い,う,え\cdots\cdots\}$
年月日
$\{過去,\cdots現在,\cdots未来\}$
・降順
数字
$\{3,2,1,0,-1,\cdots\cdots\}$
アルファベット
$\{Z,Y,X,W,\cdots\cdots\}$
かな・カナ
$\{ん,を,わ,ろ\cdots\cdots\}$
年月日
$\{未来,\cdots現在,\cdots過去\}$

順序を［小さい順］にして［OK］をクリックすると，列Bの値が降順になるように行全体が並び替えされる。（列「B」の番号が，1→2→3→4…10になることで確認。）

図3-130　セル範囲「B5:B14」を昇順に

3-8-2 フィルターによる抽出

必要なデータだけを抽出するためフィルターを使用する。

抽出が可能なように空行や空列が無いことを確認する[91]。

①項目が記載されている行「3」とデータが入力されている行範囲「4:13」に空行が無いことを確認する。また，番号が記載されている列「B」とデータが入力されている列範囲「C:K」に空列が無いことを確認する。もしある場合は，空行や空列を削除する。

【91】抽出の準備
抽出には，リストが必要である。
抽出を行うリストでは，並べ替えるセル範囲には，空行・空列が無いようにする必要がある。

フィルターにより必要なデータを抽出する。

②セル範囲「B3:I3」を選択し，［データ］タブの「並べ替えとフィルター」グループにある 🔽 をクリックすると，選択した「列見出し」にドロップダウンアローが表示させる。

③セル「F3」のドロップダウンアローをクリックするとダイアログボックスが表示される。

④ダイアログボックスの「数値フィルター」の「すべて選択」をクリックすると，選択された全ての「チェックボックス」が解除される。

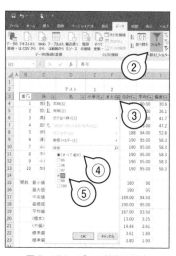

図3-131　データ抽出の設定

⑤再度，「98」の「チェックボックス」をクリック[92]すると，「98」が☑の表示になり，ダイアログボックスの［OK］をクリックすると，列「F」の中で「98」のデータだけが表示される。

【92】フィルターの条件設定
ダイアログボックスの「数値フィルター」は1つだけでなく，任意の複数を選択することができる。複数を選択すると，選択された複数の条件に適合しているデータが表示される。

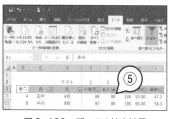

図3-132　データの抽出結果

抽出された表示を元に戻す。

⑥セル「F3」のダイアログボックスの「数値フィルター」の「すべて選択」をクリックすると，表示は抽出されていない元の表示に戻る。

⑦［データ］タブの「並べ替えとフィルター」グループのグレーで表示されている🔽をクリックすると，選択した「列見出し」の各セルの右下に表示されているドロップダウンアローが消える。

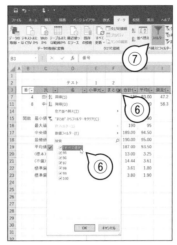

図3-133　抽出の表示を元に戻す

3-8-3 行や列のグループ化

行や列にグループ化[93]を設定，折りたたみ，展開ができるようにする。

①行範囲「15:23」を選択し，［データ］タブの「アウトライン」グループにある［グループ化］をクリックすると，選択した行範囲に「［グループ化］が設定され，行「24」の左に⊟が表示される。

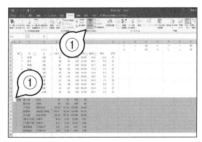

図3-134　グループ化を設定する。

②行「24」の左の⊟をクリックすると，行範囲「15:23」が折りたたまれて表示され，行「24」の左に⊞が表示される。

③折りたたまれた状態で，行「24」の左の⊞をクリックすると，行範囲「15:23」が再表示される。

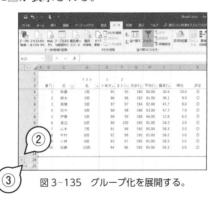

図3-135　グループ化を展開する。

【93】行や列のグループ化
作成した表が大きくなり，必要な行列をモニター上で一覧できない問題が生じる。作業効率を保つために，不要な行や列を非表示には次の2つの方法がある。
・行または列の範囲を指定し，不要な部分を非表示にする。
・行または列の範囲にグループ化を設定して不要な部分を非表示にする。

グループ化を設定すると，指定した範囲の非表示・再表示がクリック1つで可能になるため，作業効率を向上させることができる。

　評価は，指導にフィードバックしながら，単位時間→小単元→単元→学期と蓄積して評定を出し，毎学期の通知表，次には，指導要録の記載へと集約されていく。しかし，日々の指導を行い，評価（成績と指導・学習方法の改善）を通してフィードバックさせることは，多忙な教員にとってはなかなか困難なことである。小学校の基本的な（特別に相当しない）教科は，高学年では 8 科目あり，評価領域が H29 告示の新学習指導要領でも 3 領域あるので，少なくとも評価項目は 24 項目ある。教科だけに関する基本的な評価だけでも 24 項目にわたる。8 教科に平均 6 単元の 3 観点を仮定すると 144 観点である。しかも，それに加えて他にも総合などの文章化による多数の評価項目が加わり，評価は実に膨大な作業となる。各科目と評価領域について，評価するためにデータのソートを行う時間を確保することは困難に近い。

　そこで，Ms-Excel を成績処理でもデータベース的に使用し，評価の蓄積と評定から通知表作成までの作業を一本化して合理的に行う方法を紹介する。

　はじめに，Vector に登録されている「Excel+VBA 成績処理 / 仮評定 / 通知表作成 / 印刷 すぐれぽ」中学年（小学校 3・4 年用）をダウンロードする。ダウンロードフォルダにダウンロードされた SugurepoV7_G3G4.zip フォルダは，Zip ファイルなので，フォルダ SugurepoV7_G3G4.zip 上にマウスポインタを重ね，右クリックでコンテキストメニューを表示し，［全て展開］→青いダイアログボックスの下部の［展開］を左クリックする。

　任意のフォルダを作成し，フォルダ名を「2020 成績」に変更し，そのフォルダ内に 6 つのファイル全てをコピーして保存する。

　1 学期用の G3G4_s1fh_t1.xls をダブルクリックすると開くが，［セキュリティの警告］が表示される。効率的な作業を行うためのマクロを設定しているために出る警告であり，悪質なプログラムではないので，［コンテンツの有効化］をクリックする。（最初に画面の入れ替えが複数回ある。）　ダウンロードされるのは 2013 形式（＊.xls）であるため，リボン［ファイル］→［名前を付けて保存］を左クリックして，［ファイルの種類］を Excel マクロ有効ブック（＊.xlsm）に指定して保存する。以後は，保存したファイルを使用する。

　はじめに，シート［基礎データ］をクリックして開くと，白いセルには，自由に入力することができる。児童の氏名欄に，任意の氏名を入力する。

　次に，シート「単元」をクリックして開き，算数の単元名を 2 まで入力する。例えば，算　第 1 単元に「九九を見直す」・算　第 2 単元に「時刻と時間」と入力する。文字の折り返しは，「Alt + Enter」キーで，読みやすいようにする。例えば，「『九九を』入力した後に，キーボードで「「Alt + Enter」を入力し，その後，「見直す」を入力する。

基礎データ　リンク元となる名簿

	評価	1	2	3
国語	評価	国 第一単元	国語2	国語3
社会	評価	社 第一単元	社会2	社会3
算数	評価	九九を見直す	時刻と時間	算数3
理科	評価	理 第一単元	理科2	理科3

基礎データ　リンク元となる単元名

　次に，シート「算（数）」を開くと，今入力した，姓と単元名が自動的に表示される。Ms-Excel では，このようにリンクを設定すると，作業を自動化して省力化することができ，時間と労力を節約できる。

右の図は，1学期では必ず評価しなければならない1教科の1単元の中の知識・理解という1つの観点だけである。この表が少なくとも144個必要となる。そのため，日頃から記録し，指導にフィードバックし，成績を蓄積することが必要となる。

この表では，番号順に評価が自動的に判定されるため，ソートやフィルターによる抽出をする必要が無いので時間と労力を節約できる。これらを手作業で行っている学校では，学期末は1週間程度，午前授業の期間が設定されることもある。

ちなみに，通知表の評価は，現段階での評価とされているため，最近の評価でなければならない。評価と補充指導の繰り返しの中で，どのようにすれば正確な評価ができるのであろうか。

D188 : fx 71

番号	氏名		判定基準	△<	75	≦○<	90	≦◎≦	100	←チェック
		単元名	九九を見直す							
知識・理解			テスト番号→	1	2	3	小計	平均	順位	到達度
番号			満点→	100			100			Auto判定
1	佐藤			100			100	100.0	1	◎
2	鈴木			99			99	99.0	2	◎
3	高橋			98			98	98.0	3	◎
4	田中			97			97	97.0	4	◎
5	伊藤			96			96	96.0	5	◎
6	渡辺			95			95	95.0	6	◎
7	山本			94			94	94.0	7	◎
8	中村			93			93	93.0	8	◎
9	小林			92			92	92.0	9	◎
10	加藤			91			91	91.0	10	◎
11	吉田			90			90	90.0	11	◎
12	山田			89			89	89.0	12	○
13	佐々木			88			88	88.0	13	○
14	山口			87			87	87.0	14	○
15	松本			86			86	86.0	15	○
16	井上			85			85	85.0	16	○
17	木村			84			84	84.0	17	○
18	林			83			83	83.0	18	○
19	斎藤			82			82	82.0	19	○
20	清水			81			81	81.0	20	○
21	山崎			80			80	80.0	21	○
22	森			79			79	79.0	22	○
23	池田			78			78	78.0	23	○
24	橋本			77			77	77.0	24	○
25	阿部			76			76	76.0	25	○
26	石川			75			75	75.0	26	○
27	山下			74			74	74.0	27	△
28	中島			73			73	73.0	28	△
29	石井			72			72	72.0	29	△
30	小川			71			71	71.0	30	△
31	★31★						0	0.0	31	△
32	★32★						0	0.0	31	△
33	★33★						0	0.0	31	△
34	★34★						0	0.0	31	△
35	★35★						0	0.0	31	△
36	★36★						0	0.0	31	△
37	★37★						0	0.0	31	△
38	★38★						0	0.0	31	△
39	★39★						0	0.0	31	△
40	★40★						0	0.0	31	△
41	★41★						0	0.0	31	△
42	★42★						0	0.0	31	△
43	★43★						0	0.0	31	△
44	★44★						0	0.0	31	△
45	★45★						0	0.0	31	△
	全体平均			86	#DIV/0!	#DIV/0!	57	57.0		△

基礎データのリンク先シートに素点を記録し，評価基準に基づいて評価を自動的に判定

成績処理から通知表作成，そして指導要録記載の支援まで行う方法の一部を紹介した。

指導方法についての研究は多いものの，最短時間で指導にフィードバックできる効率的で公正・正確な評価についての研究はほとんど無く，まだまだ改善が必要な状況である。

Excelは，仕事を最も加速できるアプリケーションソフトである。紹介したスプレッドシートを活用する方法やこれまでの学習をもとに，自分なりの方法を積極的に開発されたい。

3-9 グラフの作成

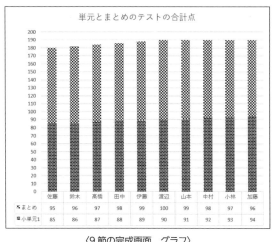

例題 3-5

データの特徴を表すグラフを作成する。

単元とまとめのテストの合計点

	佐藤	鈴木	高橋	田中	伊藤	渡辺	山本	中村	小林	加藤
まとめ	95	96	97	98	99	100	99	98	97	96
小単元1	85	86	87	88	89	90	91	92	93	94

〈9節の完成画面　グラフ〉

3-9-1 セル範囲とグラフの選択

グラフに表すセル範囲を選択し，グラフを選択する。

セル範囲を選択する。

① 7節で作成した成績一覧表のファイルを開き，課題を行う日付をファイル名の先頭に付し，作業前にファイルを保存する。

② セル範囲［C3:C13］を選択したあと，キーボードの［Ctrl］を押したまま，さらに［E3:F13］を選択すると，2つの離れたセル範囲が選択される。

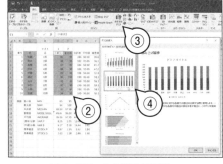

図3-136　セル範囲を選択し，おすすめのグラフを選択

データの特性に合致したグラフを選択する。

③ ［挿入］タブをクリックし，「グラフ」グループにある［おすすめグラフ］をクリックすると，「グラフの挿入」ダイアログボックスが表示される。

④ 「おすすめグラフ」の上から2番目の「積み上げ縦棒」を選択し，グラフの表示が目的に合致しているかを確認し[94]，［OK］をクリッ

【94】グラフの選択と種類

「おすすめグラフ」を選択すると，グラフの説明文が表示される。目的とする表現と自動的に表示されたグラフの表現が一致していない場合は，「グラフの挿入」ダイアログボックスの［すべてのグラフ］タブをクリックし，グラフの一覧から選択する。以下の項目やグラフから選択することができる。

・最近使用したグラフ
・テンプレート
・縦棒
・折れ線
・円
・横棒
・面
・散布図
・マップ
・株価
・等高線
・レーダー
・ツリーマップ
・サンバースト
・ヒストグラム
・箱ひげ図
・ウォーターフォール
・じょうご
・組み合わせ

各グラフをクリックし，表示されるサンプルの中から目的のグラフを選択する。

グラフの種類は多様にあり設定が多岐にわたるため，さらに詳しく学習したい方はExcelのグラフに関する専用の本を参照されたい。

クすると，積み上げ縦棒のグラフが表示される。

3-9-2 グラフの移動とサイズ変更

グラフを移動し，サイズを調整する。

①表示されたグラフ[95]は，アクティブになっているので，グラフのへりにカーソルを移動し，✥の形になったらドラッグして移動すると，作業しやすい位置に表示される。

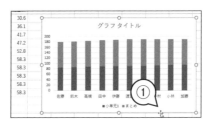

図3-137　グラフの移動

②移動したグラフの右下角の◢◣にカーソルを移動し，◥の形になったらドラッグしてサイズを変更[96]すると，見やすい大きさで表示される。

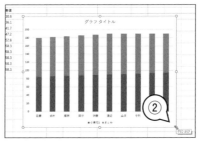

図3-138　グラフのサイズの変更

3-9-3 グラフエリアの書式

グラフエリアの書式を変更する。

グラフのタイトルを入力する。

①グラフの上部の「グラフタイトル」をクリックすると，「グラフタイトル」が四角で囲まれてアクティブ[97]になる。

②「グラフタイトル」の文字の右はじから左はじまでをドラッグして選択するとグレー表示になり，上書きができるようになる。

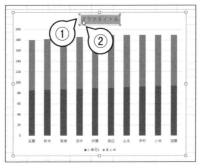

図3-139　グラフタイトルを上書きして変更

③「単元とまとめのテストの合計点」と入力し，空のセルをクリックするとグラフタイトルが変更される。

凡例[98]を非表示にする。

④グラフのへりをクリックして，グラフをアクティブにすると，グラフの右上に⊹⊞（グラフ要素）が表示される。

【95】グラフのアクティブ
グラフをクリックすると，四隅と辺の中央に○印がついた四角が表示されてアクティブになる。アクティブにすると移動やサイズ変更などが可能になる。

【96】グラフエリアの書式
グラフのへりをクリックするとグラフエリアがアクティブになり，［グラフツール　書式］タブが表示される。書式タブをクリックし，「現在の選択範囲」グループに「グラフエリア」が表示され，［選択対象の書式設定］をクリックするとウィンドウの右に「グラフエリアの書式設定」が表示され書式の変更ができる。積み上げ縦棒の場合では，以下の書式設定が可能である。
・グラフエリア
・グラフタイトル
・プロットエリア
・横（項目）軸
・縦（値）軸
・縦（値）軸　目盛線
・凡例
・系列
なお，グラフのへりで右クリックをして「コンテキストメニュー」を表示させ，［グラフエリアの書式設定］をクリックすると効率が良い。

【97】グラフタイトルの書式
③と同様に，「グラフタイトル」のへりで右クリックするとウィンドウの右に「グラフタイトルの書式設定」が表示され効率よく詳細な書式設定ができる。

【98】凡例の書式
【97】と同様に，「凡例」のへりで右クリックすると，ウィンドウの右に「凡例の書式設定」が表示され，効率よく詳細な書式設定ができる。

⑤「グラフ要素」をクリックすると、「グラフ要素[99]」が表示され、「凡例」の［チェックボックス］のチェックを外すと、凡例が非表示になる。

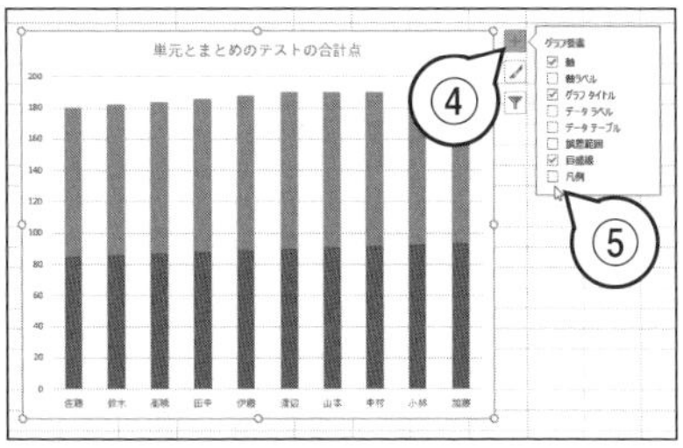

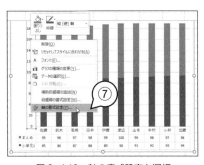

図3-140　グラフ要素の凡例のチェックを外す

データテーブルを表示する。

⑥④と同様の手順でグラフ要素を表示させ、「データテーブル[100]」の［チェックボックス］にチェックを入れると、「データテーブル」が表示される。

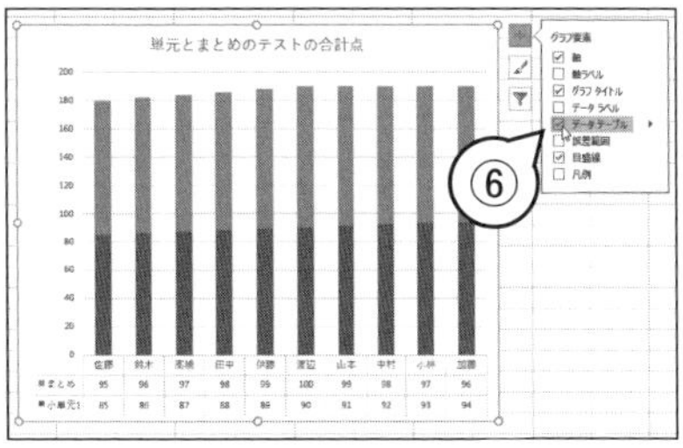

図3-141　グラフ要素のデータテーブルをチェックする

軸の目盛を変更する。

⑦グラフの縦軸にマウスカーソルを移動し、得点の数字の上で右クリックをして「コンテキストメニュー」を表示させ、［軸の書式設定］をクリックすると、ウィンドウの右に「軸の書式設定[101]」が表示される

⑧「縦（値）軸」の ▮▮（軸のオプション）をクリックし、［軸のオプション］をクリックすると展開されて詳細な項目が表示される。

図3-142　軸の書式設定を選択

⑨「単位」の「主」のボックスに表示されている「20.0」を「10.0」に変更すると、縦の目盛りが10の倍数で表示される。

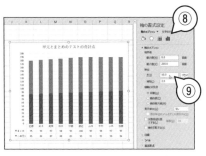

図3-143　単位の主を10に設定

データ系列の要素（縦棒）の表示を変更する。

⑩縦棒の青い部分の上を右クリックすると選択した部分の四隅に〇印が表示されてアクティブになり、「コンテキストメニュー」が表示される。［データ系列の書式設定］をクリックすると、ウィンドウの右に

【99】グラフ要素
グラフは、複数のグラフ要素で構成される。
積み上げ縦棒グラフの場合では、次が表示される。
・軸
・軸ラベル
・グラフタイトル
・データラベル
・データテーブル
・誤差範囲
・メモリ線
・凡例
各項目のチェックを入れると表示され、チェックを外すと非表示になる。

【100】データテーブル
データテーブルでは、グラフの軸に、表を表示することができる。
また、データラベルでは、縦棒のデータ要素の上に直接数字を表示することができる。

【101】軸の書式設定
軸の書式設定には、次の2つがある。
・文字のオプション
・軸のオプション
また、「軸のオプション」の［ドロップダウンアロー］をクリックすると、【91】に記載した書式設定画面に切り替えることができる。

「データ系列の書式設定」が表示される。

⑪ ◇（塗りつぶし）をクリックし，［塗りつぶし］をクリックして展開させ，「塗りつぶし「塗りつぶし（パターン）」のラジオボタンをクリックし，「パターン」[102] の ▦（「れんが（横）」）を選択し，「前景」を［白］に，「背景」を［黒］に設定すると，選択した部分が設定したパターンで表示される。

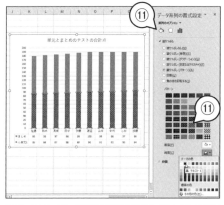

図 3-144　データ系列の要素の表示を「れんが」に設定

⑫⑩ ～ ⑪と同様の手順で，縦棒のオレンジ色の部分を選択し，パターンの ▦（「市松模様（大）」）を設定すると，選択した部分が設定したパターンで表示される。

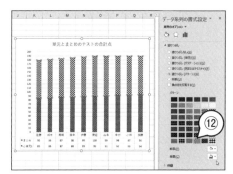

図 3-145　データ系列の要素の表示を「市松模様」に設定

3-9-4　グラフの Word への貼り付け

Excel のグラフを Word に貼り付ける。

Excel と Word を左右に並べ，貼り付け元と貼り付け先を表示する。

① Excel 上でグラフの白い部分で右クリックをし「コンテキストメニュー」が表示させ［コピー］をクリックすると，クリップボードにグラフが記憶される。

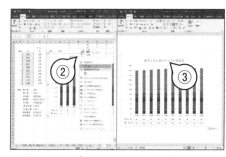

図 3-146　グラフを Ms-Word に貼り付ける

② マウスポインタを移動し，Word 上の貼り付けたい位置で右クリックをし，「コンテキストメニュー」を表示させ，「貼り付けのオプション」の［元の書式を保存しデータをリンク］をクリックするとグラフが貼り付けられる[103]。

③ 貼り付けられたグラフをダブルクリックすると，グラフ要素の書式を直接編集することができる。

【102】データ系列の要素のパターンの設定

データ系列の「要素」をパターンで表示する場合，例えば，縦棒のグラフでは，横縞と縦縞では，縦縞の部分が長く見えるので，錯覚が起こりにくく，かつ，判別しやすいパターンを選択する。

【103】

多くの印刷物は，白黒であるため，データ系列を白黒に設定する技能は重要である。プレゼンテーションに使用するスライドでも，白黒のデータ系列は見やすい。

【104】貼り付けのオプションの種類

貼り付けのオプションの種類は，次の5つである。

・貼り付け先のテーマを使用しブックを埋め込む
・元の書式を保持しブックを埋め込む
・貼り付け先テーマを使用しデータをリンク
・元の書式を保持存しデータをリンク
・図

「リンク」を選択した場合は，貼り付け元の Excel のブックのデータを変更すると，貼り付け先の Word ファイルを開けば自動的に数値とグラフが更新される。

「図」を選択した場合は，Word 内での編集はできない。

3-9-5 グラフのコピー

グラフ書式の統一[105]を図り作業効率を上げるため，書式設定済みのグラフをコピーする。

① Excel 上でグラフの白い部分で右クリックをし「コンテキストメニュー」が表示させ［コピー］をクリックすると，クリップボードにグラフが記憶される。

図 3-147　グラフを Excel 内に貼り付ける

② Excel 上の貼り付けたい位置で右クリックをし，「コンテキストメニュー」を表示させ，「貼り付けのオプション[106]」の［元の書式を保持］をクリックすると，グラフが貼り付けられる。

3-9-6 データの選択によるグラフの改訂

データを選択しなおしてグラフを改訂する。

①貼り付けたグラフの縦棒の「まとめ」の部分（「市松模様（大）」の部分）の上で右クリックをして，「コンテキストメニュー」を表示させ「削除」をクリックすると，「小単元 1」の得点だけのグラフになる。

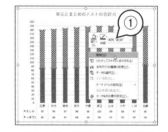

図 3-148　選択した要素を削除

②貼り付けたグラフがアクティブになっていることを確認し，マウスポインタを成績一覧表の「小単元 1」の「カラーリファレンス」[107]の縁

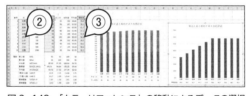

図 3-149　「カラーリファレンス」の移動によるデータの選択

に移動して の形になったら，「偏差値」までドラッグする[108]。

③表の「偏差値」までドラッグしてクリックを終了すると，偏差値を表すグラフに改訂される。

④グラフタイトルを「偏差値の一覧」に変更し，データ系列の要素（縦棒）の書式設定を塗りつぶし（パターン）▨（紙ふぶき（大））などに変更すると，偏差値のグラフの書式が変更される。

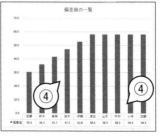

図 3-150　「偏差値の一覧」の書式変更

【105】グラフ書式の統一
同一文書内では，統一された書式のグラフを使用することが多い。
グラフの書式設定を一つひとつ行うのは，作業効率が悪い。1 つのグラフの書式を完全に設定してコピー・ペーストし，データを選択しなおしてグラフを改訂すると効率が向上する。ただし，グラフのデータの系列の数が変更されるとグラフの書式はデフォルトに戻る。

【106】貼り付けの種類
Excel への貼り付けのオプションの種類は，次の 3 つである。
・貼り付け先のテーマを使用
・元の書式を保持
・図
貼り付けられたグラフのデータは，コピー元のグラフのデータと同一である。

【107】カラーリファレンス
②では，成績一覧表で「小単元 1」のデータ範囲を示している色付きの枠のことを指す。【49】参照。

【108】データの変更
グラフのデータの変更は，グラフの上で右クリックし「コンテキストメニュー」を表示させ「データの変更」をクリックし，「データソースの選択」のダイアログボックスを表示する方法でも可能である。

会計報告書の作成の学習を生かし，自分で「教材会計簿」を作成し，印刷する。

T496　花園　咲子

| 令和2年 | | 大和小学校 | | | 6学年1組 | | 教材会計簿 | | |

2 月	年 日	摘　　要	単価	×	数	領収書番号	収入金額	支出金額	差引残高
4	1	前年度　繰越金	¥　　　－	×	0		¥　　　　－	¥　　　　－	¥　　　　　－
4	1	4月教材費集金	¥　2,000	×	30		¥　60,000	¥　　　　－	¥　60,000
5	1	5月教材費集金	¥　2,000	×	30		¥　60,000	¥　　　　－	¥　120,000
6	1	6月教材費集金	¥　2,000	×	30		¥　60,000	¥　　　　－	¥　180,000
7	1	7月教材費集金	¥　2,000	×	30		¥　60,000	¥　　　　－	¥　240,000
7	5	利子	¥　　　1	×	1		¥　　　　1	¥　　　　－	¥　240,001
7	5	ノート5冊	¥　　432	×	30	1	¥　　　　－	¥　12,960	¥　227,041
7	12	国語　問題集	¥　　648	×	30	2	¥　　　　－	¥　19,440	¥　207,601
7	12	算数　問題集	¥　　763	×	30	3	¥　　　　－	¥　22,890	¥　184,711
7	14	ワークテスト	¥　1,512	×	30	4	¥　　　　－	¥　45,360	¥　139,351
7	14	社会　ワークブック	¥　　972	×	30	5	¥　　　　－	¥　29,160	¥　110,191
7	15	理科　ワークブック	¥　1,080	×	30	6	¥　　　　－	¥　32,400	¥　77,791
7	15	社会科　資料集	¥　1,188	×	30	7	¥　　　　－	¥　35,640	¥　42,151
7	17	ミニテスト	¥　　864	×	30	8	¥　　　　－	¥　25,920	¥　16,231
7	17	半紙	¥　　216	×	30	9	¥　　　　－	¥　6,480	¥　9,751
7	17	工作用紙	¥　　324	×	30	10	¥　　　　－	¥　9,720	¥　31
			1学期　合計 18件				¥　240,001	¥　239,970	¥　31
	小　計						¥　　240,001	¥239,970	¥　　　31

〈作成する「教材会計簿」について〉

・摘要に集金名・商品名と金額にデータが入力してあること。

・収入，支出，差引残高の金額があっていることを確認すること。

・領収書番号が書かれていること。

・右上に，学籍番号・氏名を記入すること。

・A4縦　1枚以内に印刷して提出すること。

興味関心のある事象を調べて，以下の見本のようなグラフを作成して印刷する。

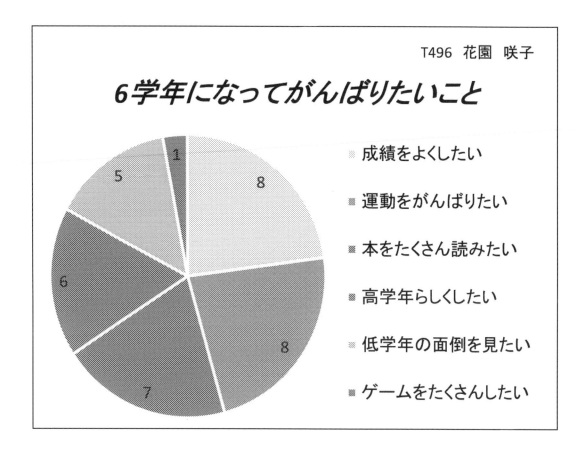

〈作成するグラフについて〉

・調査をしたデータを使用すること。

・データの特徴を把握しやすいグラフを選択すること。

・グラフの項目の表示の順番などに関するの約束事を守ること。

・グラフタイトルを記載すること。

・凡例とデータラベルを記載すること。

・グラフは，各要素を判別しやすい白黒の塗りつぶし（パターン）に設定すること。

・右上に，学籍番号・氏名を記入すること。

・A4縦　1枚に印刷して提出すること。

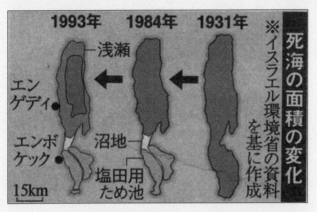

（図1）　読売新聞「死海ひん死」（2006.5.25 朝刊より）

先生が Word や Excel を使えるだけでなく，子供たちもそれらを使えるようになり，自分たちの学習で活用できることがこれからは大切である。小学校6学年が，Excel を使って死海の面積を求める活動を紹介する。新聞に掲載された死海が狭くなっているという記事から，面積の変化の様子を調べてみようという学習課題である。

面積を求めるにはいろいろな方法があるが，将来の積分にもつながる方法として，台形の積み重ねで死海を近似する方法をとる。

手順は次のようになる。

① 図1の1931年の死海の形をグラフ用紙やトーシング用紙などに写し取る。

② 平行線を引いて，死海をいくつかに分割する。

③ 死海と交わっている平行線の長さを計測して記入する。

④ 平行線の幅を計測して記入する。（図2）

⑤ 一組の平行線で囲まれた部分を台形と見立て，計測値を上底，下底，高さの各長さとしてエクセルに入力する。

⑥ 面積は，=(B5+C5)*D5/2 と入力して，自動計算する。このセルを下側のセルにコピーする。

⑦ それぞれの面積を，=SUM(E 5:E17) で合計して，死海の地図上の面積を求める。（図3）

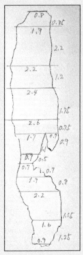

（図2）

	A	B	C	D	E	F
1	死海の面積					
2						
3		1931年				
4		上底	下底	高さ	面積	
5	1	0.8	1.9	0.85	=(B5+C5)*D5/2	
6	2	1.9	2.2	2.20	4.51	
7	3	2.2	2.4	1.20	2.76	
8	4	2.4	2.6	1.75	4.20	
9	5	2.6	2.4	0.75	1.31	
10	6	1.7	0.9	1.10	0.94	
11	7	0.7	0.0	0.90	0.63	
12	8	0.9	0.7	0.50	0.70	
13	9	0.7	1.9	0.70	1.02	
14	10	1.9	2.2	0.80	1.40	
15	11	2.2	1.6	1.55	2.40	
16	12	1.6	0.9	1.25	1.00	
17				全体	22.01	cm^2
18		15km => 2.2cm				
19		1cm => 15/2.2=6.82km				
20		1cm^2 => 6.82*6.82km^2=46.51km^2				
21		1cm^2=	46.5	km^2	1023.8	km^2

（図3）

⑧ 15km がこの地図上では何 cm になっているか計測して，地図上の1cm² が何 km² となるのかを求める。それを使って，実際の面積を求める。

この方法で1984年，1993年の面積も求める。これらの結果を比較することで，環境教育の一環としての授業ができる。

COLUMN　Excelを数学で使う

中学生を対象とした，Excelを学習に生かす例を紹介する。

年末ジャンボ宝くじ売り場の混雑ぶりは，年末の風物詩である。最近は，高額当せんくじと図1の低額当せんくじの2種類が販売されている。さて，どちらの宝くじを買うのがお得であろうかを課題とする。

1枚の宝くじを買ったときに平均して当たる金額を「期待値」という。期待値は，それぞれの当せん金にそれが当たる確率を掛け，それらを合計した値である。

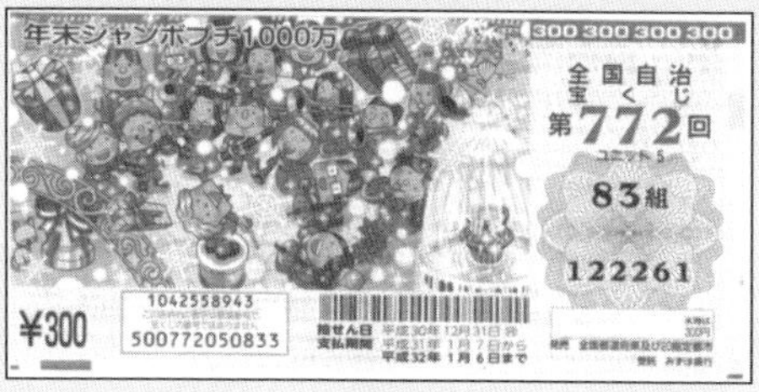

(図1)

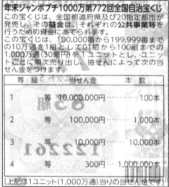

年末ジャンボプチ1000万第772回全国自治宝くじ
この宝くじは、全国都道府県及び20指定都市が発売し、その**益金**は、それぞれの**公共事業等**を行うための資金にあてられます。
この宝くじは、100,000番から199,999番までの10万通を1組として01組から100組までの1,000万通(30億円)を1ユニットとし、ユニットごとに順次売り出し、抽せんによって次の当せん金をつけます。

等級	当せん金	本数
1等	10,000,000円	100本
2等	100,000円	1,000本
3等	10,000円	10,000本
4等	300円	1,000,000本

〔上記は1ユニット(1,000万通)当りの当せん金です〕

(図2)　当せん金の内訳

	A	B	C	D	E
1	年末ジャンボプチ1000万　宝くじ				
2		当せん金	本数	確率 本数/1000万	当せん金×確率
3	1等	10,000,000	100	0.00001	=B3*D3
4	2等	100,000	1,000	0.0001	10
5	3等	10,000	10,000	0.001	10
6	4等	300	1,000,000	0.1	30
7				期待値	150
8					

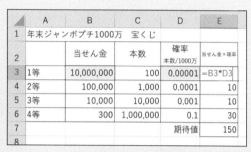

(図3)　Excelによる計算例

年末ジャンボプチ1000万宝くじの裏に書かれている図2の情報から，図3のように入力して期待値を求めてみる。結果は，150円であった。つまり1枚300円で販売されているこの宝くじは，平均すると一枚当たり150円が当たるように設計されているわけである。

さて，1等と前後賞合わせて10億円の年末ジャンボ宝くじの期待値はいくらくらいであろうか。図4の表を参考に，図5のように調べさせたら良い。大きい夢を買うか，数円でもお得な方を買うか。

年末ジャンボ第770回全国自治宝くじ
この宝くじは、全国都道府県及び20指定都市が発売し、その**益金**は、それぞれの**公共事業等**を行うための資金になるほか、一部は地方自治体が行う、国際交流事業の資金にあてられます。
この宝くじは、100,000番から199,999番までの10万通を1組として01組から200組までの2,000万通(60億円)を1ユニットとし、ユニットごとに順次売り出し、抽せんによって次の当せん金をつけます。

等級	当せん金	本数
1等	700,000,000円	1本
1等の前後賞	150,000,000円	2本
1等の組違い賞	100,000円	199本
2等	10,000,000円	3本
3等	1,000,000円	100本
4等	100,000円	4,000本
5等	10,000円	20,000本
6等	3,000円	200,000本
7等	300円	2,000,000本

〔上記は1ユニット(2,000万通)当りの当せん金です〕

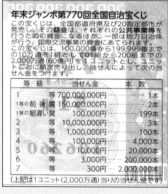

(図4)

	A	B	C	D	E
1	年末ジャンボ　宝くじ				
2		当せん金	本数	確率 本数/2000万	当せん金×確率
3	1等	700,000,000	1	0.00000005	
4	1等前後賞	150,000,000	2		
5	1等組違い	100,000	199		
6	2等	10,000,000	3		
7	3等	1,000,000	100		
8	4等	100,000	4,000		
9	5等	10,000	20,000		
10	6等	3,000	200,000		
11	7等	300	2,000,000		
12				期待値	0
13					

(図5)

第**4**章 PowerPoint ～教材の作成～

■ **この章のポイント** ▶

　PowerPoint は，スライドショー形式で情報を提示することができるプレゼンテーションソフトウェアである。スライドの文字や図形等に動きを付けたり，音声や動画を挿入したりできる。これらの効果を利用することで，子どもたちの注意を引き，自身の授業展開に沿ったスライドを作成することができる。

4−1 | PowerPoint の使い方

　PowerPoint は，以下のようなユーザーインターフェースで構成されている。

4-1-1 画面構成

①**クイックアクセスツールバー**…利用頻度の高いコマンドが表示されている。

②**タブ**…クリックすると，それに応じたリボン・ウィンドウが表示される。

③**タイトルバー**…スライドのファイル名（初期設定では［プレゼンテーション 1］）が表示される。

④**リボン**…タブごとにグループ化された，コマンドを実行するためのボタンが表示される。

⑤**ウィンドウ操作ボタン**…アプリケーションを［最小化］［元に戻す（縮小）・最大化］［閉じる］コマンドが表示されている。

⑥**サムネイル**…作成中のスライドのサムネイル（縮小されたスライド）。

⑦**アウトラインペイン**…スライドのサムネイル一覧が表示される。スライドの順を変更することもできる。

⑧**スライドペイン**…編集中のスライドが大きく表示される。

⑨**ノート**…スライドの台本やメモを作成する時に利用する。

⑩**表示選択ショートカット**…プレゼンテーションの表示を［標準］［スライド一覧］［閲覧表示］［スライドショー］に切り替えるコマンドが表示されている。

⑪**ズームスライダー**…スライドペインに表示されているスライドの表示倍率を変更する。

4-1-2 リボン

PowerPoint でよく利用するリボンについて紹介する。

①**ホーム**

フォントの変更等，よく利用されるコマンドがグループ化されているリボン。

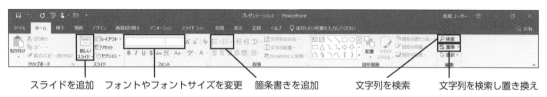

スライドを追加　フォントやフォントサイズを変更　箇条書きを追加　　文字列を検索　文字列を検索し置き換え

②**挿入**

画像や図形，グラフやテキストボックス等を挿入する時に利用するリボン。

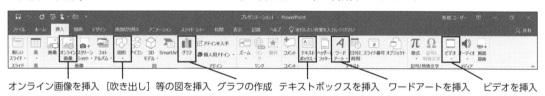

オンライン画像を挿入　［吹き出し］等の図を挿入　グラフの作成　テキストボックスを挿入　ワードアートを挿入　ビデオを挿入

③**描画**

デジタルペンやマウスを利用して，文字や図形などを挿入する時に利用するリボン。

消しゴムを選択　ペンを選択　ルーラーを選択

④**デザイン**

スライドの背景やスライドのサイズを変更する時等に利用するリボン。

スライドのテーマを変更　　　　　　　　　スライドのサイズを変更　背景の書式を設定

⑤アニメーション

文字や図形等にアニメーション（動き）を付ける時に利用するリボン。

アニメーションを設定　　　アニメーションウィンドウの　　　効果のタイミングを設定
　　　　　　　　　　　　　　　表示／非表示

⑥スライドショー

スライドショーの開始やアニメーションの動きの確認をする時等に利用するリボン。

先頭のスライドから　　表示中のスライドから　アニメーションの再生タイミング等を記録
スライドショーを開始　スライドショーを開始

⑦表示

プレゼンテーションの表示方法を変更する時等に利用するリボン。

プレゼンテーションの表示を切り替え　ルーラーやガイド等を表示／非表示

● COLUMN　プレゼンテーションの表示形式

　作業は［標準］の表示形式で行うが，PowerPointには5種類の表示形式が用意されている。このうち，［スライド一覧］は，スライドの全体像を確認したり，スライドの順を変更したりする時に利用できる。［ノート］は，スライドの台本やメモを作成する時に利用でき，印刷することも，プレゼンテーションの時に手元のPC画面に表示することもできる（4-6「プレゼンテーション」P140参照）。

（図1）　5種類の表示形式　　　（図2）［ノート］の例

4–2 スライドの設定

例題 4-1

見返し5頁の授業スライドを作成するため，次のスライドを準備する。

1枚目

〈スライド〉
・タイトル
　スライド

2枚目

〈スライド〉
・タイトル
　のみ

3枚目

〈スライド〉
・タイトルと
　コンテンツ

4枚目

〈スライド〉
・白紙

4-2-1 新しいプレゼンテーションの作成

PowerPoint を起動し，新しいプレゼンテーションを作成する。

① Windows の［スタートボタン］をクリックするとスタートメニューが表示される。スタートメニューの中から［PowerPoint］をクリックすると PowerPoint が起動する。

図4-1　新しいプレゼンテーションの初期画面

② テンプレート一覧の中から［新しいプレゼンテーション］をクリックすると，「プレゼンテーション1」が作成される[1]。

4-2-2 スライドのサイズを変更

スライドのサイズを，初期設定の「ワイド画面（16:9）」から「標準（4:3）」に変更する[2]。

① ［デザイン］リボンの［ユーザー設定］グループにある［スライドのサイズ］のドロップダウンアローをクリックすると，ドロップダウンリストが表示される。

② ［標準（4:3）］をクリックすると，ス

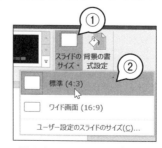
図4-2　スライドサイズの変更

【1】新しいプレゼンテーション
初期設定では，［タイトルスライド］のみ用意されている。

【2】スライドサイズ変更
利用するモニターやプロジェクターがワイドの場合は，初期設定のままでも良い。

ライドのサイズが変更される。

4-2-3 プレゼンテーションにスライドを追加

1枚目のスライドの続きとして以下の3枚のスライドを追加する。

2枚目…タイトルのみ　　3枚目…タイトルとコンテンツ

4枚目…白紙

①［ホーム］リボンの［スラ
イド］グループにある［新
しいスライド］のドロップ
ダウンアローをクリックす
ると，ドロップダウンリス
トが表示される。

②［タイトルのみ］をクリッ
クすると，2枚目に［タイト
ルのみ］のスライドが追加される。

図4-3　新しいスライドの追加

③同様の手順で，3枚目に［タイトルとコンテンツ］，4枚目に［白紙］
のスライドを追加する。

4-2-4 スライドの背景にイラストを挿入

1枚目のスライドの背景をイラストに変更する。

①アウトラインペインで1枚
目のサムネイルをクリックし，
スライドペインに1枚目の
スライドを表示する[3]。

②［デザイン］リボンの［ユー
ザー設定］グループにある
［背景の書式設定］をクリッ
クすると，［背景の書式設定］
作業ウィンドウが表示され
る[4]。

図4-4　アウトラインペイン・
スライドペイン

③［背景の書式設定］の［塗りつぶし］で［塗りつぶし（図またはテク
スチャ）］をクリックし，［図の挿入元］で［オンライン］をクリック
すると，［オンライン画像］のダイアログボックスが表示される。

④Bingの検索入力欄に「イラスト　木々」と入力し，［Enter］キー
を押し検索する。［Creative Commonsのみ］[5]のチェック☑が入っ
ていることを確認し，検索結果から例題1の1枚目のイラストを選
択する[6]。［挿入］をクリックすると，背景がイラストに変更される。

【3】作業するスライドの選
択と表示
PowerPointでは，①に示し
た通り，作業をするスライド
をスライドペインに表示して
から作業を行う。
以降の説明では，一部説明を
省略して示す。

【4】［背景の書式設定］の表
示
スライド上で右クリックし，
コンテキストメニューの［背
景の書式設定］をクリックす
ることでも表示できる。

【5】Creative Commons
特定の条件のもとで利用する
ことができるコンテンツ。詳
しくは「クリエイティブ・コ
モンズ」(P17) 参照。

【6】検索の結果
一覧表示されたイラストの中
に例題4-1の1枚目と同じ
ものがなければ，類似したも
のを挿入する。

図4-5　背景の書式設定

図4-6　イラストの検索

　次の項目（「4-2-5 スライドの背景色を変更」）で，[背景の書式設定]を利用するので，今回は作業ウィンドウを閉じなくてよい。閉じた場合は上記②の方法で表示する。

4-2-5　スライドの背景色を変更

2・3・4枚目のスライドの背景色を変更する。

①アウトラインペインで2枚目のサムネイルをクリックし，スライドペインに2枚目のスライドを表示する。

②[背景の書式設定]の[塗りつぶし]で，[塗りつぶし（単色）]をクリックし，[色]のドロップダウンアローをクリックすると，ドロップダウンリストが表示される。[緑，アクセント6，黒+基本色25%][7]を選択すると，2枚目のスライドの背景色が変更される。

③上記①〜②と同様の手順で，3枚目と4枚目のスライドの背景を②と同じ色に変更する。

④[背景の書式設定]作業ウィンドウを，☒（閉じる）をクリックして閉じる。

図4-7　背景の書式設定

【7】選択する色

ここでは，一番右の列の下から2つ目の緑色を選択している。

カーソルを色の上に移動させると，説明文にあるような詳しい情報が表示される。

【8】[すべてに適用]

1枚目のスライドの背景をイラストにしたので今回は使えないが，②で[すべてに適用]をクリックすると，③で示したように各スライドの背景色を個別に変更しなくても，すべてのスライドの背景色を一度に変更することができる。

○ COLUMN　スライドの順の変更

　プレゼンテーションを作成していると，スライドの順を変更したい時がある。そのような時は，（方法1）[アウトラインペイン]で移動させたいサムネイルをドラッグ＆ドロップして，スライドの順を変更する。
　（方法2）[表示]リボンの[プレゼンテーションの表示]グループにある[スライド一覧]をクリックすると，スライドが一覧表示される。順を変更したいスライドをドラッグ＆ドロップして，スライド順を変更する。

（図1）　方法1　　　（図2）　方法2

4-3 文字列・画像・図形・オーディオの挿入

例題 4-2

準備したスライドに文字列や画像，図形等を挿入する。

1枚目

〈挿入するもの〉
・文字列
・オーディオ
・画像（写真）

2枚目

〈挿入するもの〉
・文字列
・画像（写真）
・図形（楕円）
・図形（矢印：下）
・図形（曲線）

3枚目

〈挿入するもの〉
・文字列
・図形（四角形：角を丸くする）

4枚目

〈挿入するもの〉
・画像（写真：4枚）
・テキストボックス

4-3-1 文字列の入力と編集

1枚目のスライドに文字列を入力し，フォントとフォントサイズを変更する。

①スライドペインに1枚目のスライドを表示する。

②［タイトルを入力］[9] をクリックし，「こん虫の体」と入力する。

図4-8 文字の挿入

③入力した文字列を選択し[10]，［ホーム］リボンの［フォント］グループにある［フォント］で［HG創英角ホップ体］を選択すると，文字列のフォントが変更される。

図4-9 フォントとフォントサイズの変更

④入力した文字列を選択し，［フォントサイズ][11] のドロップダウンアローをクリックすると，ドロップダウンリストが表示される。[96]を選択すると，文字列のフォントサイズが変更される。

2枚目のスライドに文字列を入力し，フォント等を変更する。

⑤スライドペインに2枚目のスライドを表示する。

⑥［タイトルを入力］をクリックし，

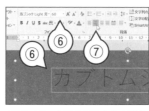

図4-10 文字の挿入と中央揃え

【9】テキストボックスに表示される文字

Office2016以前のバージョンでは，「ダブルタップしてタイトルを追加」等と表示されている。他のテキストボックスでも表示が異なる可能性があるので注意すること。

【10】テキストボックスのフォント等の変更

テキストボックスのフォントやフォントサイズ等を変更したい時は，「文字列を選択する」か「テキストボックスの枠線をクリックし，実線にする」必要がある。テキストボックスの枠線が点線で示されている時は，文字入力をする状態なので，フォントサイズなどを変更できない。

【11】フォントサイズ

教室にあるモニターでPowerPointのスライドを映そうとする場合，フォントサイズは28ポイント以上が望ましい。弱視者がいる場合にはさらに配慮が必要である（COLUMN「ユニバーサルデザインを意識したスライドの作成」P148参照）。

「カブトムシの体」と入力する。上記④と同様の手順で［フォントサイズ］を［60］に変更する。

⑦ ［ホーム］リボンの［段落］グループにある［中央揃え］をクリックすると，文字列がテキストボックスの中央に表示される。

3枚目のスライドに文字列を入力し，フォント等を変更する。

⑧ スライドペインに3枚目のスライドを表示する。

⑨ 上記⑥〜⑦と同様の手順でタイトルに「こん虫の体」と入力し，フォントサイズ等を同様に変更する。

⑩ ［コンテンツ］[12]をクリックし，以下の文を入力する。上記④と同様の手順で［フォントサイズ］を［40］に変更する。

- こん虫の体は、「頭」「むね」「はら」にわかれている。
- 「頭」には、目や口、しょっかくがある。
- 「むね」には、6本の足がある。
- 「はら」には、たくさんのふしがある。

入力する文字

【12】コンテンツ
テキストやグラフを挿入できるコンテンツには、「テキストを入力」と表示されている。

【13】プレゼンテーションの保存
4-5「保存と印刷」（P138）を確認し、こまめに保存（上書き保存）をしておくこと。

◉ **C**OLUMN　　**WordやPowerPoint等で表示される「赤の波線・青の二重下線」**

WordやPowerPointなどのOffice製品を利用していると，文字の下に「赤の波線」や「青の二重下線」が表示される時がある。例えば，上記の⑩で文章を入力した時，「しょっ」の部分に「赤い波線」が表示される時がある。

「赤の波線」は，「excer」（← excelが正しい）など，スペルミスや入力ミスが疑われる時に表示される。

「青の二重下線」は，同じ文書内で「モニター」と「モニタ」のように，同音や同意味の語句で異なる表記がなされた時（＝表記ゆれ）や，「着れる→着られる」のように，「ら」抜き文字の時等に表示される。
そのような時は，波線または二重下線の上で右クリックして…
・一覧から正しい文字列（ここでは「excel」）選択する（図1）。
・「無視をする」を選択する（図2）。
・「辞書に追加」する。
等の方法で，波線や二重下線を消すことができる。

また，（図3）のように［ファイル］→［オプション］→［文字校正］で，例外として，「この文書のみ，結果を表す波線を表示しない」にチェックを入れることにより，波線や二重下線を表示しないようにすることもできる。

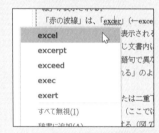

（図1）　正しい文字列の選択の例

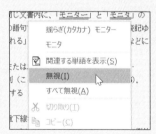

（図2）　「無視をする」の例

（図3）　例外の設定

　文字を入力しなければ，プレゼンテーションの時には表示されないので必ずしも消す必要はないが，作業のしやすさ考え，［サブタイトルを入力］の枠（＝テキストボックス）等を削除したい時がある。そのような時は，テキストボックスの枠線（点線）をクリックし，実線にしてから［Delete］を押す（または，枠線上で右クリックして［切り取り］を選択する）と［サブタイトルを入力］の枠が削除される。

（図1）　テキストボックスの選択

4-3-**2**　画像の挿入と編集

1 オンライン画像の挿入と編集

1枚目のスライドに［オンライン画像］から画像を挿入する。

①アウトラインペインで1枚目のサムネイルをクリックし，スライドペインに1枚目のスライドを表示する。

②［挿入］リボンの［画像］グループにある［オンライン画像］をクリックすると，［オンライン画像］のダイアログボックスをが表示される。

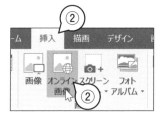

図4-11　オンライン画像の挿入

③Bingの検索入力欄に「カブトムシ」と入力し，［Enter］キーを押し検索する。［Creative Commonsのみ］のチェック☑が入っていることを確認し，検索結果から例題4-2の1枚目の画像（または，図4-12の画像）を選択する[14]。［挿入］をクリックすると，選択した画像が挿入される。

挿入した画像のサイズとスタイルを変更する。

④挿入した画像の左上の「○」の部分をクリックし，図4-12に示した矢印のように右下の方向にドラックすると，例題2の1枚目のように画像が縮小される。

図4-12　図形の書式設定

⑤［図ツール　書式］リボン[15]の［図のスタイル］グループにある［四角形，ぼかし］[16]をクリックすると，画像のスタイルが変更される。

図4-13　図のスタイルの変更

【14】検索の結果
一覧表示された画像の中に例題2の1枚目と同じものがなければ，類似したものを挿入する。

【15】［図ツール　書式］リボン
画像等を選択している時に表示される。表示されていなければ，挿入した画像をクリックすると表示される。

【16】［四角形，ぼかし］
［四角形，ぼかし］が表示されていなかったら，▽をクリックし，プルダウンメニューの中から選択する。

2 ダウンロードした画像の挿入と編集

2枚目のスライドに，事前にダウンロードしておいた画像[17] を挿入する。

① スライドペインに2枚目のスライドを表示する。

② ［挿入］リボンの［画像］グループにある［画像］をクリックすると，［図の挿入］のダイアログボックスが表示される。

③ ダウンロードしておいた「画像等一覧フォルダ」の中から，「カブトムシ」を選択する。［挿入］をクリックすると，選択した画像が挿入される。

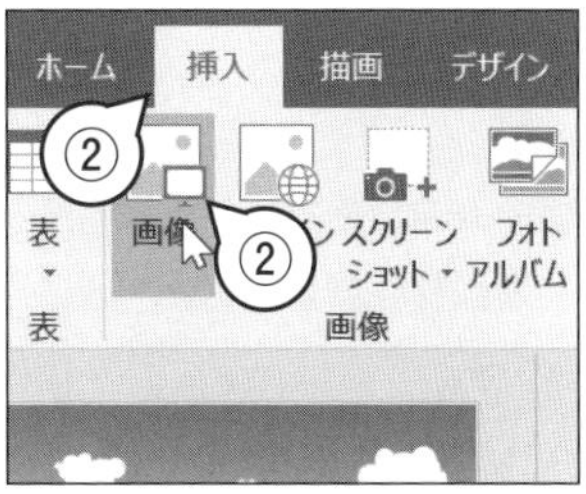

挿入した画像のサイズと位置を変更する。

④ 挿入した画像をクリックし，選択する。

⑤ ［図ツール　書式］リボンの［サイズ］グループにある［図形の幅］を で「18cm」にする[18] と，画像のサイズが変更される[19]。

⑥ 画像をドラッグ＆ドロップして，例題4-2の2枚目の位置に移動させる。

4枚目のスライドに画像を挿入し，サイズと位置を変更する。

⑦ スライドペインに4枚目のスライドを表示する。

⑧ 上記②～③と同様の手順で，ダウンロードしておいた「画像等一覧フォルダ」の「ダンゴムシ」を4枚目のスライドに挿入する。

⑨ 上記④～⑤と同様の手順で，挿入した画像の［図形の幅］を「12.7cm」に変更する[20]。

⑩ 上記⑧～⑨と同様の手順で，「トンボ」「バッタ」「クモ」を4枚目のスライドに挿入し，［図形の幅］を変更する。

⑪ 4枚の画像をそれぞれドラッグ＆ドロップ[21] して，図4-17のように並べる。

図4-14　画像の挿入

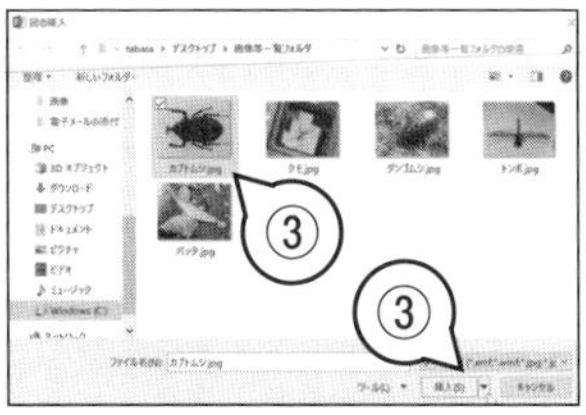

図4-15　図の挿入
ダイアログボックス

図4-16　［図形の幅］の変更

図4-17　画像の貼り付け

【17】画像のダウンロード
挿入する画像を含む「画像等一覧フォルダ」は，P.216の方法で事前にダウンロードしておくこと。

【18】画像の大きさの変更
［図形の幅］の入力欄に数値を直接入力し，［Enter］をクリックすることで画像のサイズを変更してもよい。

【19】縦横比の固定
画像のサイズの横幅のみが変更された時は「縦横比の固定」のチャックが外れている可能性がある。その場合は，COLUMN「［図の書式設定］作業ウィンドウ」(P122)を確認すること。

【20】横幅を変更する目的
［図形の幅］を12.7cmに変更したのは，「標準(4:3)」のスライドの横幅が25.4cmであり，図4-17のように画像を横に2つ並べるためである。

【21】矢印キーで画像を移動
画像が選択されている状態で矢印キーを押すことにより，画像を小刻みに移動させることができる。

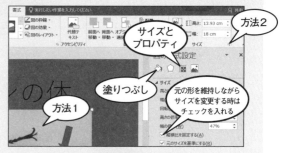

　画像サイズ等を細かく設定する時は，［図の書式設定］を利用する。［図の書式設定］作業ウィンドウは，

　（方法1）画像を右クリックして，コンテクストメニューの［図の書式設定］を選択する。

　（方法2）［図ツール　書式］リボンの［サイズ］グループにある［ダイアログボックス起動ツール⊡］をクリックする。

　［図の書式設定］には［塗りつぶしと線］［効果］［サイズとプロパティ］［図］があり，細かい設定ができる。

（図1）　［図の書式設定］の変更

　例えば，［サイズとプロパティ］では，［縦横比の固定する］にチェックを入れることにより，元の形を維持しながら図のサイズを変更できる。また，［図］では，［明るさ／コントラスト］や［色のトーン］等を細かく設定することができる。

4-3-3　図形の挿入と編集

■1 ［楕円］の挿入とスタイルの変更・複製

2枚目のスライドに図形［楕円］を挿入する。

①スライドペインに2枚目のスライドを表示する。

②［挿入］リボンの［図］グループにある［図形］のドロップダウンアローをクリックすると，ドロップダウンリストが表示される。

③［基本図形］の［楕円］をクリックすると，カーソルの形が ＋ になる。カーソルを図4-19のように右下の方向にドラッグすると，［楕円］が挿入される。

図4-18　［楕円］の選択

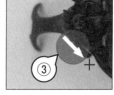

図4-19　［楕円］の挿入

挿入した図形［楕円］のスタイルとサイズを変更し，位置を変更する。

④［描画ツール　書式］リボン[22] の［図形のスタイル］グループにある［図形の枠線］のドロップダウンアローをクリックすると，ドロップダウンリストが表示される。

⑤［標準の色］で［黄］を選択すると，［楕円］の枠線の色が黄色に変更される。

⑥［太さ］のドロップダウンアローをクリックすると，ドロップダウンリストが表示される。［4.5pt］を選択すると，

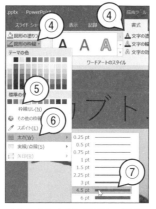

図4-20　図形［楕円］の設定

【22】［描画ツール　書式］リボン
図形等を選択している時にのみ表示される。表示されていなければ，挿入した図形をクリックすると表示される。

【23】円の描き方
⑨では［図形の高さ］［図形の幅］を設定することで円を描いたが，③でShiftキーを押しながら描くと円になる。同様の方法で，［正方形／長方形］を描くと正方形になる。

［楕円］の枠線の太さが4.5ポイントに変更される。

⑦ ［図形のスタイル］グループにある［図形の塗りつぶし］のドロップ
ダウンアローをクリックすると，ドロップダウンリストが表示される。

⑧ ［塗りつぶしなし］をクリックすると
［楕円］の内側が透明になる。

⑨ ［サイズ］グループにある［図形の高
さ］と［図形の幅］を：または直接入
力で「1.3cm」にすると，［楕円］の
サイズが変更される[23]。

⑩スタイル等を変更した［楕円］をドラ

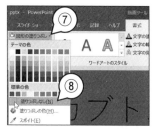

図4-21 ［図形の塗りつぶし］の設定

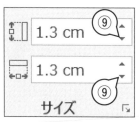

図4-22 ［図形の高さ］等の変更

ッグ&ドロップして，例題2の2枚目の触角の位置に移動させる。

● COLUMN ［図形の書式設定］による変更

挿入した図形のスタイル等の設定は，［描画ツール
書式］リボンの［図形のスタイル］グループででき
るが，［図形の書式設定］を利用しても同様のことが
できる。

［図形の書式設定］は図を右クリックして，コン
テクストメニューの［図形の書式設定］を選択する
と表示される。なお（図2）の［図形の書式設定］で
示した吹き出しの数字は，上記の説明文の番号を示
している。

（図1） 書式設定の選択

（図2） 書式設定の一例

スタイル等を変更した図形［楕円］をコピーし，貼り付ける。

⑪上記④～⑩でスタイル等を変更した
［楕円］を右クリックし，コンテクス
トメニューの［コピー］をクリックす
ると図形がコピーされる[24]。

⑫スライド上で右クリックし，コンテク
ストメニューの［貼り付けオプショ
ン］[25] の［貼り付け先のテーマを使
用］を選択すると，［楕円］が貼り付
けられる[26]。

⑬上記⑫と同様の手順で［楕円］を計2
つ貼り付け，図4-24の目と口の位置
に移動させる。

図4-23 図形の貼り付け

図4-24 ［楕円］の位置

【24】図形のコピー
図形を選択し，［Ctrl + C］
でもコピーができる。ショー
トカットキーについては，
COLUMN「ショートカット
キー」(P149)を確認すること。

【25】貼り付けのオプション
ここでは，［貼り付け先のテー
マを使用］を選択している
が，これは，コピー元で設定
されている書式を無視して，
貼り付け先の書式に変更する
ことを示している。

【26】図形の貼り付け
［Ctrl + V］でも，コピーし
た図形を貼り付けることがで
きる。

❷［矢印：下］の挿入と図形の回転

2枚目のスライドに図形［矢印：下］を挿入する。

① ［挿入］リボンの［図］グループにある［図形］のドロップダウンアローをクリックすると，ドロップダウンリストが表示される。

② ［ブロック矢印］の［矢印：下］をクリックすると，カーソルの形が ＋ になる。例題4-2の2枚目（または図4-26）のように前足の位置で，カーソルを右下の方向にドラッグすると，［矢印：下］が挿入される。

図4-25　［矢印：下］の選択

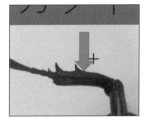

図4-26　［矢印：下］の挿入

挿入した図形［矢印：下］のサイズを変更し，［矢印：下］を回転させる。

③ ［描画ツール　書式］リボンの［サイズ］グループにある［図形の高さ］と［図形の幅］を または直接入力で「高さ」を「2cm」，「幅」を「1cm」にすると，［矢印：下］のサイズが変更される。

④ ［矢印：下］をクリックすると，図4-27のように［矢印：下］の上部に［回転ハンドル］が表示される。［回転ハンドル］をクリックしながら任意の方向にドラッグすると，［矢印：下］が回転される[27]。

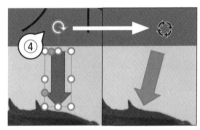

図4-27　［回転ハンドル］による図形の回転

【27】図形の回転
Shift キーを押しながら［回転ハンドル］をドラッグすると，15度ずつ回転する。

サイズ等を変更した図形［矢印：下］をコピーし，貼り付ける。

⑤ 上記③〜④でサイズ等を変更した［矢印：下］上で右クリックし，コンテクストメニューの［コピー］をクリックすると図形がコピーされる。

⑥ スライド上で右クリックしコンテクストメニューの，［貼り付けオプション］の［貼り付け先のテーマを使用］を選択すると，［矢印：下］が貼り付けられる。

⑦ 上記⑥と同様の手順で［矢印：下］を計5つ貼り付け，それぞれを回転させて図4-28の位置に移動させる。

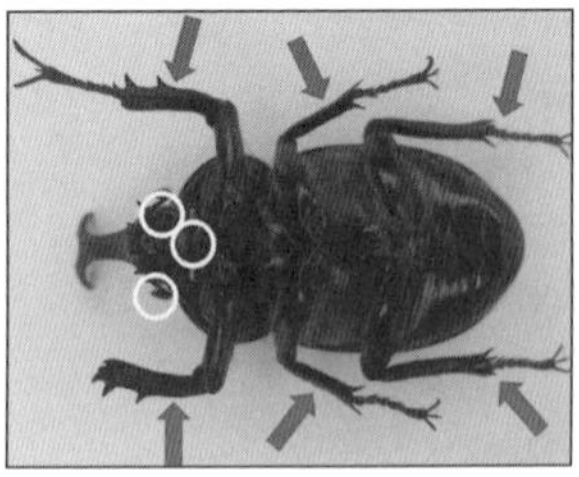

図4-28　［矢印：下］の位置

❸ [曲線] の挿入と複製

2枚目のスライドに図形 [曲線] を挿入する。

① [挿入] リボンの [図] グループにある [図形] のドロップダウンアローをクリックすると，ドロップダウンリストが表示される。

② [線] の [曲線] をクリックすると，カーソルの形が ＋ になる。図4-30のa（始点）でクリックし，b（曲線の頂点）でクリックし，c（終点）でダブルクリックすると [曲線] が挿入される。

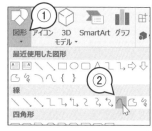

図4-29 [曲線] の選択

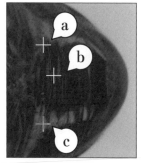

図4-30 [曲線] の挿入

挿入した図形 [曲線] のスタイルを変更する。

③ [描画ツール 書式] リボンの [図形のスタイル] グループにある [図形の枠線] のドロップダウンアローをクリックすると，ドロップダウンリストが表示される。

④ [テーマの色] で [オレンジ，アクセント 2][28] を選択すると，[曲線] の枠線の色がオレンジ色に変更される。

⑤ [太さ] のドロップダウンアローをクリックすると，ドロップダウンリストが表示される。[4.5pt] を選択すると，[曲線] の枠線の太さが4.5ポイントに変更される。

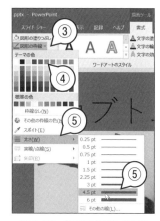

図4-31 [図形の枠線] の設定

【28】弱視者への対応
弱視者の場合，濃い赤が見えにくいので，ここではオレンジを利用した。スライド作成時の色やフォントサイズなどについては，COLUMN「ユニバーサルデザインを意識したスライドの作成」(P148) を参照すること。

スタイルを変更した図形 [曲線] をコピーし，貼り付ける。

⑥スタイル等を変更した [曲線] を右クリックし，コンテクストメニューの [コピー] をクリックすると図形がコピーされる。

⑦スライド上で右クリックし，コンテクストメニューの [貼り付けオプション] の [貼り付け先のテーマを使用] を選択すると，[曲線] が貼り付けられる。

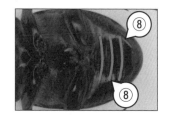

図4-32 [曲線] の貼り付け

⑧上記⑦と同様の手順で [曲線] を計2つ貼り付け，図4-32の位置に移動させる。

◢ ［四角形：角を丸くする］の挿入と文字入力

3枚目のスライドに図形［四角形：角を丸くする］を挿入する[29]。

①スライドペインに3枚目のスライドを表示する。

②［挿入］リボンの［図］グループにある［図形］のドロップダウンアローをクリックすると，ドロップダウンリストが表示される。

③［四角形］の［四角形：角を丸くする］をクリックすると，カーソルの形が ＋ になる。カーソルを図4-34のように右下の方向にドラッグすると，［四角形：角を丸くする］が挿入される。

図4-33 ［四角形：角を丸くする］の選択

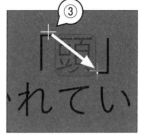

図4-34 ［四角形：角を丸くする］の挿入

【29】［四角形：角を丸くする］を挿入する目的
ここでは，図4-35のようにキーワードとなる文字列を隠すため，［四角形：角を丸くする］を挿入している。

挿入した図形［正方形／長方形］に文字を入力する。

④［四角形：角を丸くする］が選択されている状態で「？」と入力すると，［四角形：角を丸くする］に「？」が表示される。

文字を入力した図形［四角形：角を丸くする］をコピーし，貼り付ける。

⑤文字を入力した［四角形：角を丸くする］上で右クリックし，コンテクストメニューの［コピー］をクリックすると図形がコピーされる。

⑥スライド上で右クリックし，コンテクストメニューの［貼り付けオプション］の［貼り付け先のテーマを使用］を選択すると，［四角形：角を丸くする］が貼り付けられる。

⑦上記⑥と同様の手順で［四角形：角を丸くする］を計8つ貼り付け，下の文字列が隠れるように［図形の幅］を変更して[30] 図4-35の位置に移動させる。

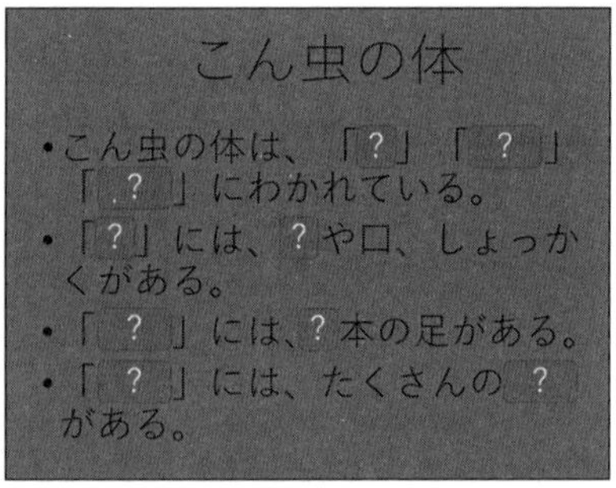

図4-35 ［四角形：角を丸くする］の位置

┃4-3-4┃ テキストボックスの挿入と複製

4枚目のスライドに［テキストボックス］を挿入する。

①スライドペインに4枚目のスライドを表示する。

②［挿入］リボンの［テキスト］グループにある［テキストボックス］のドロップダウンアローをクリックすると，ドロップダウンリストが表示される。

図4-36 ［テキストボックス］の選択

【30】図形の幅の変更方法
図4-22（P123）のように［サイズ］で変更してもよいが，ここでは図形を選択し，下図のように○を右方向にドラッグさせた方が文字の大きさに合わせやすい。

③［横書きテキストボックスの描画］を
　クリックするとカーソルの形が↓にな
　る。カーソルを図4-37のようにダン
　ゴムシの図の上で右下の方向にドラッ
　グすると，［テキストボックス］が挿
　入される[31]。

図4-37　［テキストボックス］の挿入

【31】テキストボックスのサイズ
テキストボックスを大きく描いても，文字のフォントサイズや文字数によって，高さは調節される。

[テキストボックス]に文字（×）を入力し，文字の色やサイズを変更する。

④［テキストボックス］に「ばつ」と入
　力し，「×」に変換する。
⑤「×」を選択[32]し，［ホーム］リボ
　ンの［フォント］グループにある，
　［フォントの色］のドロップダウンア
　ローをクリックすると，ドロップダウ
　ンリストが表示される。「オレンジ，アクセント2」を選択すると
　「×」のフォントの色が変更される。
⑥［フォントサイズ］ボックスをクリックし，数値が反転したら直接入
　力で［250］と入力して［Enter］をクリックすると，「×」のフォン
　トサイズが変更される。

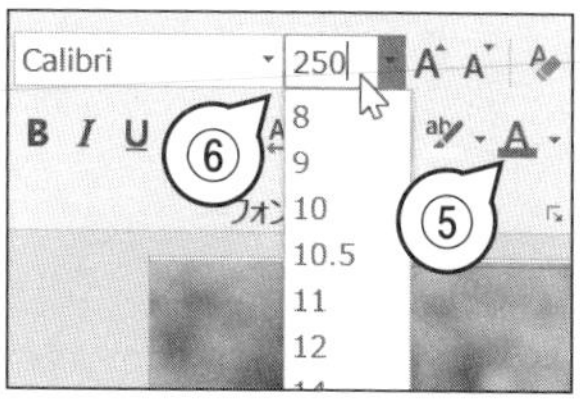

図38　［フォントの色］等の変更

【32】テキストボックスのフォント等を変更する際の注意点
P118の側注【10】を確認すること。

「×」の［テキストボックス］をコピーし，貼り付ける。

⑦「×」の［テキストボックス］の枠線
　上で右クリックし，コンテクストメニ
　ューの［コピー］をクリックすると図
　形がコピーされる。
⑧スライド上で右クリックし，［貼り付
　けオプション］の［貼り付け先のテー
　マを使用］を選択すると，「×」が貼り付けられる。
⑨「×」をドラッグ＆ドロップして，クモの上に移動させる[33]。

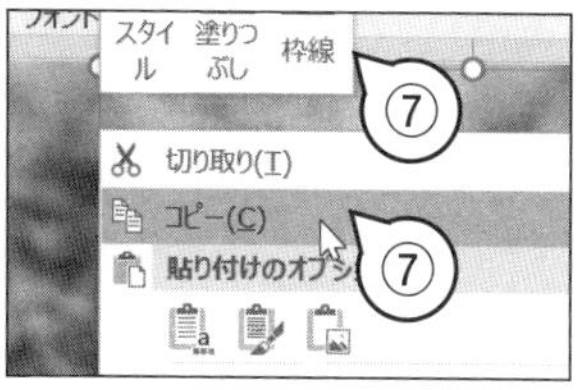

図4-39　［テキストボックス］の
コピー

【33】貼り付ける位置
例題4-2の4枚目または図4-40を参照。

[テキストボックス]で「○」を作成し，貼り付ける。

⑪上記②～⑥と同様の手順で，［テキス
　トボックス］で「○（入力時は「ま
　る」）」を作成する。［フォントの色］
　は［薄い青］[34]を選択する。
⑫作成した「○」をドラッグ＆ドロップ
　して，トンボの上に移動させる。
⑬上記⑦～⑨と同様の手順で「○」をコ

図4-40　［テキストボックス］の
位置

【34】選択する色
ここでは，［基準の色］の右から4つ目の薄い青を選択している。
表示されていなければ，［テーマの色］や「その他の色」から類似したものを挿入する。

ピーし，貼り付けてバッタの上に移動させる。

4-3-5 オーディオの挿入

1枚目のスライドに［オーディオ］を挿
入し，移動させる。

① スライドペインに1枚目のスライド
を表示する。

図4-41　オーディオの挿入

② ［挿入］リボンの［メディア］グルー
プにある［オーディオ］のドロップダ
ウンアローをクリックすると，ドロッ
プダウンリストが表示される。

③ ［このコンピューター上のオーディ
オ］をクリックすると，［オーディオ
の挿入］のダイアログボックスが表示される。

図4-42　オーディオの移動

④ ダウンロードしておいた「画像一覧フォルダ」の中から，［羽音］[35]
を選択する。［挿入］をクリックすると，オーディオが挿入される。

⑤ オーディオをドラッグ＆ドロップして，図4-42のようにスライドの
枠外に移動する。

【35】オーディオの準備
挿入する［羽音］を含む「画
像等一覧フォルダ」は，
P216の方法で事前にダウン
ロードしておくこと。

◉ **COLUMN**　授業に活用できるコンテンツ① 「NHK for School」

「口頭による説明だけでは学習内容のイメージが掴み
にくい」「導入で本時の学習内容に関する児童生徒の興
味を引きたい」等と考えた時に利用できるオンラインコ
ンテンツを紹介する。

NHK for School (http://www.nhk.or.jp/school/)
には，NHKで放送された番組や学習内容を簡潔にまと
めたクリップ等の動画が9000本以上載せられている
（2019年12月現在）。また，すべてのコンテンツでは
ないが，「学習指導案」や「板書計画」「（配布用・掲示
用）ワークシート」等も用意されている。学年や教科，
教科書等から選択することも可能で，NHK for School
の導入ガイドや実践例も紹介されている。文部科学省が
定めた学校では，授業で利用することを目的とすれば，
著作権を気にすることなく自由に利用できる。ぜひ一度
サイトを確認してみるとよいだろう。

（図1）　ばんぐみの例

（図2）　クリップ一覧の例

COLUMN 授業に活用できるコンテンツ②「eTeachers」

幼児や児童生徒に言葉やイラスト，数字などが書かれたカードを提示し，回答を求める「フラッシュカード」。反応時間を早めたり，知識量を増やしたりする目的で用いられる。授業の導入で利用することにより，授業開始のスイッチを入れたり，前時の復習をしたりすることもできる。英会話（英単語）のイメージが強いかもしれないが，さまざまな学習指導の場面で利用されている。従来は，紙を利用して作成・利用されていたが，近年はPowerPointを利用するケースも増えてきた。右図の2つの教材は，筆者の一人が担当する授業で学生が作成したものである。自身の授業展開に応じて簡単に作成できるというメリットがある。

また，eTeachers（https://eteachers.jp/）というサイトでは，会員登録をすると約14000ファイル（2019年12月現在）のファイルを無料でダウンロード・利用することができる。例えば，「都道府県の形」を覚えるための教材，「実験器具の名称」を覚えるための教材など，様々なものが提供されている。また，フラッシュ型教材を活用する際に参考になる模擬授業動画もある。フラッシュ型教材は，ICTの利活用を考えた時には容易に実践可能であり学習効果も期待できる教材である。

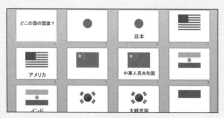

（図1） 自作の例（1）

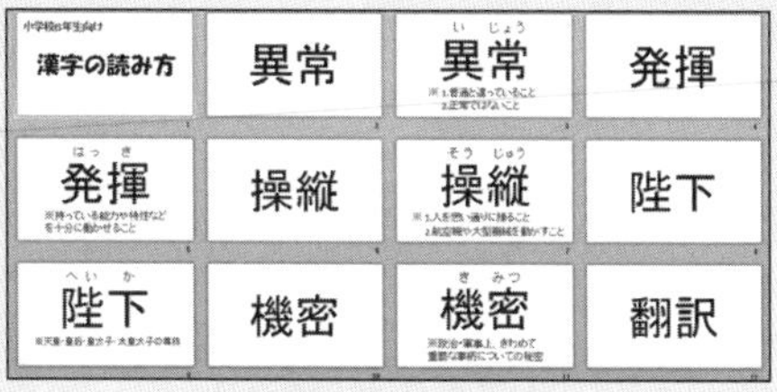

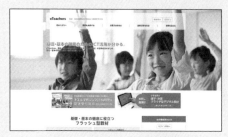

（図2） 自作の例（2）

（図3） eTeachersの画面の例

4-4 アニメーションの設定

例題 4-3

スライドに挿入した文字列や画像等にアニメーションを設定する。

1枚目

〈設定するアニメーション〉
（・オーディオ）
・開始：フェード
・開始：ワイプ（左から）

2枚目

〈設定するアニメーション〉
・開始：ホイール
・開始：図形
・開始：ワイプ（上から）

3枚目

〈設定するアニメーション〉
・終了：ゴム

4枚目

〈設定するアニメーション〉
・開始：フェード（開始のタイミングを変更）

4-4-1 ［開始］効果のアニメーションの設定

設定したアニメーションを確認しやすくするため，［アニメーションウィンドウ］を表示する。

① ［アニメーション］リボンにある［アニメーションの詳細設定］グループの［アニメーションウィンドウ］[36] をクリックすると，［アニメーションウィンドウ］が表示される。

図4-43 ［アニメーションウィンドウ］の表示

【36】［アニメーションウィンドウ］
詳細な設定もできるので，アニメーションを設定する時は常に［アニメーションウィンドウ］を表示しておくと良い。

【37】［開始］効果
［開始］効果は，初めは表示されていなくて，クリックなどすると表示されるアニメーション効果である。

■ 1枚目のスライドにアニメーションを設定

カブトムシの画像に［開始］効果（フェード）を設定する。

①スライドペインに1枚目のスライドを表示する。

②1枚目のスライドのカブトムシの画像をクリックし，［アニメーション］リボンの［アニメーション］グループにある をクリックするとプルダウンメニューが表示される。

③プルダウンメニューの［開始］効果[37] にある［フェード］をクリックすると，画像に［フェード］が設定される。

図4-44 アニメーションの設定

図4-45 アニメーションの選択

[タイトル] に [開始] 効果 (ワイプ) を設定する。

④「こん虫の体」のテキストボックスを
　クリックし，上記②～③と同様の手順
　で [開始] 効果にある [ワイプ] をク
　リックすると，テキストボックスに
　[ワイプ] が設定される。

⑤ [効果のオプション] のドロップダウ
　ンアローをクリックすると，ドロップ
　ダウンリストが表示される。

図4-46　[効果のオプション] の
　　　　選択

⑥ [方向] の [左から] をクリックする
　と，アニメーションが左から開始され
　る設定に変更される。

【38】その他の開始効果
プルダウンメニューに表示される [開始] 効果のアニメーション以外にも，[その他の開始効果] には多くのアニメーション効果が用意されている。

▣ 2枚目のスライドにアニメーションを設定

[楕円] に [開始] 効果 (ホイール) を設定する。

①スライドペインに2枚目のスライド
　を表示する。

②目の部分に置いた [楕円] をクリック
　し，▣の②～③と同様の手順で [開
　始] 効果にある [ホイール][39] をク
　リックすると，[ホイール] が設定さ
　れる。

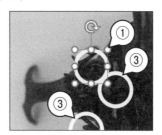

図4-47　[ホイール] の設定

③上記②と同様の手順で，口と触角の部分に置いた [楕円] にもそれぞ
　れ，[ホイール] のアニメーションを設定する[40]。

【39】ホイールの選択
プルダウンメニューに [ホイール] がなければ，[その他の開始効果] から選択する。

【40】同じアニメーションを同時に設定する方法
[Shift] キーを押しながら「目」「口」「触覚」の [楕円] を選択すると，すべての [楕円] が選択される。その上で [ホイール] を設定すると，一度にアニメーションを設定できる。

[矢印：下] に [開始] 効果 (図形) を設定する。

④左上の足の上に置いた [矢印：下]
　をクリックし，▣の②～③と同様の
　手順で [開始] 効果にある [図形]
　をクリックすると，[図形] が設定
　される。

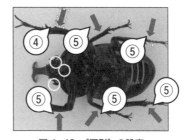

図4-48　[図形] の設定

⑤上記④と同様の手順で，その他の
　[矢印：下] にもそれぞれ，[図形]
　のアニメーションを設定する。

【41】アニメーションウィンドウでの表示
[曲線] は，アニメーションウィンドウでは [フリーフォーム：図形] と表示される。[曲線] ではないので注意すること。

[曲線] に [開始] 効果 (ワイプ) を設定する。

⑥腹のふしの部分に置いた [曲線][41] をクリックし，▣の②～③と同
　様の手順で [開始] 効果にある [ワイプ] をクリックすると，[ワイ

プ］が設定される。

⑦ **1**の⑤～⑥と同様の手順で，［方向］
を［上から］に設定する。

⑧上記⑥～⑦と同様の手順で，その他の
［曲線］にもそれぞれ，［ワイプ］のア
ニメーションと［上から］を設定する。

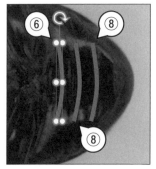

図4-49　［ワイプ］(上から)の設定

■3 4枚目のスライドにアニメーションを設定

［テキストボックス］に［開始］効果（フェード）を設定する。

①スライドペインに4枚目のスライ
ドを表示する。

②ダンゴムシの上の「×」の［テキス
トボックス］をクリックし，**1**の
②～③と同様の手順で［開始］効果
にある［フェード］をクリックする
と，［フェード］が設定される。

図4-50　［フェード］の設定

③上記②と同様の手順で，その他の［テキストボックス］にもそれぞれ，
［フェード］のアニメーションを設定する。

4-4-2 ［終了］効果のアニメーションの設定

3枚目のスライドの画像に［終了］効果のアニメーション（ゴム）を設
定する。

①スライドペインに3枚目のスライ
ドを表示する。

②3枚目のスライドの［四角形：角
を丸くする］の1つ目をクリック
し，［アニメーション］リボンの
［アニメーション］グループにある
をクリックするとプルダウンメ
ニューが表示される。

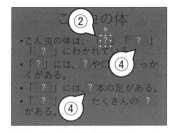

図4-51　［終了］効果のアニメーショ
ン(ターン)の設定

③プルダウンメニューの［終了］効果[42]にある［ゴム］を選択すると，
画像に［ゴム］が設定される。

④上記②～③と同様の手順で，その他の［四角形：角を丸くする］にも
それぞれ，［ゴム］のアニメーションを設定する[43]。

【42】［終了］効果
［終了］は，初めは表示され
ており，クリックなどをする
と消えるアニメーション効果
である。

【43】アニメーションの設定
図4-51では一部の［四角
形：角を丸くする］にしか吹
き出しをつけていないが，す
べての［四角形：角を丸くす
る］に同様のアニメーション
を設定する。

● **COLUMN** [アニメーションウィンドウ] の見方

[アニメーションウィンドウ] の枠を (図 1) のようにして広げると，マウスのマークや時計のマークが (図2) のように表示される。マウスの形は，[開始] のタイミングが [クリック時] (＝クリックされた時にアニメーションが始まる) であることを示し，時計の形は [開始] のタイミングが [直前の動作の後] (＝直前の動作の後に自動でアニメーションが開始) であることを示している。「何もついていない」のは，[直前の動作と同時] (＝直前の動作と同時に自動でアニメーションが開始) であることを示している。初期設定は [クリック時] である。

それぞれのアニメーションの横に表示されている横棒はアニメーションの長さや開始のタイミングなどを視覚的に示しているものである。例えば，横棒が階段のようになっていれば，アニメーションの開始がずれている (例えば，[直前の動作の後] になっている) ことがわかる。横棒の長さを見れば，アニメーションのおよその長さがイメージできる。

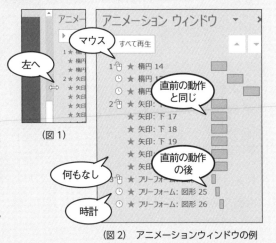

(図 1)

(図 2) アニメーションウィンドウの例

4-4-**3** アニメーションの詳細設定

■1 [開始] を [直前の動作の後] に変更

2 枚目のスライドの 2 つの [楕円] の [開始] を [直前の動作の後][44] に変更する。

①スライドペインに 2 枚目のスライドを表示する。

②[楕円] のうち，口と触角の上の [楕円][45] を [Shift] キーを押しながらクリックすると，図 4-51 のように選択される[46]。

③[アニメーション] リボンの [タイミング] グループにある [開始] のドロップダウンアローをクリックすると，ドロップダウンリストが表示される。

④[直前の動作の後] をクリックすると [開始] のタイミングが変更され，アニメーションウィンドウの 2 つの [楕円] の横棒等が図 4-53 のように表示される。

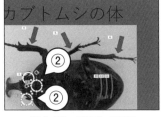

図 4-51 [楕円] の選択

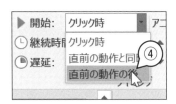

図 4-52 [直前の動作の後] の選択

図 4-53 [楕円] の順の表示

【44】[直前の動作の後]
COLUMN「[アニメーションウィンドウ] の見方」(P133) 参照。

【45】選択する [楕円]
アニメーションウィンドウで上から 2 つ目と 3 つ目の [楕円]。

【46】[楕円] の選択
ここでは，2 つの [楕円] の [開始] のタイミングを一度に変更しようとしているため，[Shift] キーを押しながら 2 つの [楕円] を選択したが，[Shift] キーを押さずに，それぞれを設定しても良い。

【47】[楕円] の番号について
図 4-53 で表示している [楕円] の番号は，PC の設定などにより異なる可能性がある。

❷ [開始] を [直前の動作と同時] に変更

2枚目のスライドの5つの [矢印：下] の [開始] を [直前の動作と同時][48] に変更する。

① [矢印：下] のうち，左上の足を指している [矢印：下] 以外の5つの [矢印：下] を [Shift] キーを押しながらクリックすると，図4-54のように選択される。

② [アニメーション] リボンの [タイミング] グループにある [開始] のドロップダウンアローをクリックすると，ドロップダウンリストが表示される。

③ [直前の動作と同時] をクリックすると，[開始] のタイミングが変更され，アニメーションウィンドウのの5つの [矢印：下] の横棒等が図4-56のように表示される。

【48】[直前の動作と同時]
COLUMN「[アニメーションウィンドウ] の見方」(P133) 参照。

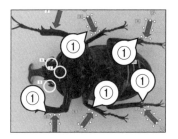

図4-54 [矢印：下] の選択

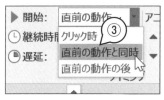

図4-55 [開始] の変更

図4-56 [矢印] の順の表示

●C OLUMN アニメーションの順の変更

設定したアニメーションの順を変更するには，[アニメーションウィンドウ] で順を変更したいアニメーションを選択し，

(方法1) ▲▼をクリックして順を変更する。
(方法2) ドラッグ＆ドロップして順を変更する。

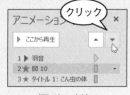

(図1) 方法1

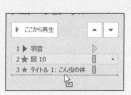

(図2) 方法2

---

❸ [開始] を [直前の動作の後] に変更し，[継続時間] も変更

2枚目のスライドの2つの [曲線] の [開始] を [直前の動作と同時] に変更する。

① [曲線] のうち，中央と右側の2つの [曲線] を [Shift] キーを押しながらクリックすると，2つの [曲線] が選択される。

② ❶の③〜④と同様の手順で，2つの [曲線] の [開始] のタイミングを [直前の動作の後] に変更すると，アニメーションウィンドウの2つ

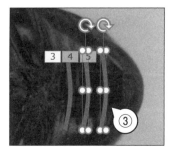

図4-57 [曲線] の選択

図4-58 [矢印] の順の表示
[矢印] はアニメーションウィンドウでは [フリーフォーム] と表示される。

の［曲線］の横棒等が図4-58のように表示される。

2枚目のスライドの3つの［曲線］の［継続時間］を「01.00」に変更する。

③上記①と同様の手順で，3つの［曲線］を［Shift］キーを押しながらクリックすると，3つの［曲線］が選択される。

④［アニメーション］リボンの［タイミング］グループにある［継続時間］[48]の▲をクリックし，［継続時間］を「01.00」に変更するとアニメーションの継続時間が変更される。

図4-59　［継続時間］の変更

【49】［継続時間］
［継続時間］を長くするとアニメーションの動きがゆっくりとなる。短くすると速くなる。

【50】［遅延］
アニメーションの始まりを遅らせたい時は，タイミングの［遅延］を長くする。

◉COLUMN　その他のアニメーションの効果

　アニメーションには，［開始］効果と［終了］効果の他に，［強調］効果と［アニメーションの軌跡］効果がある。［強調］効果には，選択した図などを点滅させたい時に利用する［パルス］や，イラストを左右にユラユラ動かしたい時に利用する［シーソー］等がある。［アニメーションの軌跡］効果には，テキストボックスやイラスト等を，設定した直線方向に移動させたい時に利用する［直線］や，挿入したイラストを自由なルートで動かしたい時に利用する［ユーザー設定パス］等がある。

　［ユーザー設定パス］は，始点でクリックし，左クリックしながら動かしたい軌跡を描く。終点でダブルクリックすると経路が設定できる。［継続時間］を増減させることにより，アニメーションを設定したイラストの動くスピードを調節することができる。

（図1）　［ユーザー設定パス］の例

❹[開始のタイミング]の変更

4枚目のスライドの4つの[テキストボックス]の[開始のタイミング][51]を変更する。

①スライドペインに4枚目のスライドを表示する。

②[アニメーションウィンドウ]で一番上に表示されている, ダンゴムシの上の[テキストボックス]のドロップダウンアローをクリックすると, ドロップダウンリストが表示される。

③[タイミング]をクリックすると, 設定したアニメーションの[タイミング]や[効果]等を詳細に設定できるダイアログボックスが表示される。

④[タイミング]の[開始のタイミング]をクリックすると, 図4-61のように表示される。

⑤[次のオブジェクトのクリック時に効果を開始]をクリックし, 一覧の中からダンゴムシの図番号[52]を選択する。

⑥[OK]をクリックすると[開始のタイミング]が変更され, [アニメーションウィンドウ]内での表示も図4-62のように変更される。

⑦上記②～⑥と同様の手順で, その他の[テキストボックス]の[開始のタイミング]も1つずつ変更[53]する。

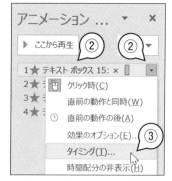

図4-60 [タイミング]の選択

図4-61 [オブジェクト]の選択

図4-62 変更したタイミングの例

【51】[開始のタイミング]
PowerPointのアニメーションは, [Enter]を押すこと等で設定した順にアニメーションが動く。しかし, [開始のタイミング]を変更することにより, プレゼンテーションの場でアニメーションの順を決めることができるようになる。ここでは, 子どもたちの発言に応じて画像をクリックすることにより, 正誤(○×)を表示することができるようにする。

【52】[図]の番号について
図4-61では, 「図4」を選択しているが, PCの設定などにより, 番号が異なる可能性がある。COLUMN「オブジェクトの選択と表示」(P141)を確認し, [オブジェクトの選択と表示]ウィンドウを表示して図番号を確認し, 適切な番号を選択すること。

【53】[開始のタイミング]の設定について
ここでは, それぞれの図をクリックするとそれぞれの正誤(○×)を表示したいので1つずつ変更すること。

◉ **C**OLUMN　　**アニメーション効果の確認方法と注意点**

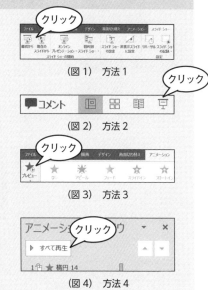

設定したアニメーションを確認する方法には，以下の4つがある。

（方法1）[スライドショー] リボンの [スライドショーの開始] グループにある [最初から] または [現在のスライドから] をクリックする。

（図1）　方法1

（方法2）スライドの右下にある [表示選択ショートカット] の [スライドショー] をクリックする。

（図2）　方法2

（方法3）[アニメーション] リボンの [プレビュー] グループにある [アニメーションのプレビュー] をクリックする。

（図3）　方法3

（方法4）[アニメーションウィンドウ] の [すべて再生] または [ここから再生] をクリックする。

このうち，方法3と方法4は，設定したアニメーションを簡便に確認することができるが，[開始] で [クリック時] の設定をしていてもクリックせずに自動でアニメーションが動く等，実際の動きと異なることもある。そのため，最終的には方法1か方法2で，実際の動きを確認することが大切である。

（図4）　方法4

◉ **C**OLUMN　　**アニメーションの詳細設定**

アニメーションウィンドウに表示されているアニメーションをダブルクリックすると，アニメーションの詳細設定ができるダイアログボックスが表示される。設定したアニメーションにより，[効果] [タイミング] [テキストアニメーション] 等のタブがあり，例えば，[効果] では，アニメーションを動かす時のサウンドを設定できる。[タイミング] ではアニメーション効果を繰り返す回数を設定したり，[テキストアニメーション] ではテキストのアニメーションをどのように表示するのか等を設定したりできる。

（図1）　[効果] の例

（図2）　[タイミング] の例

（図3）　[テキストアニメーション] の例

4-5 保存と印刷

例題 4-4

作成したプレゼンテーションを保存し，印刷する。

2018/10/19

〈「配布用資料を印刷」の設定〉
・すべてのスライドを印刷
・4スライド（横）
・用紙に合わせて拡大／縮小
・横方向
・カラー

4-5-1 プレゼンテーションを保存

作成したプレゼンテーションを任意の場所に保存する。

① ［ファイル］リボンをクリックし，一覧の中から［名前を付けて保存］を選択すると，図4-63のような画面が表示される。

② ［参照］をクリックすると，［名前を付けて保存］のダイアログボックスが表示される。

図4-63 ［名前を付けて保存］

③ ［ドキュメント］や［デスクトップ］，USB等の任意の保存先を選択し，任意のファイル名（図4-64では，「課題練習」）を入力して［保存］をクリックするとファイルが保存される[54]。

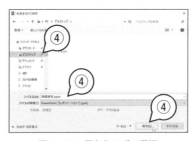

図4-64 保存先などの選択

【54】ファイルの保存
本テキストではこの時点で保存したが，ファイルは作成の早い段階で保存し，こまめに［上書き保存］しておくと安心である。

4-5-2 配付用資料を印刷

作成したすべてのスライドを配布用資料として印刷する。

① ［ファイル］リボンをクリックし，一覧の中から［印刷］を選択すると，図4-65のような画面が表示される。

② ［プリンター］で任意のプリンターを選択する。

③ ［設定］で［すべてのスライドを印刷］が選択されていることを確認し，［フルページサイズのスライド 1スライド／ページで印刷］のドロップダウンアローをクリックすると，ドロップダウンリストが表

示される。

④［配布資料］の［4スライド（横）］を選択し，［用紙に合わせて拡大／縮小］[55] にチェックを入れると印刷時に4枚のスライドが拡大印刷される。

⑤図4-66のように，ドロップダウンリストの［横方向］をクリックすると横方向で印刷される。

⑥［印刷］をクリックすると，「例題4-4」のように印刷される。

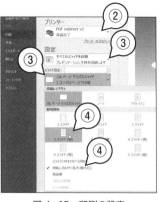

図4-65 印刷の設定

図4-66 印刷の［方向］の設定

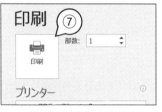

図4-67 ［印刷］実行

【55】用紙に合わせて拡大／縮小

ここでは，各スライドを大きく表示するために［用紙に合わせて拡大／縮小］にチェックを入れたが，余白にメモを書かせたい場合には，チャックしない方が良い場合もある。なお，メモ欄を用意したい場合は，［配布資料］で［3スライド］を選ぶと良い。

◉COLUMN　グレースケールで印刷をする際の注意点

　PowerPointで作成したスライドを印刷する時，カラーではなくグレースケールで印刷することも多い。カラー印刷が可能なプリンターでグレースケール印刷をする場合，背景に挿入したイラストが印刷されない時がある（PCやプリンターの設定により異なる）。

　そのような場合は，［表示］リボンの［カラー／グレースケール］グループにある［グレースケール］をクリックする。［明るいグレースケール］や［反転させたグレースケール］等が選択できる（［カラー］に戻すこともできる）。背景が表示された状態で，［ファイル］から［印刷］をすると背景に挿入したイラストも印刷できる。

　なお，モノクロ印刷のプリンターでカラーの設定をしなければ，背景のイラストが印刷されない時もある。上記の方法でうまく印刷できない場合は，プリンター会社のHPを確認するか，「PowerPoint」「背景」「印刷できない」等で検索し，対応策を調べてみるとよいだろう。

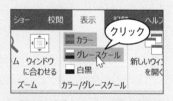

（図1）［グレースケール］の選択

（図2）［グレースケール］の例

（図3）［印刷］画面の例

4-6 | プレゼンテーション

例題 4-5

［発表者ビュー］を利用しながら，作成したスライドで授業を行う。

〈［発表者ビュー］の画面構成〉
1. スライドの枚数と現在のスライドのページ
2. 投影されているスライド
3. ノート（台本やメモ）
4. 前のスライドに戻る
5. 次のスライドに進む
6. 経過時間
7. 拡大表示
8. ペンやレーザーポインターの利用・選択
9. 次のスライドや次のアニメーション後のスライド画面

4-6-1 スライドショーの設定

［スライドショーの設定］を確認・変更する。

① ［スライドショー］リボンの［設定］グループにある［スライドショーの設定］をクリックすると，［スライドショーの設定］のダイアログボックスが表示される。

図 4-68 ［スライドショーの設定］

② ［発表者ツールの使用］[56] のチェック☑が入っていることを確認する。［ペンの色］や「レーザーポインターの色」など，その他の項目について必要に応じて変更する。［OK］をクリックすると，［スライドショーの設定］が変更される。

図 4-69 スライドショーの詳細設定

【56】［発表者ツールの使用］
［発表者ツールの使用］のチェックのみであれば，［スライドショー］リボンの［モニター］グループでも可能である。なお，発表者ツールは「例題」のような画面を手元のPCに表示するものである。

作成したスライドで授業を行う。

① ［スライドショー］タブの［スライ
ドショーの開始］グループにある
［最初から］をクリックするとスラ
イドショーが開始される。

②左下のコントロールバー[57]で…を
クリックし，一覧の中から［発表者
ツールを表示］をクリックすると発
表者ビューが表示される。

③ ［発表者ビュー］の▶をクリック[58]
しスライド進める。

★必要に応じて，ペンを利用して説明
を追加したり，レーザーポインターで
注目すべき場所を示したり，図を拡大
したりする。

★スライドショーや拡大表示（例題の
7）を途中で止めたい場合は，［スライドショーの終了］をクリックした
り，キーボードの［Esc］キーを押したりすることで終了させることが
できる。

図4-70　発表者ツールを表示

図4-71　発表者ビューを
利用した画面の例

【57】コントロールバーの表
示
コントロールバーが表示され
ていなければ，カーソルを少
し動かせば表示される。

【58】スライドの進め方
キーボードの矢印キーの上
（進む），下（戻る）でもスラ
イドを進める（戻す）ことが
できる。また，マウスの左ク
リックでもスライドを進める
ことができる。

◉**C**OLUMN　　オブジェクトの選択と表示

　多くの画像やテキストボックスなどを挿入した時，画像が重なって
しまい，下にある画像などを選択できない時がある。また，P143の
時のように，対象となるオブジェクトの名称（図番号など）を知りた
い時がある。そのような時は，［ホーム］リボンの［編集］グループ
にある［選択］のドロップダウンアローをクリックし，ドロップダウ
ンリストの［オブジェクトの選択と表示］を選択すると，［選択］の
作業ウィンドウが右側に表示される。表示されているオブジェクトを
クリックすると，スライドペインに表示されているスライドで選択し
たオブジェクトが選択表示される。

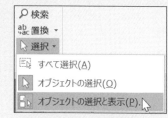

（図1）　オブジェクトの選択と表示

（図2）　選択時の例

PowerPoint では，スライドの文字列や画像等にリンクを設定することができる。リンクは外部のサイトにも，ドキュメント内のスライドにも設定できる。

例えば，文字列を選択し，右クリックして [ハイパーリンク] をクリックする。ダイアログボックスのアドレス欄にアドレスを入力したり，スライドを選択したりする。

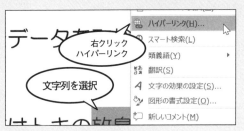

（図1） 文字列の選択

（図2） アドレスの入力

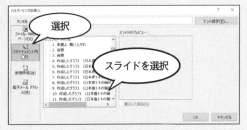

（図3） スライドの選択

発表 (説明) の場面で手順や概念，ポイントなどを伝える時，全体像を図表などで示しながら言葉を補う時がある。PowerPoint やWord では，デザイン性の高い図表を簡単に作成できるツール(SmartArt) を用意している。[挿入] リボンの [図] グループにある[SmartArt] をクリックすると，[SmartArt グラフィックの選択] のダイアログボックスが表示される。

[SmartArt] には，[リスト] や [手順]，[循環] などのカテゴリごとにさまざまな図表のパターンが準備されている。標準のまま利用することもできるが，図形を移動させることも色を変更することもできる。グループ化を解除すると，それぞれのパーツに個別のアニメーションを設定することもできる。

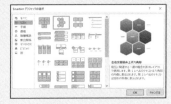

（図1） [リスト] 一覧

（図2） [循環] 一覧

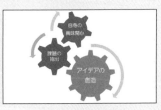

（図3） SmartArt の例 (1)

（図4） SmartArt の例 (2)

（図5） SmartArt の例 (3)

4-**7** スライドショーを記録し動画を作成

作成したプレゼンテーションのスライドショーを記録し，授業等で利用できる動画（mp4）を作成する。

〈作成する動画の画質〉
・フル HD（1080P）

4-7-**1** スライドショーの記録

作成したプレゼンテーションのスライドショーを記録する。

① ［スライドショー］リボンの［設定］グループにある［スライドショーの記録］のドロップダウンアローをクリックすると，ドロップダウンリストが表示される。

② ［先頭から記録］を選択すると，図4-79の記録の作業ウィンドウが表示される。

③ ［記録］をクリックするとカウントダウンが始まり記録が開始される。▶をクリックしたり，スライド上で左クリックしたりすることでプレゼンテーションを進める[60]。

④画面が暗くなり，「スライドショーの最後です。クリックすると終了します。」と表示されたらクリックし，スライドショーの記録を終了する[61]。

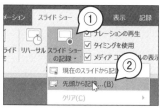

図4-78 スライドショーの記録

図4-79 記録の作業ウィンドウ

【59】マイクの利用
マイクを利用し，説明を入れながら記録することもできる。

【60】カメラの利用
カメラが搭載されているPCの場合，作業ウィンドウ右下の部分にカメラの映像が表示される時がある。不必要な場合は，図4-79の■をクリックし，カメラを無効にする。

【61】記録の解除
スライドショーの記録をすると，スライドショーを実行した時に，記録した通りに自動でアニメーションが動く。設定した記録を解除するには，［スライドショーの記録］ボタンのドロップダウンアローをクリックし，ドロップダウンリストで［クリア▶］を選択し，一覧の中からクリアの方法を選択する。

4-7-2 動画を作成

記録したスライドショーを動画（mp4）にする。

① ［ファイル］リボンをクリックし，一覧の中から［エクスポート］を選択すると，図4-81のような画面が表示される。

② 一覧から，［ビデオの作成］をクリックして「フルHD（1080P）」を選択する[62]。

③ ［ビデオの作成］をクリックすると，［名前を付けて保存］のダイアログボックスが表示される。任意のファイル名（図では「課題練習」）を入力して［保存］をクリックすると標準の表示形式に戻り，動画（mp4）[63]の作成が始まる。

図4-80 ［エクスポート］の選択

図4-81 ビデオの種類の選択

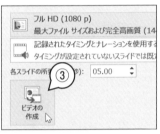

図4-82 ［ビデオの作成］

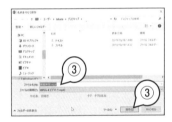

図4-83 ファイル名の設定

図4-84 動画の作成中

【62】ビデオの種類
ビデオの種類には，「Ultra HD（4K）」「HD（720P）」「標準（480P）」がある。ファイルのサイズが大きくなると，動画変換の時間が長くなる。

【63】動画の配布・編集
作成した動画は，Windows Media playerなどがインストールされていれば，どのPCでも視聴可能である。また，作成した動画を配布したり，編集したりすることができる。編集方法については「フォトによる動画編集」P161を参照すること。

◉ COLUMN　画面切り替え

　多用すると見にくいプレゼンテーションになるが，スライドを切り替える時に［画面切り替え］を利用すると，目を引くプレゼンテーションになる。［画面切り替え］リボンの［画面切り替え］グループの中から選択する。［タイミング］グループでは，切り替える時の音［サウンド］や切り替え時間を設定することができる。

画面切り替えの設定

（図1）　画面切り替えの例（1）

◉ COLUMN　PowerPoint でのグラフ作成

　PowerPoint 上でグラフを作成するには，

　（方法 1）[挿入] リボンの [図] グループにある [グラフ] をクリックする。

　（方法 2）[タイトルとコンテンツ] 等のスライドで [グラフ] をクリックする。

　上記の方法を選択すると，[グラフの挿入] のダイアログボックスが表示される（図 1）。グラフを選択すると，グラフとワークシート（図 2）が表示されるので，データを（「系列 1」などと書かれた上から）入力する。データを入力すると，表示されているグラフの表示も同時に変更される。Excel と同様に [グラフタイトル] や [軸ラベル] 等を変更することもできる。

　なお，閉じたワークシートを再表示したい時は，グラフを選択している時に表示される [グラフツール デザイン] リボンにある [データ] グループの [データ編集] をクリック（図 3）する。

（図 1）

（図 2）

（図 3）

◉ COLUMN　グラフにアニメーションを設定する

　PowerPoint では，作成したグラフにアニメーションを設定することができる。以下では，クリックするごとに，各年度の棒グラフを下から表示するアニメーションの設定方法（の一例）を説明する。

①グラフを選択し，[アニメーション] タブの [アニメーション] グループにある [開始] 効果で [ワイプ] をクリックする。

②[アニメーション効果] が [下から] になっていることを確認する。

③[アニメーションウィンドウ] で，アニメーションを設定した [object] のドロップダウンアローをクリックすると，ドロップダウンリストが表示されるので，一覧の中から [効果のオプション] をクリックする。

④ダイアログボックスの [グラフアニメーション] タブにある [グループ グラフ] のドロップダウンアローをクリックすると，ドロップダウンリストが表示される。

⑤[項目別] をクリックし，[グラフの背景を描画してアニメーションを開始] のチェックを外して [OK] をクリックすると，作成したグラフにアニメーションが設定される。

＊③の [object] は別の名称で示されている可能性もある。

＊[系列別] を選択すると，[凡例] で示した系列ごとに表示される。

＊[グラフの背景を描画してアニメーションを開始] のチェックを外さなければ，グラフエリアなどにもアニメーションが設定される。

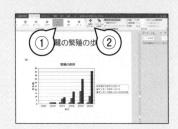

（図 1）

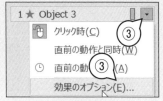

（図 2）

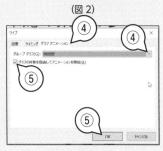

（図 3）

興味関心に応じて，以下の見本のような「お知らせスライド」を作成する。

①

背景

✓ 江戸時代、トキは日本全土に生息していました。
✓ しかし、乱獲や開発により、その数は減少しました。
✓ 新潟県のトキ保護センターで純国産のトキが死亡し、ついに日本産のトキは絶滅しました。
✓ 将来、トキがもう一度日本の空を飛べるよう、多くの人と考えて見たいと思い、このテーマを選択しました。

②

日本産トキの個体数の推移

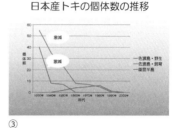

③

トキの繁殖の歩み

④

課題を通して学んだこと

・トキの人工繁殖が成功し、現在は野生復帰ステーションを中心に放鳥訓練が行われているということ。
・佐渡トキ保護センターは、トキの保護などを目的として、環境省が設置し新潟県が管理・運営している施設であるということ。
・グラフは2004年までのデータだが、今も毎年、多くのトキが放鳥されているということ。

⑤

以上で「朱鷺よ、舞い上がれ！」の発表を終わります

(参考) 佐渡トキ保護センター
http://tokibogocenter.ec-net.jp/

⑥

〈作成する「お知らせスライド」について〉

・スライドは，表紙を含めて6枚以上作成する。

・すべてのスライドにアニメーションを1個所以上設定する。

・グラフを1つ以上挿入する。

・背景などをインターネットから挿入する場合は著作権に注意し，必要に応じて最後のスライドや各スライドの下部に引用元を載せること。

・同様に，参考にしたページの情報を載せること。

◉COLUMN 1つのイラスト等に2つ以上のアニメーションを設定する

　例えば挿入した1つのイラストを「①フェードで表示」した後に，「②目的の場所に移動」させたい時がある。この動きを実現するためには，イラストに

① [開始] 効果のアニメーション（[フェード]）を設定する。

② [アニメーションの軌跡] 効果のアニメーション（例えば [直線]）を設定する。

という2つのアニメーションを設定する必要がある。

　1つのイラスト等に2つ以上のアニメーションを設定する時は，1つ目のアニメーションはいつも通り，イラストを選択した上で [アニメーション] リボンの [アニメーション] グループの中から設定する。2つ目以降のアニメーションは，イラストを選択して，「アニメーションの追加」からアニメーションを設定する。そのようにしなければ，先に設定したアニメーション（1つ目のアニメーション）は上書きされ，アニメーションが消されてしまうので注意する必要がある。

2つ目は以降は
ここで設定する

1つ目はここで
設定する

以下の見本のような，オリジナルの「デジタル紙芝居」を作成する。

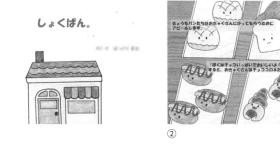

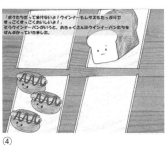

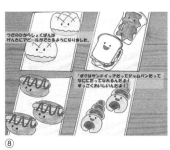

〈作成する「デジタル紙芝居」について〉

・ストーリーや登場キャラクターはオリジナルなものとしスライドは表紙を含めて5枚以上作成する。

・すべてのスライドにアニメーションを1個所以上設定する。

・イラストをコピー用紙等に色鉛筆等で描き，スマートフォン等で取り込み，ペイント等で必要な部分を切り取って（『静止画編集ソフト「ペイント」』P153）貼り付ける。その際，背景色は削除する（COLUMN「挿入した画像などの背景を透明色にする」(P39)）。

・保育者が読む文はテキストボックスで挿入する。

・背景等をインターネットから挿入する場合は著作権に注意し，必要に応じて最後のスライドなどに引用元を載せること。

・イラストの使い回しはOKとする。

・デジタル紙芝居でイラストを動かす時は，COLUMN「その他のアニメーションの効果」(P135)で説明した［アニメーションの軌跡］効果を利用することが多いが必須ではない。

・1つのイラストに複数のアニメーションを設定する時は，COLUMN「1つのイラストに2つ以上のアニメーションを設定する」(P135)を確認すること。

　ロナルド・メイス教授（ノースカロライナ州立大学）らは1980年代，年齢や障害の有無，性別や能力，言語などに関係なく，多くの人々にとって使いやすいデザインの必要性を提唱した。これをユニバーサルデザインという。文部科学省は「色覚に関する指導の資料」（http://www.pref.osaka.lg.jp/attach/2470/00004402/sikikak.pdf）において，板書では，「白と黄色のチョーク」を使用すること等を推奨している（ただし，最近は色覚に配慮した「色覚チョーク」もある）。このように考えた時，PowerPointで授業スライドを作成する時にも配慮する必要がある。教室やモニターのサイズにより異なるが，以下に一例を示す。

・1スライドの文字数…70～90文字程度。

・フォント…ゴシック体を中心に見やすいもの。（英単語は欧文フォント「例：Arial」などを使う）（「ユニバーサルデザインフォント」もある）

・フォントサイズ…28以上。（「吹き出し」は20以上）

・強調したい部分は「太字」や「フォントサイズ」「下線」で強調する。（単位は小さくすると良い）

・図で示すことができる部分は，できる限り図を利用する。

・フォントの色…3色以内。（明度・彩度が近い色は使用しない）（色弱者へ対応するため，赤は濃い赤や暗い赤ではなく，赤橙やオレンジなどを利用する）

＊色については，「カラー」「ユニバーサルデザイン」で検索すると詳しく知ることができる。

　Wordとは異なり，PowerPointでは直接ルビを設定することができない。PowerPointでルビを設定するためには，以下の2つの方法がある。

　（方法1）［挿入］リボンにある［テキスト］グループの［オブジェクト］をクリックすると，［オブジェクトの挿入］のダイアログボックスが表示される。［オブジェクトの種類］の中から［Microsoft Word Document］を選択すると，（図2）のようなウィンドウが表示される。この時，（図3）のように，タブの部分が一時的にWord表示になる。ルビを付けたい文字列を入力したら文字列を選択し，［ホーム］タブの［フォント］グループにある ア/亜 を選択する。以降は，P29と同様の方法でルビを設定する。［Enter］キーを押すとルビを設定した文字列が入力される。

　（方法2）［挿入］リボンの［テキスト］グループにある［テキストボックス］のドロップダウンアローをクリックし，ドロップダウンリストを表示する。［横書きテキストボックスの描画］を選択してテキストボックスを挿入する。ルビとなる文字列を入力し，漢字の上等，必要な場所に移動させる。

（図1）　［オブジェクト］の選択

（図2）　［Microsoft Word
Document］の選択

（図3）　wordウィンドウの表示

● COLUMN ショートカットキー

　例えば画像をコピーする時，①「画像を選択する」→②「右クリックする」→③「コンテクストメニューの「コピー」をクリックする」という流れでコピーすることが多い。しかし，ショートカットキーを利用すれば，②と③の作業は「Ctrl キー＋ C キー」の1度で済み，手早く作業をすることができる。ショートカットキーは多いが，以下に使用頻度の高いものを載せておく。最初は慣れなくても，少し使えばすぐに身に付くものなので，ぜひ試してほしい。(表中では「キー」を省略している)

Ctrl + C	コピー	Ctrl + F	「検索」の表示
Ctrl + X	切り取り	Ctrl + H	「置き換え」の表示
Ctrl + V	貼り付け	Ctrl + Z	一つ前の状態に戻す
Windows + E	「エクスプローラー」の表示	Ctrl + Y	Ctrl + Z で戻した状態を取り消して元に戻る

第 5 章

画像編集 ～視聴覚教材の作成～

▨▰ この章のポイント ▶

この章では，デジタルカメラ等で撮影した静止画や動画を編集するソフトウェア・アプリの使い方や，編集や活用に必要な画像の形式について説明する。

5-1 | 静止画像の編集

5-1-1 色の表現と画素

写真などの静止画像をデジタル化する場合，画像全体を小さい点に分解して扱っている。

まず，画像全体を，縦横等間隔の小さな格子に分割する。この格子のことを，画素またはピクセル（pixel）という。次に，それぞれの画素の色を，光の三原色の赤（red），緑（green），青（blue）の3つに分解し，それぞれの明るさを数値で表す。たとえば，各色を0～255の256段階[1] で表現することにすると，16,777,216 色を表現することができる[2]。この色数は多くの人が判別可能な色数より多いので，通常の目的には十分である。

静止画像では，画素の数が多くするほど，細部まで正確に再現することができる。この画素の細かさを解像度という。

静止画像ファイルは，解像度が高く，色の数が多いほど，再現性が高く，鮮明な画像になる。一方，このような画像ファイルは情報量が多いため，ファイルサイズが大きくなってしまう。そのため，使用目的に合わせて，適切な解像度と色数を選択するとよい。

【1】8ビットの情報量
コンピュータ内部では，0か1かの2進法のデジタル情報でデータが扱われている。この，2進法の一つの桁が表す情報量を，ビット（bit : binary digit が語源）とよぶ。2ビットの場合，$2^2＝4$ であるので，0～3までの4種類の情報を表すことができる。8ビットでは，$2^8＝256$ なので，0～255までの256種類の情報を表すことができる。

【2】24ビットカラー
R，G，Bのそれぞれを8ビットで扱うことにすれば，各画素はそれらの組み合わせによって色が決まるので，1つの画素の情報量は8ビット×3色＝24ビットとなる。24ビットで表現できる色は，$2^{24}＝16,777,216$ 色となる。この色数で表現される画像などの方式を24ビットカラーという。

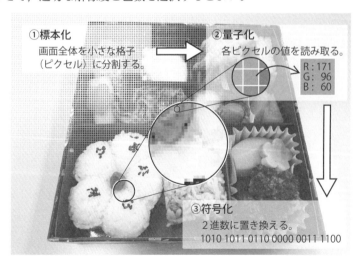

図5-1 静止画のデジタル化

COLUMN　ディスプレイの画素数

　ディスプレイのカタログの仕様欄には，画素数　1920×1080などと記載されている。この場合は，横方向に 1920 個の画素が，縦方向に 1080 個の画素が並んでいて，これらの積である約 207 万個の画素が表示できることを表している。

　1920×1080 の画素数をもつディスプレイは，フルハイビジョン (Full HD) または 2K と呼ばれる。3840×2160 画素数は 4K，7680×4320 画素数は 8K と呼ばれる。

　「K」は 1000 倍を表す言葉で，4K は 4000 を表しており，横方向の画素数が 3840 であるディスプレイは約 4000 画素 (＝ 4K 画素) であることが名称の由来である。また，4K や 8K は，テレビ放送などでも使われている。

COLUMN　入力装置や出力装置等の解像度

　ディスプレイの画面を構成する小さい点はピクセルと呼ばれている。そのため，解像度は，1 インチ (2.54 センチ) あたりの画素数を表す ppi (pixels per inch) という単位が使われている。

　一方，イメージスキャナーやプリンターなどは，画像を構成する小さい点をドットという。そのため，これらの装置の解像度を表す単位は　dpi (dots per inch) が使われている。

　イメージスキャナーでスキャンする場合は，同一の大きさで通常の利用の場合は 300dpi，2 倍に拡大して利用したり，高精細な画質にしたい場合は 600dpi を目安にするとよい。

　プリンターで印刷する場合は，通常は 300dpi，高精細な画質にしたい場合は 600dpi を目安にするとよい。プリンターの場合，紙などにインクを印刷して画像を再現するため，光の三原色ではなく，色の三原色であるシアン (Cyan)，マゼンタ (Magenta)，黄色 (Yellow) と，混色では再現しにくい黒 (Key tone) を加えた CMYK の 4 色のインクで色を再現することが多い。

COLUMN　ラスター画像とベクター画像

　静止画像の作成・保存形式には，ラスター画像とベクター画像の 2 種類の形式がある。

　(1) ラスター画像：デジタルカメラで撮影したり，イメージスキャナーで取り込んだりした画像のように，画素の集まりを記録した画像をラスター画像，またはビットマップ画像という。

　アプリケーションでラスター画像の一部を拡大すると，ジャギーとよばれる階段状のギザギザが現れる。ラスター画像を編集するソフトウェアを，ペイント系ソフトウェアとよぶ。

　(2) ベクター画像：線や四角形・円などの図形を組み合わせて，イラストなどを表現している画像をベクター画像，またはベクトル画像という。ベクター画像は，図形や線の位置・太さ・色，曲線の曲がり具合などの情報を記録している。

　ベクター画像を再現する場合，図形の位置情報に基づき再配置している。そのため，アプリケーションで画像を拡大しても，画素単位の情報で表現されているわけではないので，ジャギーは現われない。ベクター画像を編集するソフトウェアを，ドロー系ソフトウェアとよぶ。

　ラスター (raster) とは，ラテン語で「熊手」を意味する rastum に由来する言葉で，もともとはアナログテレビの走査線を指す。ベクター (vector) は，数学でも扱われる「ベクトル」と同じ語源である。

5-1-2 静止画像ファイルの形式

デジタルカメラなどで撮影された静止画像は，全ての画素において，赤，緑，青の色の明るさを表す情報を持っている。この情報の全てをそのままファイルに保存する静止画像ファイルの形式[3]をBMP形式という。BMP形式では，画素数と色数を多くすると，そのぶんだけファイルサイズが大きくなる。ファイルサイズが大きいと，ネットワーク上での通信速度が遅くる，ハードディスク等の記録媒体への保存の際に多くの容量が必要になるなどデメリットが生じる。

そのため，画像の再現性をできる限り保ったまま，記録するデータ量を少なくする静止画像ファイル形式が考案されてきた。これらの形式は可逆圧縮，非可逆圧縮の2種類に大別される。

- ・可逆圧縮　圧縮されたファイルを伸張した画像が，圧縮前の画像とまったく同じになる圧縮方法を可逆圧縮という。
- ・非可逆圧縮　圧縮されたファイルを伸張した画像が，厳密には圧縮前の画像と異なってしまう圧縮方法を非可逆圧縮という。

静止画の主な静止画像ファイル形式は以下の表のものがある。

【3】フォーマット (format) ともよぶ。

表5-1　主な静止画形式の特徴

名前	BMP	GIF	JPEG	PNG
よみ方	ビーエムピー	ジフ (またはギフ)	ジェイペグ	ピング
拡張子	bmp	gif	jpg, jpeg	png
正式の名称	Microsoft Windows Bitmap Image	Graphics Interchange Format	Joint Photographic Experts Group	Portable Network Graphics
色数	1,677万色のフルカラー対応	最大256色	1,677万色のフルカラー対応	1,677万色のフルカラー対応
圧縮と可逆性	圧縮していない。	可逆圧縮である。数学的な処理を行い圧縮している。	非可逆圧縮である。多くの人間の目には気づきにくい似た色を平均化してデータ量を少なくしている。	可逆圧縮である。数学的な処理を行い圧縮している。
特徴	修正，保存を繰り返しても画質の変化はないが，ファイルサイズが大きい。また，Web上では基本的には使用できない。	ファイルサイズが小さいので，Webで利用されている。透過処理や，アニメーションも可能である。一方，色数が少ないので，写真などには向かない。	BMPでは容量が大きすぎ，GIFでは使用できる色数が少なすぎるという欠点を補った形式。デジタルカメラで撮影した写真の保存やWebの画像に使われることが多い。	再現性の良さや，ファイルサイズの面からWeb上で多く使われている。GIFのような透過機能など多くの機能をもつ。
ファイルサイズの変化 (例)	2,693 KB	362 KB	281 KB	1,536 KB

5-1-3 静止画編集ソフト「ペイント」

ペイントは，ラスター画像を編集するペイント系ソフトウェアである。ブラシツールなどをつかったイラストの描画やトリミング[4] など，比較的簡易な編集を行うのに適したソフトウェアである。

【4】トリミング (trimming)
静止画のある範囲を切り抜くことをいう。

> **例題** **5-1**
>
> 日本の都道府県白地図から，北海道の部分だけを切り出した画像を，ペイントで作成する。

日本全国地図の静止画を開き，北海道を含む四角形で，おおまかな部分を切り出す。

① Windows の［スタートボタン］をクリックすると，スタートメニューが表示される。スタートメニューの［Windows アクセサリ］をクリックし，［ペイント］をクリックすると，ペイントが起動する。

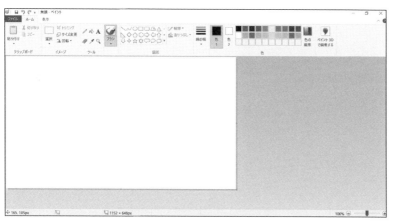

図 5-3　ペイントの起動画面

② ［ファイル］をクリックし，プルダウンメニューの［開く］をクリックし，日本全国の白地図のファイルを指定すると，ペイントで開かれる。
③ ［表示］リボンの［縮小］［拡大］等をクリックして，北海道の部分を切り抜くのに適した大きさに調整する[5, 6]。

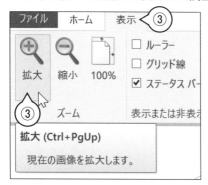

図 5-4　拡大・縮小

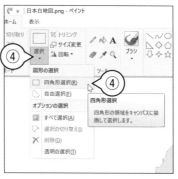

図 5-5　四角形選択

【5】表示サイズ変更の別の方法
ズームスライダーの［⊖］または［⊕］をクリックして表示サイズを変更する方法もある。

【6】サイズ変更との相違
［ホーム］リボンの［サイズ変更］ボタンを押し，変更すると，静止画の画素数が変わり，ファイルサイズもそれにともなって変わる。それに対して，［表示］リボンのボタン操作では，ディスプレイへの表示だけが変わり，画像の画素数もファイルサイズも変わらない。

④ ［ホーム］リボンの［選択］ボタンを押すと，ポップアップメニュー
　［図形の選択］が開かれる。［四角形選択］をクリックすると，マウス
　ポインターが［＋］にかわる。
⑤切り出す範囲を，左上から右下にかけてドラッグしながら指定すると，
　点線で囲まれる。

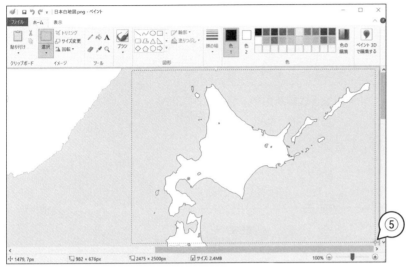

図5-6　切り出す部分を指定

⑥ ［ホーム］リボンの［トリミ
　ング］ボタンをクリックする
　と，点線の内部が切り出され
　る。

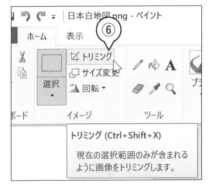

図5-7　トリミング

編集中の画像の青森県を，海と同じ色で塗りつぶす。

① ［ホーム］リボンの［色］
　グループの［色1］ボタン
　をクリックし，色1に保存
　される色を編集[7]できる
　ようにする。

② ［ホーム］リボンの［ツー
　ル］グループの［🖉］ボタ
　ンをクリックすると，マウ

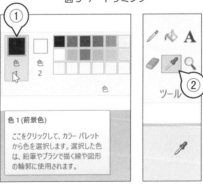

図5-8　色1の選択　　図5-9　🖉で
　　　　　　　　　　　　色を選択

【7】色の編集
色は，光の三原色の赤（R），
青（B），緑（G）の明るさで決
まるが，［ホーム］リボンの
［色］グループの［色の編集］
をクリックすると，カラーパ
レットから色を指定できる。
この色をつかって，線をひい
たり塗りつぶしたりすること
ができる。

スポインターが
✐に変わる。

③ウィンドウの海
でクリックする
と，色1に海の
色が保存される。

④［ホーム］リボ
ンの［ツール］グ
ループの［🪣］ボ
タンをクリック

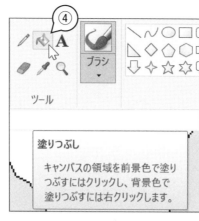

図5-10　［塗りつぶし］をクリック

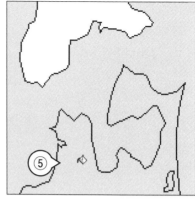

図5-11　青森県の内部を海の色で塗る

すると，マウスポインターが🪣に変わる。

⑤青森県の内部でクリックすると輪郭線の内部が海の色で塗りつぶされ
る。

⑥［ホーム］リボンの［ブラシ］グループの［🖌］ボタンをクリックし，
マウスクリックしたまま青森県の輪郭線の上を動かすと，海の色で塗
りつぶされる。

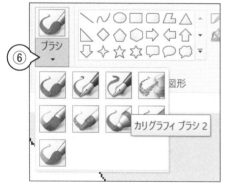

図5-12　ブラシの選択

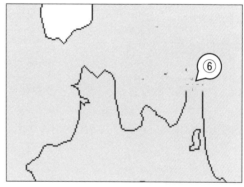

図5-13　ブラシで輪郭を海の色に塗る

北海道白地図を保存する。

①［ファイル］メニューをクリ
ックすると，プルダウンメニ
ューが表示される。

②［名前を付けて保存（A）］に
マウスをおくと保存する静
止画の形式の選択肢が表示
される。

③［PNG画像］をクリックす
ると，ファイル名を入力する
ボックスが表示される。

図5-14　保存する静止画の形式を選択

④ファイル名を入力し，[OK]
ボタンをクリックすると画像
ファイルが保存される。

図5-15　ファイル名を入力

◉**C**OLUMN　　**ペイントと教育**

　ペイントは，ブラシツールをつかってイラストを作成したり，写真等の画像の一部分を切り出したりする
など，簡単な作業をするのに向いているアプリケーションである。そのため，操作方法がシンプルで児童た
ちも直感的に操作することができる。
　ペイントは児童たちに直接操作させ，コンピュータの操作を学習させることに向いている。しかし，何も
無い状態からでは，描きたいものが思い浮かばず，学習意欲がわかない児童もいる。そのため，例題1で作
成した「北海道」の地図などを配布し，そこから連想できるものをその上に描かせるなど，教員が方向性を
決めて取り組ませると効果的な学習が期待できる

◉**C**OLUMN　　**PC画面の取り込み（スクリーンショット）**

PCの表示画面を視聴覚教材などに挿入するには，次のような方法がある。
(1) [プリントスクリーン] キーの利用
　　キーボードの [Print Screen]※キーを押すと，ディスプレイに表示されている画面全体がクリップ
　　ボードにコピーされる。その静止画を，編集中の文書に貼り付けることができる。このとき，マウス
　　ポインターはコピーされない。
　　また，[Windows] キーを押したまま [Print Screen] のキーを押すと，ディスプレイ表示画像が
　　「ピクチャ」フォルダ内の「スクリーンショット」というフォルダ内に自動保存される。ファイル名は
　　[スクリーンショット (1) .png] などの通し番号がつく。
　　※キーボードによっては，[PrtScr] や [PrtScn] などの表記がされていたりする。また，[Fn] キー
　　　と [PrtScr] キーを同時に押すことで同じ働きをする場合もある。
(2) Snipping Tool の利用
　　スタートメニューの [Windowsアクセサリ] の中の [Snipping Tool] をクリックし，起動する。
　　[モード] のプルダウンメニューの [四角形の領域切り取り] をクリックし，画面の必要な部分を選択
　　すると，選択範囲のスクリーンショットが Snipping Tool に取り込まれる。取り込まれた画像は，編
　　集したり保存したりできる。
(3) フリーソフトの利用
　　「SnapCrab for Windows」などのフリーソフトを利用すると，マウスカーソルも一緒にスクリー
　　ンショットがとったり，操作をしてから撮るまでの時間を調整したりする。

　静止画を編集するソフトウェアには，この節で紹介したペイント以外にも，以下のように多くのものがある。

・フォト：Windows10 のウィンドウメニューから起動できる標準の画像編集ソフトウェア。

・PhotoShop：主にラスター画像を編集するソフトウェア。写真の加工・修正・合成[8] をしたり，手描きのイラストを取り込んで着色したり，絵画的な表現をしたりすることができる。レイヤーとよばれる透明シートのようなものごとに編集して，それらを重ねて表示することができ，複雑な画像編集ができる。有料のソフトウェア。

【8】フォトレタッチとよぶことがある。

・GIMP（GNU Image Manipulation Program）：PhotoShop のように多彩な機能をもつ無料のソフトウェア[9]。

【9】フリーソフトまたはフリーウェアとよぶことがある。

・Illustrator：主にベクター画像を編集する有料のソフトウェア。ロゴなどの作成などに適している。レイヤーに関しては，上のPhotoShop とほぼ同じように使える。

◉ **C**OLUMN　**フォトによる静止画編集**

　フォトを使うと，以下のような機能をつかって静止画を編集することができる。

・傾きの調整

① メニューバーの［フォルダー］タブの［フォルダーの追加］をクリックし，編集対象のフォルダーをクリックすると，フォルダーの中のファイルが表示される。静止画ファイルをクリックすると，その画像が大きく表示され，メニューバーの表示が変わる。

② メニューバーの［編集と作成］タブをクリックし，［トリミングと回転］ウィンドウ［傾きの調整］のスライドバーをクリックすると，白い格子が現れるので，ドラッグしてスライドバーを左右に移動し，傾きを調整する。

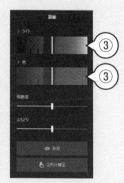

・明るさやコントラストの調整

③ メニューバーの［調整］をクリックして［ライト］や［明瞭度］のスライドバーをドラッグして，画像の明るさやコントラストを調整する。

5-2 | 動画の編集

　動画ファイルは，映像（連続画像）データと音声データの２つを組み合わせることでできている。

5-2-1 映像ファイルのコーデック

　映像を記録するとき，短い時間間隔で少しずつ異なる静止画像を連続で記録している。この記録データを，パラパラ漫画のように連続で再生することで，動きのある画像が表現されている。

　この１コマ１コマの静止画像をフレーム (frame) という。映像を記録するとき，１秒間に記録するフレーム数をフレームレート[10]といい，fps (frames per second) という単位で表される。

　フレームレートが大きいほど動きが滑らかな映像になる。また，フレームの静止画像の解像度が高いほど鮮明な映像になる。一方，このような映像は，情報量が多いため，ファイルサイズが大きくなってしまう。

　すべてのフレームのデータをそのまま記録するとファイルサイズが大きくなってしまうため，データを圧縮して保存することが多い。この圧縮する方法をコーデック[11]という。コーデックには，同一のフレーム内の近似した画素データをまとめて記録したり，隣接するフレーム間において異なる部分だけを記録したりするなどさまざまな方法がある。主な映像コーデックには，以下の表のものがある。

【10】フレームレート
日本のテレビ放送やDVDのフレームレートは，29.97fps が使われている。これは，１秒間に約30枚の静止画像が連続して表示されることを表している。
通常の視聴覚教材を作成する時には30fpsを目安にすると良い。

【11】コーデック (codec)
圧縮することを coding, 伸張して元に戻すことを decoding とよぶ。
コーデック (codec) は，これらの英単語の最初の部分からつけられた用語である。

表5-2　主な映像コーデックの特徴

コーデック名	WMV	MPEG-2	MPEG-4	H.264 MPEG-4 AVC
よみ方	ダブリュエムヴィー	エムペグツー	エムペグフォー	エイチニーロクヨン エムペグフォーエービイシー
正式名称	Windows Media Video	Moving Picture Experts Group Phase2	Moving Picture Experts Group Phase4	H.264 MPEG-4 Part 10 Advanced Video Coding
圧縮と可逆性	非可逆圧縮である。圧縮後のサイズは約0.41%になる。	非可逆圧縮である。圧縮後のサイズは約0.43%になる。	非可逆圧縮である。圧縮後のサイズは約0.37%になる。	非可逆圧縮である。圧縮後のサイズは約0.37%になる。
特徴	マイクロソフト社が開発したコーデックなのでWindowsでは標準対応。	1995年に定められたコーデック。DVD-Videoで利用されている。	圧縮後のファイルサイズを小さくできるコーデック。動画配信サイト等で利用されている。	圧縮後のファイルサイズを小さくできるコーデック。Blu-ray Disk Movie等で利用されている。
よく使用されるコンテナの拡張子	.wmv	.mpg	.mp4 または .mpg	.mp4 または .m4v
ファイルサイズの変化 (例)	87 MB (6 Mbps)	91 MB (6 Mbps)	79 MB (6 Mbps)	80 MB (6 Mbps)

5-2-2 音声のデジタル表現

音声を記録するとき，音による空気の振動を，マイクロフォンで電圧の変化に代え，その情報を記録している。この記録された電圧の変化をスピーカに加えることで音声を再現することができる。

音声をデジタルデータとして記録する場合は，電圧の変化を0と1のデジタル情報に置き換えて保存している。

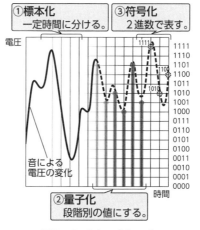

図5-16 音声のデジタル化

まず，一定時間ごとの電圧の大きさを取り出す[12]。その取り出した電圧の値をデジタル情報として扱いやすい段階別の値に置き換える[13]。この数値を2進数に変換しデジタル情報にしている[14]。

このとき，電圧を取り出す時間間隔が短く，電圧を表す段階が細かいほど，音声の再現性の高いデジタルデータとなる。

5-2-3 音声ファイルのコーデック

デジタル化された音声データを，音楽CDのように，全ての値をそのまま保存するとファイルサイズが大きくなる。そのため，多くの人の耳では判別できない音の成分を削除するなどして，ファイルサイズを圧縮することが多い。この圧縮方法を音声コーデックという。主な音声コーデックは，以下の表のものがある。

【12】標本化
一定の時間間隔で数値を抽出することを，標本化，またはサンプリング（sampling）という。
また，1秒間に何回標本化するかをサンプリング周波数といい，Hz（ヘルツ）という単位で表す。

【13】量子化
数値をあらかじめ決めておいた段階的な値に割り当てることを，量子化という。
このとき，何ビットの数値で置き換えるかを，量子化ビット数という。

【14】符号化
数値を2進数で表すことを符号化という。

表5-3 主な音声コーデック

コーデック名	LPCM	WMA	MP3	AAC
よみ方	リニアピーシーエム	ダブリュエムエー	エムピースリー	エーエーシー
正式名称	Linear Pulse Code Modulation	Windows Media Audio	MPEG-1/2 Audio Layer-3	Advanced Audio Coding
圧縮と可逆性	無圧縮である。	非可逆圧縮である。圧縮後のサイズは約9.2%になる。	非可逆圧縮である。圧縮後のサイズは約9.1%になる。	非可逆圧縮である。圧縮後のサイズは約9.1%になる。
特徴	CD-DA（音楽CD）やDVD-Videoなどに利用されている。無圧縮なので，圧縮による音質の劣化がない。	マイクロソフト社が開発した音声コーデックなのでWindowsでは標準対応。	人間の聴覚心理を利用した圧縮により，高圧縮と高音質を両立させている。多くのデジタルオーディオプレイヤーに対応している。	MP3を超える圧縮率。デジタル放送，動画投稿サイト，デジタルオーディオプレイヤー，ゲーム機など多くの場面で利用されている。
よく使用されるコンテナの拡張子	.wav	.wma	.mp3	.aac
ファイルサイズの変化（例）	20,730 KB	1,908 KB (128 kbps)	1,884 KB (128 kbps)	1,881 KB (128 kbps)

映像データや音声データをファイルとして保存する場合，コーデックにより圧縮などの処理がされた後，コンテナ（コンテナフォーマット）と呼ばれる規格に則り保存されている。

動画（音声付き）は，映像データと音声データを時間的に同期させて表示することで表現されている。この 2 つのデータを組み合わせ，保存するファイルの規格がコンテナである。

コンテナには動画コンテナ，音声コンテナ，静止画コンテナがある[15]。また，コンテナごとに使用できるコーデックは異なる。

主な動画コンテナには，以下の表のものがある。

【15】コンテナとコーデック
音声や静止画では，コーデック名とコンテナ名が同じものが多くあり，混同しやすいので留意が必要である。

表 5-4 主な動画コンテナ

コンテナ名	AVI	MP4	MPEG2-PS	MPEG2-TS
よみ方	エー・ブイ・アイ	エム・ピー・フォー	エムペグツー・プログラム・ストリーム	エムペグツー・トランスポート・ストリーム
正式名称	Audio Video Interleaving	MPEG-4 Part 14 (ISO/IEC 14496-14:2003, ISO/IEC JTC 1)	MPEG-2 Program Stream	MPEG-2 Transport Stream
ファイルの拡張子	.avi	.mp4 など	.mpg，.m2p，.m2ps，	.ts，.m2t，.m2ts など
使用できる主な音声コーデック	WMA，LPCM，MP3，AAC など	AAC，MP3　など	AAC，MP3，LPCM など	AAC，MP3 など
使用できる主な動画コーデック	WMV，MPEG-2，MPEG-4，H.264/MPEG-4 AVC　など	H.264/MPEG-4 AVC，MPEG-4，MPEG-2，MPEG-1	MPEG-2，MPEG-1，MPEG-4	H.264/MPEG-4 AVC，MPEG-2
特徴	Windows 標準の動画コンテナ。多くのコーデックに対応している。後継に ASF というネット利用を考慮したコンテナがある。	ネット利用や携帯端末を考慮したコンテナ。スマートフォン，携帯デジタルオーディオプレイヤー，ゲーム機，動画投稿サイトなど多くの場面で利用されている。	記録メディアに保存することを考慮したコンテナ。DVD-Video などで利用されている。映像，音声の他にテキストを入れることもできる。	ネットワークなどでの伝送を考慮したコンテナ。デジタル放送，Blu-ray Disk Movie などで利用されている。映像，音声の他にテキストを入れることもできる。

⊙**C**OLUMN　市販メディアの保存形式

CD-DA（音楽 CD）や主な日本の DVD-Video の保存形式は下記のようになっている。視聴覚教材を作成する際の目安にして欲しい。

CD-DA　　コーデック：LPCM　　サンプリング周波数：44.1kHz　　量子化ビット数：16bit

DVD-Video　　コンテナ：MPEG2-PS　　映像コーデック：MPEG-2　　音声コンテナ：LPCM，AC-3
　　　　　　映像解像度：720 × 480 ピクセル　　映像フレームレート：29.97 fps
　　　　　　音声サンプリング周波数（LPCM）：48 kHz　　音声量子化ビット（LPCM）：16bit

5-2-5 「フォト」による動画編集

静止画編集ソフトウェアでもある「フォト」には，ビデオエディターという動画を編集できるモードもある。フォトは，動画ファイルや音声ファイルの必要な部分を切り出してつなげたり，キャプション（字幕）をつけたりすることができる。

動画編集ソフトウェアは，素材となる動画ファイルや音声ファイルなどを，どのタイミングで，どのように再生させるかを設定することで，新しい動画を作成するものである。この再生する方法を設定するファイルをプロジェクトファイルという。プロジェクトファイルには，素材となる動画ファイルなどのリンク先のみが登録されており，これら素材ファイルを変更することはない。一方，素材となるファイルが削除されるなどすると，そのプロジェクトは作成したとおりには再生されない[16]。

プロジェクトファイルから，他のメディアプレイヤーなどで視聴できる動画ファイルを作成するには，プロジェクトに従い素材ファイルを再生し，それを記録することで，新しい動画ファイルを作成する。この作業をレンダリングという[17]。

> **例題 5-2**
>
> 飛翔するオオムラサキが，エサであるクヌギの蜜を，カブトムシとあらそう様子を提示するビデオ教材をつくる。

フォトを起動し，ビデオエディター機能を選択する。

① Windows の［スタートボタン］をクリックすると，スタートメニューが表示される。スタートメニューの中から［フォト］をクリックすると，ソフトウェアフォトが起動する。

② メニューバーの［ビデオ プロジェクト］をクリックすると，新規プロジェクトの画面が起動する[18]。

③ ［新しいビデオ プロジェクト］をクリックすると，ダイアログボックス［ビデオの名前を指定］が表示される。プロジェクト名として［オオムラサキとカブトムシ］を入力し［OK］をクリックすると，プロジェクトファイルが作られる。

【16】プロジェクトファイル
プロジェクトファイルのみをコピーし，他のコンピュータで作業をしようとしても，素材ファイルがないので，再生することができない。

【17】フォトのデータ保存
フォトは，プロジェクトを保存する［保存］と，レンダリングを行い新しい動画を作成する［ビデオの完了］がある。

【18】ビデオエディター
スタートメニューから［ビデオエディター］を起動すると，フォトがビデオエディターのモードで起動する。

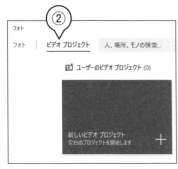

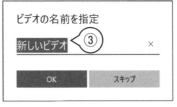

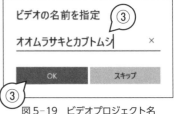

図 5-17　新しいビデオプロジェクト　　図 5-18　ビデオプロジェクト名の入力　　図 5-19　ビデオプロジェクト名

プロジェクト ライブラリに，編集対象の素材動画ファイルを登録する。

① ［プロジェクト ライブラリ］が編集対象の素材動画集である。［追加］
　をクリックし，［開く］をクリックして動画を指定すると，［プロジェ
　クト ライブラリ］に追加され，動画の最初のフレームが表示される。

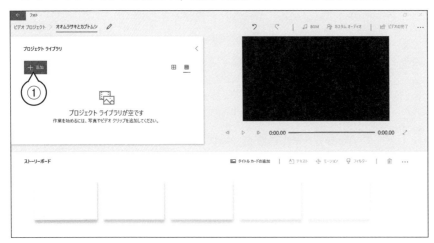

図 5-20　新規ビデオ プロジェクトの編集ウィンドウ

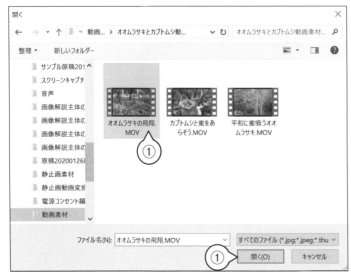

図 5-21　プロジェクト ライブラリに素材動画を登録

プロジェクト ライブラリから，動画ファイルをストーリーボードに読みこみ，ここで教材に必要な部分を切り出したり，順序をならべかえたり，といった編集作業を行う。

①プロジェクト ライブラリの素材動画を［ストーリーボード］にドラッグすると，左から順にならんで表示される。最初のフレームと動画の長さ[19] も表示されている。

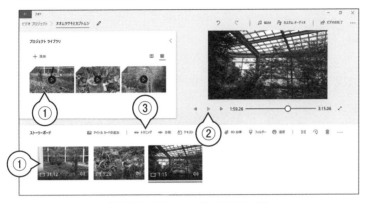

図 5-22　ストーリーボードにならべる

②右上のプレビュー画面で ▷ ▷ ‖ などのボタンを押すと，現在編集中の動画の，再生，次のフレームの表示，一時停止の映像を見ることができる。

③ストーリーボードの画面をクリックした後，メニューの［トリミング］[20] をクリックすると，編集用の画面に切り替わる。

④図 5-23 の青い時間軸の ♀ をスライドさせ，必要な部分を探す。

⑤トリミングの開始◢と，トリミングの終了◣をスライドさせると，青い線の中央に，トリミングされた動画の時間が表示される。

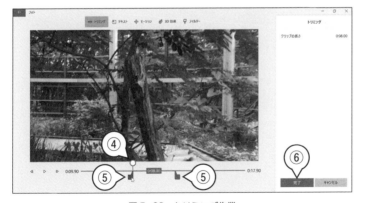

図 5-23　トリミング作業

⑥［完了］ボタンをクリックすると，画面が図 5-22 の全体の編集画面にもどり，トリミングが設定される[21, 22]。

【19】動画の長さの表示
「1：28」は 1 分 28 秒，「31.12」は 31 秒 12 を表している。「：」の前の単位は分，「．」の前の単位は秒である。

【20】動画のトリミング
静止画のトリミングは，画像のある部分を指定して切り出すのに対して，動画のトリミングは，動画の時間軸にそって切り出す。

【21】
トリミングを完了した後，ストーリーボードに表示されている動画の長さは，トリミング後の時間に変わる。

【22】
ストーリーボードに表示されたり，プレビュー画面で再生したりできる動画は，トリミング後のものであるが，プロジェクト ライブラリに読み込んだ元の動画ファイルは全く変更されていない。そのため，トリミングをやりなおしたい場合は③〜⑥の手順をふたたび行えばよい。

キャプション（字幕）や BGM を挿入する。

①メニューの［テキスト］をクリックすると，編集用の画面に切り替わる。

②右上のテキスト画面で，キャプションの文字列を入力し，アニメーション化されるテキストスタイルとレイアウトをクリックし，選択する。

③キャプションの開始◢と終了◣をスライドさせると，キャプションが挿入される時間が設定される。

④［完了］ボタンをクリックすると，図5-22の全体の編集画面にもどり，キャプションが挿入される。

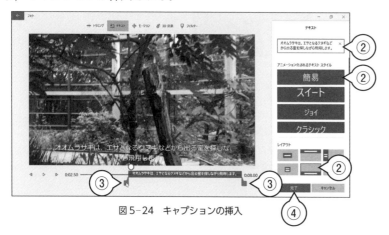

図5-24　キャプションの挿入

⑤音声を追加する時は，メニューバーの［BGM］をクリックし，ポップアップメニュー［BGM の選択］を表示する[23]。

⑥表示された音楽をクリックして選択すると，音声が挿入される。

⑦画面の［◀))］の左のスライドバーをドラッグして動かすと，音量を調整したり，消音したりすることができる。

⑧［完了］をクリックすると，音声が追加される。

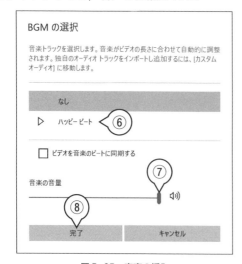

図5-25　音声の挿入

【23】
自分で用意した音声ファイルを挿入する場合は，メニューバーの［カスタムオーディオ］をクリックすると，オーディオの詳細な設定ができる編集用の画面に切り替わる。

プロジェクトを保存し，編集が完了した動画ファイルを書き出す。

①メニューバーの［・・・］をクリックし，プルダウンメニューの［プロジェクトのバックアップ］をクリックし，プロジェクトのファイル名を指定すると，プロジェクトが保存される。

②メニューバーの［ビデオの完了］をクリックするとポップアップメニューの［ビデオの品質］[24]が表示される。

③［高 (1080P)］を選択し［エクスポート］をクリックし，保存するフォルダーを指定して［OK］をクリックすると，MP4 形式の動画ファイルが作成される[25]。

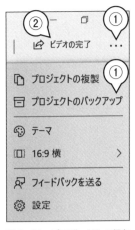

図 5-26　プロジェクトの保存

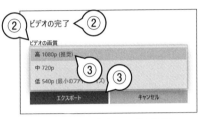

図 5-27　ビデオの品質の選択

【24】ビデオの品質
フォトのビデオエディター機能では，以下の 3 つから選択できる。
・高　1080P
・中　720P
・低　540P
通常はフォトが推奨する「1080P」を選択するとよい。

【25】ビデオの書き出しの処理時間
多くの場合，動画ファイルへの書き出しには，作成される視聴覚教材の再生時間より長い処理時間がかかるので，注意が必要である。

5-2-6　その他の動画編集ソフトウェア

　フォトは Windows に標準でインストールされている動画編集ソフトウェアであるので手軽に利用できるが，利用できる機能は多くはない。本格的な動画編集を行う場合には，色などの細かい調整が行え，様々なエフェクトが付けることができる，Premiere (有料)，Shotcut (フリーウェア) などのソフトウェアを用いると良い。

◉ COLUMN　動画ファイルの画質

　フォトの「ビデオの画質」では，高 1080p，中 720p，低 540p と数字とアルファベットが表示されている。これは動画の画質を数的に表したものである。

　1080p の場合，最初の 1080 は動画の各フレームの縦方向が 1,080 ピクセルあることを示している。横と縦の比 (アスペクト比) が 16：9 のフレームの場合，横方向を x ピクセルとすると，縦方向が 1,080 ピクセルであるので，16：9=x：1080 となり，x=1920 となり，横方向は 1,920 ピクセルであることがわかる。この時，フレーム全体の画素数は 1080 × 1920=2073600 となり，約 207 万画素であると計算できる。画素数が多いほど高画質になるが，ファイルサイズが大きくなる。

　1080p の後ろの「p」は「プログレッシブスキャン (順次走査)」であることを示している。これに対し，「インターレース (飛び越し走査)」の場合は「i」で表記される。プログレッシブスキャン (p) は各フレームの縦方向のピクセル全てを記録しており，インターレース (i) は各フレームの縦方向のピクセルを一つおきに記録している。プログレッシブスキャンは高画質であるが，情報量が多いので，インターレースに比べてファイルサイズが大きくなってしまう。

　自分で撮影した車道や横断歩道などの風景写真であっても，車のナンバープレートなど個人情報が映り込んだ写真をそのまま配布物に掲載すると，後々トラブルに発展する恐れがある。これらの情報を消去し，交通安全に関する視聴覚教材を作成する。

看板が
見えている

住所が
見えている

ビルの名前が
見えている

顔が
見えている

ナンバー
プレートが
見えている

不要な部分を
トリミング

撮影写真

修正後

〈加工する写真について〉

　・教材として必要ない部分を外すように，トリミングを行う。

　・写っている車のナンバープレートを，地色で塗りつぶし，ナンバーを読めなくする。

　　①車のナンバープレートの地色を［スポイト］機能でコピーする。

　　②ナンバーを，［ブラシ］グループの［スプレー］などを使い塗りつぶす。

　・個人や場所が特定できないように，人の顔や地名などを［スプレー］などで見えなくする。

〈Word や PowerPoint との連携について〉

　・個人情報などを削除した画像データを，Word や PowerPoint に貼り付け，注意すべき点などを，吹き出しやテキストボックスを利用して入力する。

◉ **C**OLUMN　　Word, PowerPoint の図形機能の利用

　ペイントは塗りつぶしなどの加工はしやすいソフトウェアであるが，図形や文字の入力は得意ではない。ペイントは文字や図形を入力して確定すると，すぐにそのデータがラスター画像になり，入力前のピクセルデータを上書きしてしまう。そのため再編集が困難になる。

　一方，Word や PowerPoint では，図形，吹き出し，テキストボックスはベクター画像として扱われる。そのため，後から変更したくなった場合に，その部分だけを修正することができる。

　このように，ソフトウェアには得意不得意とする機能があるので，複数のソフトウェアを連携して，視聴覚教材を作成すると良い。

　学習において価値のある動画であっても，長時間かけて撮影されたものをそのまま児童に見せるのは限られた授業時間の中では困難である。このような動画の場合，編集を行い，短時間でポイントが伝えられる動画に編集する必要がある。ここでは，月の動きを長時間撮影した動画を編集し，授業で利用できる視聴覚教材を作成する。

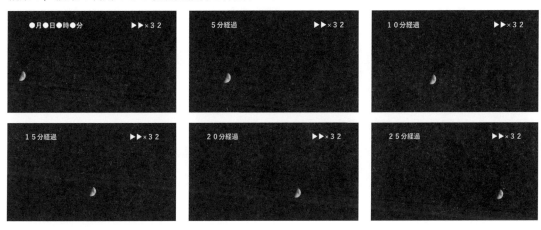

〈加工する動画について〉

- 三脚で固定し，30分間，月を撮影した動画ファイルを，32倍速で再生される教材を作成する。
- 素材となる動画ファイルを5分ごとのクリップに，6分割する。
- 分割した各クリップの再生速度を32×にする。
- これらのクリップを時系列に再生できるように設定する。
- 最初のクリップには撮影日時，2番目以降のクリップには「5分経過」，「10分経過」など時間経過と「▶▶×32」のキャプションを挿入する。
- 編集終了後，［ビデオの完了］からmp4ファイルとして書き出す。

◉**C**OLUMN　　**タイムラプス**

　タイムラプスとは，一定の時間間隔で撮影した静止画をつないで動画にする方法である。低速度撮影や微速度撮影，インターバル撮影ともよばれる。動きの遅い現象を，早送りで再生したような動画になる。

　タイムラプスを用いると，月の運動のような天体の運動や雲の動き，植物の成長など，長い時間をかけて動いていく現象を，授業中に見せることのできる教材を作ることができる。

　このような早送り動画は，タイムラプス撮影機能をもつビデオカメラやスマートフォンを使用して撮影することができる。また，通常撮影の動画を動画編集ソフトウェアで「再生速度を速く」する編集をしたり，一定の時間間隔で撮影した写真を連続して再生して動画を作成するソフトウェアを使って作ることもできる。

　なお，タイムラプスの英語「time lapse」のlapseは，時の経過や推移を意味する。

第 **6** 章　プログラミング

■■■ **この章のポイント** ▶

　2020 年度から実施される学習指導要領[1] では，小学校でのプログラミング教育が必修の学習事項となっている。また，中学校の技術家庭ではプログラミングと計測制御を扱うことになっており，高校でも 2022 年度からプログラミングが必修の学習事項となっている。

6－**1** ｜ プログラミング教育の始まり

6-1-**1**　プログラミング教育のねらい

　文部科学省によるとプログラミング教育のねらいは，情報活用能力のうち，以下の資質・能力を育成することとしている[2]。

①プログラミング的思考

　自分が意図する一連の活動を実現するために，どのような動きの組み合せが必要であり，1 つ 1 つの動きに対応した記号を，どのように組み合わせたらいいのか，記号の組み合せをどのように改善していけば，より意図した活動に近づくのか，といったことを論理的に考えていく力。

②身近な生活でのコンピュータの活用への気付き

　身近な生活でコンピュータがどのように活用されていることや問題の解決には必要な手順があることに気付く。

　このように，プログラミング教育はコーディング[3] を覚えることが目的ではなく，上記のような思考・気付きを身に付けることにあるとされているが，実施にあたっては何らかのプログラミング言語を理解し，手段としてコーディングを習得することは必要となろう。

　一方で PC を使わずに実施するプログラミング教育も提案されており，アンプラグド[4] とも呼ばれており，主に小学校低学年を対象に実施することを想定している[5]。一例としてロボット等を定められた目的地に向かって移動させるために，「まえへ」「みぎへ」などの紙のカードを並べてルートを決めて目的地に到達させる活動があるが，これはプログラミングのアルゴリズム (本章 4 節にて詳述) をこの作業を通じて学ぶことが目的となっている。この活動を実施する場合，指導者はこの作業の目的を十分に理解している事が求められ，PC で何らかの言語でのプログラミングの経験と理解は必要である。教師が PC の操作が苦手という理由でアンプラグドでの授業を選ぶのは適切ではないだろう。小学校では担任がプログラミング教育の担い手となることから，プログラミング

【1】学習指導要領
平成 29 年 3 月告示，文部科学省

【2】小学校プログラミング教育の手引き (第二版)，文部科学省，2018-11, p. 11-17

【3】コーディング
プログラミング言語を用いてプログラムのソースコードを書くこと。ソースコードとは，ある目的をもったプログラムを実現するために，プログラミング言語で，命令や手続き，計算などを記述したもの。

【4】アンプラグド
もともとはポップス系の音楽で，現在主流の電気楽器を中心にした演奏に対して，電気を使わないアコースティック楽器中心の演奏をこのように呼んだ。プログラミング教育でも電気的なコンピュータを使わずに行うことをこのように呼んでいる。

【5】アンプラグドの実例
絵本「ルビーの冒険」https://www.shoeisha.co.jp/book/rubynobouken/
を用いた活動がよく知られている。

に対する知識・理解は全ての教員に必須であり，まずは PC での簡単な
プログラミング言語から始める事が大切である。

　また，中・高の教員も上記のようなプログラミング的思考を持つ生徒
がこれから育ってくることから，何らかのプログラミングの知識と体験
は必要であろう。

6-1-2 教育用プログラミング言語

　実施にあたってどのようなプログラミング言語を用いるかは学校現場
の裁量に任されている部分ではあるが，現在，先行して行われている実
践例や海外の小学校でのプログラミング教育で利用されているのは，主
に教育用に特化した次の2つのタイプのプログラミング言語である。そ
れは

A: Scratch[6] に代表されるビジュアル・プログラミング言語を用いた
　　実践

B: MINDSTORMS や We Do，MESH，micro:bit[7] などの光，位
　　置，傾き等のセンサーを持つロボットやワンボード・コンピュータ
　　を専用のプログラミング・ツールを用いてコントロールすることを
　　主とした実践

の2つである。

　上記の B の場合は，主に小学校理科分野や中学の技術・家庭と関連
した実践に有用であり，A の場合はコンピュータ単独で行うプログラ
ミングを主としており，本書は A の場合を中心に考える。

　ビジュアルプログラミング言語とは，一般的なプログラミング言語[8]
のように文字列でプログラムの元になるソースコード[9] を書いて実行す
るのではなく，命令や制御，関数，演算などのすべての動作を，それぞ
れの機能を視覚的に表現したブロックで表し，そのブロックを組み合わ
せてプログラムを行うものである。「児童にとって障壁となるキーボー
ドでの入力を最小限に抑えることができる」，「プログラムの流れが視覚
的にわかりやすく表現される」などのメリットがある。たとえば，「1 か
ら 10 までの整数の和を求めるプログラム」を，文字列でプログラムす
る言語の1つである JavaScript とビジュアルプログラミング言語
(Scratch)で作成した場合の一例を図 6-1 に示す。

【6】Scratch 3.0,
https://scratch.mit.edu

【7】特定のハードウェア専
用のプログラミング言語
・MINDSTORMS, WeDo,
LEGO エデュケーション
・MESH, MESH プロジェ
クト
・micro:bit, micro:bit 教育
財団

【8】プログラミング言語
現在，用途別に C, C＋＋,
Java, C×, SQL,
JavaScript, PHP, Ruby,
Python, などがよく用いら
れている。

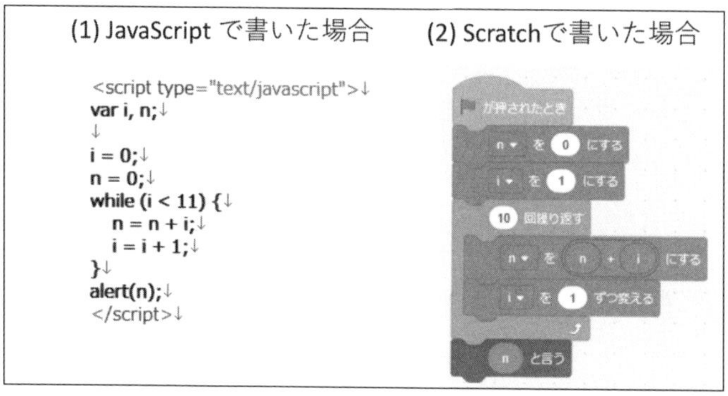

```
(1) JavaScript で書いた場合
<script type="text/javascript">↓
var i, n;↓
↓
i = 0;↓
n = 0;↓
while (i < 11) {↓
    n = n + i;↓
    i = i + 1;↓
}↓
alert(n);↓
</script>↓
```

(2) Scratchで書いた場合

図6-1　一般的なプログラミング言語とビジュアルプログラミング言語

【9】ソースコード
プログラミング言語で記述されている文字列のこと。図1の(1)は，JavaScriptで書かれたソースコードである。

　ビジュアルプログラミング言語（例えば，Scratch）では，キーボードから数や文字列を入力するのは，計算のデータとしての数値や画面に表示するための文字列だけで，プログラムの動きを制御する部分はすべてブロックの操作だけでできる。そのため，キーボードが不慣れな児童にとっても容易にプログラムを組むことができる。

　教育用を目的としたビジュアルプログラミング言語はいくつか開発されているが，現時点で学校教育に最も普及しているのはScratchであり，本書でもScratchを中心に考えることにする。

　なお，上記のBであげたMINDSTORMS, We Do, micro:bitはいずれも専用のビジュアル言語を持っているが，Scratchからプログラミングすることもできる。

　教育用を目的としたビジュアルプログラミング言語はいくつも開発されており，文部科学省の開発した「プログラミン」や原田康徳氏の開発したViscuit，特定非営利活動法人みんなのコードが開発した「プログル」などがこれまでもよく使われているが，世界的に見て現時点で学校教育で最も普及しているのはScratchであり，本書でもScratchを中心に考えることにする。

　Scratchについては次節以後に詳しく説明するので，ここではそれ以外のものについて簡単に見てみよう。

　「プログラミン」はScratchが8歳以上の児童を対象としているのに対し，より低年齢層を対象としており，ブロックの種類も単純なものに限られ短く簡単なプログラムの利用を想定している。Scratch同様オンラインソフトウェアであるがFlashで作られているので，利用に当たってFlashを使う設定にしておく必要がある。

　同様な低年齢用プログラミング言語として，ScratchをもとにしたScratchJrがあるが，これはiPadやアンドロイドなどのタブレットやChromebookでのみ動作し，現在のところプログラム中の説明文は英語とスペイン語のみに対応している（日本語を使ったプログラムを作る

ことはできる）。

　Viscuit は独自の操作方法や考え方が取り入れられた斬新な試みだが，これを学んだ子どもたちが次のステップとして他のプログラミング言語に移行するときに大きな隔たりを感じるかもしれない。

　プログルは自由にプログラミングをするというよりも，WEB サイトで特定の課題，たとえば多角形を描く課題がステージに分けて提示され，それをチュートリアルのサポートを受けながらビジュアルプログラミング言語でステージをクリアするもの。

　前ページで B グループに分類したハードウェアをコントロールするものは，ブロックをつないでいくタイプの専用のプログラミングの仕組みを持っているが，中には Scratch からもコントロールできるものもある。

　Google が開発している Blockly はそれ自体で動く独立した言語としてよりも，ビジュアルプログラミング言語を開発するための道具としての側面が強く，上述した Scratch 3.0, micro:bit 用の開発言語，プログルなども Blockly を使って作られた言語である。

6-2 | プログラミング言語 Scratch

6-2-1 Scratch とは

　教育用ビジュアルプログラミング言語の 1 つである Scratch は，マサチューセッツ工科大学 (MIT) のメディアラボのミッチェル・レズニックを中心とした Lifelong kindergarten グループが開発している。特に 8 歳から 16 歳の児童・生徒を対象として設計されており，教育用プログラミング言語として広く世界中に普及している。

　BASIC のような古典的なプログラムが全体の内容をあらかじめ手続きとしてすべて記述していくものであったのに対し，Scratch ではスプライトと呼ばれる絵のキャラクタ (オブジェクトと考える) を複数作成し，それぞれのスプライトがマウスでクリックされた時や特定のキーが押された時などのイベントに対して起こる動きや外見の変化，音の再生，変数を用いた様々な計算などをブロックでプログラムしていく。

　以下の説明では，Scratch の現時点での最新版 Scratch 3.0 を前提とする。Scratch は web プログラムなので，PC にソフトウェアをインストールする必要がなく，インターネット環境とブラウザがあれば利用できる。Scratch はその利用において無償で提供されている。

　実習に必要な環境は次の通りである。

(1) 高速なインターネット回線に接続されていること[10]

(2) PC (Windows, Mac, Chromebook など) やタブレット PC (iPad, Android など)

(3) HTML5 に準拠したブラウザ[11]

　後述するように，児童・生徒が授業で作成したプログラムなどをオンラインに保存する方法もあるので，利用するための環境整備は非常に楽である。

　コンピュータ室や各教室に準備する PC やタブレットは，そこにインストールされたソフトウェアの不具合やセキュリティ向上のために頻繁にアップデートしなければならないが，この作業を全ての台数で行うのは非常に手間と時間がかかる作業である。オンラインソフトウェアであれば常に最新の状態で利用でき，また児童生徒の家庭でもアドレスがわかればソフトが使えるので学習の継続性も期待できる。

【10】高速インターネット回線が無い場合
常時接続できるインターネット環境が無い場合は，PC にインストールして利用する「Scratch デスクトップ」が用意されている。Windows と macOS 用のバージョンがある。インターネット関係の機能を除いてブラウザ版とほぼ同様に利用ができる。

【11】Scratch 3.0 が使えるブラウザ
本稿執筆時点で Scratch3.0 の動作が確認されているブラウザ は Chrome, Firefox, Safari, Edge である。
Internet Explorer (IE) では動作せず，Windows の標準ブラウザも IE から Edge に移行しているので，今後も IE での動作は見込めない。

　Scratch の起動

　ブラウザで Scratch のサイト（https://scratch.mit.edu/）に接続すると，次の画面が現れる。

図 6-2　Scratch の起動画面

① **Scratch に参加しよう**：Scratch の共有サイトのアカウントを作成する場合にクリックする。

　アカウントを作成すると主に次の 2 つの機能が加わる。

(1)　自分のプログラムを公開して他のメンバーと作品を共有することができる。

(2)　このサイト内にプログラムの保存スペースが確保される。

　児童・生徒に Scratch を指導する場合は，当面は (2) の目的で利用する。作成したプログラムは全てオンライン上のスペースに保存されるので，特にコンピュータ室の PC のような共用する PC で作業をしたあとは，そのままそこに保存すればよい。USB メモリ等が不要で，次回，別の PC で作業する場合や家庭の PC で作業を継続する場合に非常に便利である。(1) については，作品の共有の可否は個別に設定ができるので，共有するかどうかは必要性に応じて判断し，設定すればよい[12]。

②**ログイン**：アカウントができていればここからログインする。

③**作る**：プログラムを作成する画面に移動する。

6-2-**3**　Scratch のコードの編集画面

　「作る」のボタンをクリックすると次のコードの編集画面が現れる

【12】プログラム共有の上での留意事項
作成したプログラムを公開・共有する場合は当然ながら「著作権上の問題をクリアすること」，「作品の表現・文言などに社会的に不適切な内容が含まれないよう配慮する事」，「個人情報に配慮する事」，が必要である。児童・生徒に共有を許可する場合は，十分にこれらを指導すべきである。

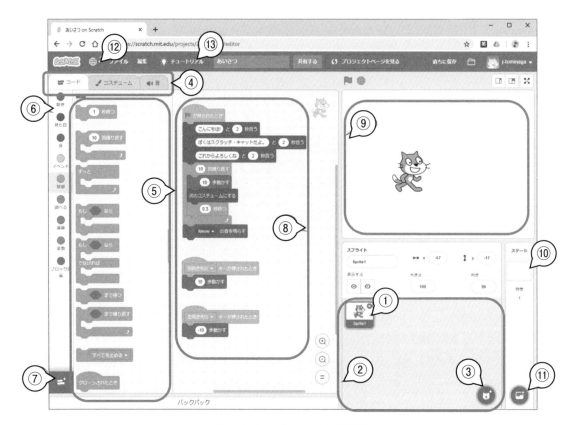

図6-3　Scratchのコード編集画面

①**スプライト**：作品に登場するキャラクター。詳しくは後述する。

②**スプライトリスト**：スプライトの一覧を表示する。スプライト選択，追加，削除などの操作をするエリア。

③**スプライトの追加ボタン**：新たなスプライトを追加するボタン。

④**スプライトの属性切り替えタブ**：スプライトは，コードの編集モード以外に，その見た目（コスチューム）と音とが定められている。それを編集するための切り替えタブ。

⑤**ブロックパレット**：コードの作成で使うコマンド[13]（ブロック）の一覧。左側のメニューでグループ（「動き」「イベント」「制御」など）を切り替えて使う。

⑥**ブロックのグループの切り替えボタン**：コマンドブロックはその機能ごとにまとめてグループとしている。そのグループを切り替えるボタン。

⑦**拡張機能の追加**：音楽やペンなどのコントロールや外部接続したハードウェアをコントロールするコマンドブロックを追加するボタン。

⑧**コードエリア**：コマンドブロックを並べて，一連の動作や判断，計算などをさせるためのエリア。コーディングと呼ばれプログラミングの中心になる部分。

【13】コマンド
コンピュータに与える命令のこと。

⑨**ステージ**：スプライトが現れて実際の動きや会話をする舞台。詳しくは後述する。

⑩**背景**：ステージの背景画面の設定を表示

⑪**背景の追加ボタン**：背景画面を新たに追加する。

⑫**言語の選択ボタン**：ブロックやメニューに表示される言語の切り替えボタン。日本語は，幼児や低学年の児童向けに漢字を使わずひらがなだけの「にほんご」に設定することもできる。

⑬**チュートリアル**：ここをクリックするとScratchについての説明・入門画面が出てくるので一度は目を通しておくと良い。

6-2-4 スプライトとは

Scratchのプログラムで最も大切なスプライトについて理解する。Scratchのプログラムでは，スプライトと呼ばれるキャラクターの動きや見た目，会話，計算などをコーディング（プログラムを作っていくこと）していくことで，全体のプログラムを作っていく。

Scratchの作成画面を起動して最初に登場するスプライトはCatと呼ばれる猫をあらわすスプライトである。スプライトは，次の3つの属性を持っている。

図6-4　スプライトの例 (Cat)

(1)　**コード**

このスプライトの動きや外見，会話，計算などをコマンドブロックを組み合わせてプログラムを行う。

(2)　**コスチューム**[14]

コスチュームとは文字通り衣装，つまり外見である。この図では猫の外見をしているが，1つのスプライトはいくつものコスチュームを持つことができるので，それを切り替えれば様々な外見に変化することができる。

(3)　**音**

このスプライトに関連付けられた音声である。コスチューム同様にいくつもの音声を持つことができる。

1つの作品（プログラム）で，スプライトはいくつでも登場させることができる。スプライトを追加するには，図6-3の③のスプライトの追加ボタンを使う。追加方法には主に以下の3つがある。

①Scratchにあらかじめ用意されたスプライトのライブラリから選ぶ。

②コスチュームを自分で描いて新たなスプライトを作っていく。

③外部の画像ファイルを読み込んで最初のコスチュームとして新たなスプライトを作っていく。

【14】コスチューム
スプライトは，Catのように動物や人間などの登場人物が最初は考えやすいが，それだけでなく机や石などの物や文字，記号などもスプライトとして扱う。その場合コスチュームも机，石，文字，記号などあらゆる画像がコスチュームになりえる。

ここで大切なことは，新たなスプライトには少なくとも１つはコスチュームを持つことが必要な事である。②と③では，まずコスチュームを１つ作って，それを使って新たなスプライトとしている。

　追加したスプライトごとにコーディングをしていく。なお，スプライトの追加については，5節2で実際におこなう。複数のスプライトを連携して動かすには，相互に通信する手段が必要である。その方法については7節で練習をする。

6-2-5　ステージについて

　ステージは，スプライトが実際に現れて様々な行動をする舞台になるところである。コードの編集時は，図6-3の⑨のサイズで表示されるが，プログラムの完成後は，この部分をコンピュータの画面全体に拡大して実行する。

　ステージとその下の部分を拡大してみる。

　Scratchのステージは，サイズが幅480ピクセル，縦360ピクセルで固定されている[15]。

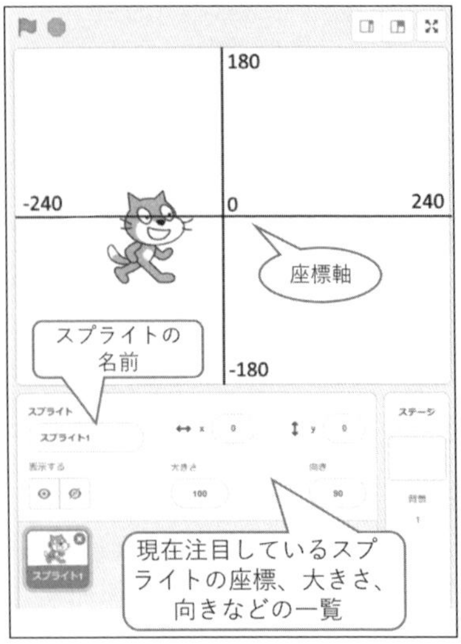

図6-5　ステージの座標軸とスプライトの情報

　図6-5でスクリーン上に直交座標軸を示した。Scratchでの座標は

原点O: 画面の中央
横軸（x座標）：右方向が正
縦軸（y座標）：上方向が正

となっていて，中学校の数学で学ぶ座標軸と同じ設定になっている[16]。

　スプライトの画面上の位置を設定するときや現在の位置を調べるためには座標の概念は必要である。小学校算数ではまだ座標は学習していないが，他に位置を決定する方法が無いために，これについては最低限の概念は理解させておく必要がある。

6-2-6　ステージの背景

　ステージの背景は，スプライトのコスチュームと同様に，複数の背景画面を持つことができ，さらにステージ自身もコーディング（プログラムを作っていくこと）によってステージの背景画面を切り替えることができる。

　つまりステージも1つのスプライトのように扱う事ができる。背景

【15】ステージのサイズについて
コンピュータの画面に比べてサイズが小さいが，ステージ以外のコード編集関係の画面をコンピュータの1つの画面に表示し，ステージでのスプライトの動きを確認しながらプログラムを作っていくためこのサイズになっている。これによりコード編集画面でコーディングに必要な全ての要素が1画面に表示されているので，コーディングが容易にできる。

【16】座標軸の設定
他の多くのプログラミング言語の画面では，画面上の左上隅を原点，縦軸（y座標）は下方向を正とするものが多い。

の追加もスプライトのコスチューム追加（3節の3で説明する）と同様
にして行う事ができる。

　ただしステージのコーディングの場合は動きに関するブロックが無い
など通常のスプライトとは異なる制限もある。

6-2-7　ステージの上のボタンの役割

　ステージ上方にあるいくつかのボタンの役割について説明する。

①緑の旗マーク：プログラムをスタートされるボ
　タン

②ストップボタン：プログラムを強制的に停止さ
　せるボタン

③ステージの縮小：コーディング時に表示される
　ステージのサイズを縮小

④ステージの拡大：コーディング時に表示されるステージのサイズを拡
　大

⑤ステージのみでの実行：PCの画面全体にステージを拡大[17]

図6-6　各ステージの各ボタンの役割

　①の緑の旗マークは，主にプログラムのスタートに用いられるが，プ
ログラムの開始にはほかにいろいろな方法もある。

　②のストップボタンは，通常のプログラムの終了以外に，プログラム
が暴走して止まらなくなった時に実行を強制的に中止する時にも用いら
れる。

　⑤は完成したプログラムを実行するときに使う。コーディング時と実
行時では，マウスでスプライトをドラッグできるかどうかが異なる場合
がある[18]。

6-2-8　ブロックパレット

　Scratchは，従来のプログラミング言語が英数字の文字列で書きこん
できた命令文や関数をすべてブロックで表し，それを並べていく事でプ
ログラムを作っていく。Scratchではこの作業をコーディングと呼ぶ。

　このブロックの種類はかなり多く，初期状態で「動き」，「見た目」，
「音」，「イベント」，「制御」，「調べる」，「演算」，「変数」，「ブロック定
義」の9つのグループにまとめられ，図6-3の左端のボタン⑥でグル
ープを切り替えて選ぶ。

　ブロックグループの追加ボタン⑦でさらに新しい機能を持ったグルー
プを追加することもできる。音楽やペンに関する機能のコントロール，
Lego社のMINDSTORMSやWeDo，BBCの開発した教育用ワンボ
ードコンピュータのmicro:bitをコントロールをするブロックなどが追
加される。

【17】ステージの拡大
ここでステージをPCの画面
全体に拡大しても，プログラ
ムとしての画面の解像度は縦
360ピクセル，横480ピクセ
ルで変わらないので，この解
像度のまま表示される。多少
ギザギザがある画像になるの
はやむを得ない。

【18】スプライトのドラッグ
コーディング時はスプライト
をドラッグして移動ができる
が，実行時にもこれができる
ようにするには，「調べる」
のグループの「ドラッグ（で
きる／できない）ようにする」
のブロックで設定する。

6-3 | Scratch を動かしてみよう

実際に Scratch を動かしてみよう。ここでは，プログラムというよりも Scratch の基本的な使い方を試してみることが目的である。

6-3-1 新規プロジェクトを作成

新しいプロジェクトを始めるには，2つの方法がある。
① Scratch の web サイトのトップメニューのメニューバーから「作る」を選ぶ
② Scratch のプログラミングの画面からファイルメニューから「新規」を選ぶ。(図 6-7)

図 6-7　プログラムを新しく作る

最初は，スプライトとして Cat (Scratch Cat：猫) が 1 匹だけいるコードの編集画面が出てくる。スプライトは図 6-5 の下方にあるスプライトの名前を見ると「スプライト 1」という名前になっている。この欄に直接新しい名前を入力すれば名前の変更ができる。できるだけわかりやすい名前にしておくとよいだろう。

プログラムのタイトルも図 6-7 で示した「プログラムのタイトルを書く欄」に直接書き込めばそれがこのプログラムのタイトルになる。

6-3-2 ブロックの動きを確認

図 6-8　動きに関するブロック

①ブロックのグループ切り替えボタンを「動き」にする。

②ここから「10 歩動かす」 [10 歩動かす] のブロックをドラッグ＆ドロップしてコードエリアに移す。このブロックをクリックするたびに Cat が少しずつ右に移動する事がわかる。Cat の向きが最初は 90°（右方向）なので右に動く。

このように，各ブロックはブロックそのものをクリックするだけでそのブロックの機能がスプライトに反映され，動きなどを確認す

ることができる。

6-3-3 コスチュームの変更

2節の4で説明したように，スプライトの外見をコスチュームと呼んでいる。図 6-3 の④のスプライトの属性の切り替えタブで「コスチューム」をえらぶ。すると図 6-9 のようなコスチュームの編集画面になる。

図 6-9　コスチュームの編集画面

①コスチュームの選択
②ビットマップ・モードとベクター・モードの切り替え
③いろいろな描画ツール
④画像の編集ツール
⑤編集画面のサイズ変更ボタン

新しいコスチュームの追加は①の下の方にある  ボタンで行う。

③，④の描画ツールや画像の編集ボタンは第 5 章で説明されている一般的なグラフィック・ソフトとほぼ同様な操作方法である。ビットマップ画像とベクター画像についても同じく 5 章にあるので，ここでは詳細は省く。③，④を利用することにより，新たなコスチュームを作ったり，既存のコスチュームを改変したりすることができる。Cat のスプライトの場合は，あらかじめ図 6-10 の 2 つのコスチュームを持っているので，これを交互に表示をすると，歩いているように見える。

図 6-10　Cat の 2 つのコスチューム

6-3-4 簡単なプログラム

コスチュームをつかった簡単なプログラムのコードを図 6-11 に示す。このプログラムは次の動作をする。
①緑の旗マークをクリックすると…
②「こんにちは！」と 2 秒間言う。
③「ぼくはスクラッチ・キャットだよ。」と 2 秒間言う。
④ 10 歩動いではコスチュームを変え 0.3 秒待つ。
⑤④を 10 回繰り返す。
「**次のコスチュームにする**」は，複数のコスチュームがあると切り替えて「次」が無い場合は最初のコスチュームに戻る。この例ではコスチュームが 2 つだけなので，この 2 つを相互に切り替える。

これで Cat が歩いているように見える。

図 6-11　簡単なコードの一例

このプログラムの作り方（コードの編集）の基本を説明する。

(1) それぞれのブロックは機能ごとにグループ化されてブロックパレット（図6-3の⑤）に収納されている。グループごとに色分けされておりわかりやすいのだが，本書はカラー印刷ではないため，グループ名で呼ぶ。

　最初の「緑の旗（図6-6の①）が押されたとき」のブロックは『イベント』（黄色）のグループ，「～言う」，「コスチューム関係」のブロックはいずれも『見た目』（紫色）のグループ，「～動かす」は『動き』（青色）のグループ，「～繰り返す」「～待つ」は『制御』（オレンジ色）のグループにある。

(2) ブロックパレットから必要なブロックをマウスで選び図3の⑧のコードエリアにドラッグして離す。（ドラッグ＆ドロップ）

(3) 次のブロックは，コードエリアにあるブロックの下にドラッグしていくと，そこで接続されていく。

　あるブロックから下を切り離したいときはそのブロックをマウスで選んでそこからドラッグしていくと，そのブロックの下のブロック群ごとドラッグされていく。

(4) この例で2秒，10回，10歩などの数値を入力する部分があるが，数値は必ず半角英数字で入力する。全角の数字はScratchではかなや漢字などの文字列扱いになってしまい数値としては扱われない。

(5) 「～を2秒言う」のブロックは，「～」の部分に必要な文字列を直接入力する。この例では，「こんにちは！」「ぼくはスクラッチ・キャットだよ。」の部分である。

　以後，白い窓を持つブロックはその窓の部分に文字列や数値を入力できるブロックである。

(6) 不要なブロックは次の2つの方法のいずれかで削除することができる。

　①不要なブロックをドラッグしてコードエリアからブロックパレットに戻して離す。

　②不要なブロックをマウスで右クリックして，表示されるメニューから「ブロックを削除」を選ぶ。

　複数のブロックからなるかたまりも一番上のブロックで同様な操作をするとそのかたまりごと削除される。

(7) 最後に緑の旗（図6-6の①）をクリックするとプログラムが実行される。うまく動作しないときや，新たな動作や機能を付け加えたいときは，(1)～(4)の手順を繰り返してコードを編集していく。こうした一連の作業をプログラミングまたはコーディングと言う。

6-3-**5** プログラムの保存

作成したプログラムは，一般的なソフトウェアと同様に「ファイル」メニューから保存ができる。メニューには「直ちに保存」と「コンピューターに保存する」の2つの選択肢がある。

2節の2でScratchの共有サイトにアカウントを作成した場合，

図6-12　アカウントメニューでの私の作品

「直ちに保存する」を選択すると，その共有サイトの個人フォルダに保存される。「コンピュータに保存する」の場合は，現在使用しているPCのディスクにファイル[19]として保存される。ディスク上に保存する場合は，通常はプログラム名で保存される。あらかじめ決めておいた適切なフォルダに保存する。

保存されたファイルを読み込む方法は次の通り。共有サイトに保存されたファイルを読み込む場合は図6-12のように，ブラウザの右上に自分のアカウントが表示されており，それをクリックすると図のようにアカウントメニューが出てくる。そこにある「私の作品」をクリックすると，過去に保存したプログラムの一覧が出てくるので，そこから選べばよい。

PCのディスクに保存したファイルを読み込むには「ファイル」メニューから「コンピュータから読み込む」を選ぶ。ファイルを保存したフォルダを探してそこから保存したファイルを読み込む。

できればオンライン上の共有サイトへの保存をお奨めする。オンライン上に保存されていれば，USBメモリのような紛失しやすいものを常に携帯する必要もなく，アカウントをきちんとおぼえていれば，毎回異なるPCやタブレットを使っても自分のプログラミングの作業を継続でき，生徒の自宅のPCでも同様に作業を続けることができるためメリットが大きい。

【19】Scratchのファイル
Windowsの場合，ファイル名の拡張子（ファイル名の最後のピリオド以降の3文字または4文字）でファイルの種類を特定している。Scratch 3.0の場合 .sc3 が拡張子になる。

6-4 基本的なアルゴリズム

4節の4で作成した簡単なプログラムは，同じ動作を10回繰り返している。

プログラミングの計算の手順，計算の方法・考え方をアルゴリズムと呼ぶ。

一般的なプログラミング言語は，次の3つの基本的なアルゴリズムからできている。それぞれフローチャートとScratchで実現したコードの例[20] を示す。

【20】コードの例について
Scratchのコードの例は，フローチャートに対応する部分だけを抜き出したもの。

(1) 順次処理

記述された順番に処理をする最も簡単な構造。

Scratchの場合は，ブロックの上から並べられた順番に実行していくだけである。

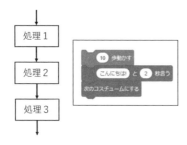

図6-13　順次処理

(2) 条件分岐処理（選択処理）

処理の途中で特定の条件を判断し，条件が真のときにだけ処理を実行する構造[21]

この例では，もし現在の時刻が12時以降であれば「午後になりました」と表示し，そうでない場合は何も表示しない。

【21】条件分岐処理の補足
条件分岐にはYesとNoのそれぞれで別の処理を行うこともでき，Scratchにもそれに対応したブロックもある。

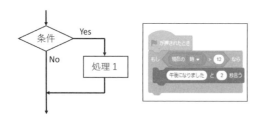

図6-14　条件分岐処理

(3) 繰り返し処理（反復処理）

　ある条件があって，それが成立するまで一定の処理を繰り返す構造。この Scratch の例ではスプライトが画面の端（この場合は下端）に触れるまで y 座標が増え続ける，つまり，下方に落ち続けて，下端に触れたらばこの繰り返しを抜けて「ポッ」という音を鳴らすというものである。

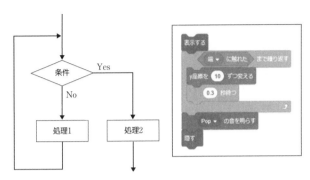

図6-15　繰り返し処理

　この例のように，Scratch はアルゴリズムの基本となる 3 つの構造を持っている[22]。

　プログラムにおける様々な応用的アルゴリズム，たとえばたくさんのデータからある条件を満たすデータを探し出したり，値が小さい順に並べかえたり，素数を順番に列挙していくなども，全てこの 3 つの基本的なアルゴリズムの組み合わせでできるので，Scratch でも応用的なアルゴリズムのプログラムを組むことも可能である。

　ただし Scratch は基本的に初等教育での利用を第 1 の目的として作られているので，大規模なプログラムの開発には向いてはいない[23]。

【22】基本的なアルゴリズム
より低年齢層を対象としたプログラミング言語やプログラミング・トイには，順次処理しかできないものもある。

【23】ビジュアルプログラミング言語の限界
実用的で大規模，複雑なプログラミングでは，Scratch のようなブロックで組み上げるビジュアルプログラミング言語は，長大なコードの見通しがつきにくく，不向きである。プログラムの教育用，入門用とわり切って使うべきであろう。

6-5 簡単なゲームの作成

Scratchで簡単なゲームを作ってみよう。ここで作るプログラムは，空からふってくるオレンジをキーボードで動くボウルでひろうという単純なゲームで，名付けてオレンジ・キャッチゲームとする。このゲームを少しずつ本格的なゲームに改良してプログラミングを学んでいこう。

図6-16　オレンジキャッチゲームの画面

[ゲームの仕様1] [25]

(1) 使うスプライトは「オレンジ」1個と「ボウル」1つ

(2) ボウルは右矢印キー（→），左矢印キー（←）で左右に移動ができる

(3) 緑の旗マークでゲームは開始する。

(4) 下矢印キー（↓）でオレンジが画面上方のランダムな場所に現れ，そのまま一定の速度で落下し始める。

(5) →，←でボウルを移動させ，オレンジをキャッチできるとそのままオレンジが消え，キャッチできずに地面に落下するとオレンジはそこで消える。

6-5-1 新しいプロジェクトの作成

3節の1と同様の手順で，新ファイルメニューから「新規」を選ぶ。

6-5-2 使用するスプライトの追加

最初に新たなスプライト「Orange」と「Bowl」を追加する。
次の図6-17にスプライトリストのまわりの画像（図6-3の右下部分を拡大したもの）を示す。ここにスプライトの追加する機能がまとめられている。

スプライトの追加は最初に表示するコスチューム（見た目）を決めることから始まる。コスチュームは，スプライト・ライブラリーから選ぶ（図6-17の②）方法や，自分で描いて作成する（図6-17の③）方法などがある[26]。

【25】 仕様の決定
プログラムを作成する際には，まずはその仕様を決めておくことが大切である。どんな内容で，スプライトの動き，キーボードやマウスに対する反応などを決めておき，それにしたがってプログラミングをしていく。

【26】 スプライト・ライブラリー
スプライトのライブラリーにあるスプライトには，複数のコスチュームを持つものも多い。それを使って簡単なアニメーションに使う事もできる。

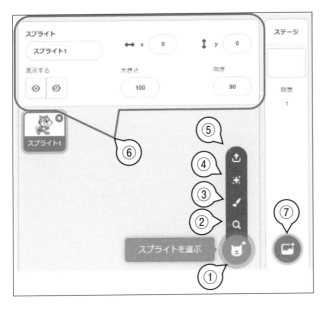

① スプライトの追加

② スプライト・ライブラリーから選択
　して追加

③ スプライトを最初から自分で画像を
　描いて追加

④ サプライズ（ライブラリーからラン
　ダムにスプライトが追加される）で
　追加

⑤ PC に保存されている画像ファイル
　を使ってスプライトを作成

⑥ 選択されたスプライトの属性一覧
　（変更もできる）

⑦ 背景の追加ボタン（追加時は②～⑤
　と同様なメニューが現れる）

図6-17　スプライト関係のボタンと背景のボタン

(1)　上の図で②を選び，スプライト・ライブラリーから Orange と
　　Bowl を選ぶ。

(2)　上の図の⑥で左上のスプライトの名前の部分で，「オレンジ」，
　　「ボウル」と変更する。

(3)　Cat のスプライトは使わないので，スプライトリストにある Cat
　　のスプライトの右上の×マークをクリックして削除する。

(4)　背景は図6-17 の⑦のボタンをおし，メニューから blue sky（青
　　空）を選択する。（図6-16 参照）

Bowl

Orange

6-5-3　ボウルのスプライトのコーディング

　5 節の最初の［ゲームの仕様 1］にしたがってコーディングする[27]。
スプライトリストで「ボウル」を選択する。

【27】ブロックのつなげ方
ブロックのつなげ方や削除の
方法などは，6-3-4 にあるの
で，わかりにくければ確認す
ること。

図6-18　ボウルのコード 1 [28]

【28】ブロック横の吹き出し
について
図6-18 以降では，ブロック
のあるグループ名を吹き出し
で示す。

●緑の旗ボタンを押すと，

　・ボウルの中心の座標を (0，－100)[29] にする。

　・「↓を押すとゲームがはじまるよ」[29] と言う。

●下向き矢印を押したときにこのメッセージを消したい時，Scratch では「～と言う」のブロックで文字列を入れる部分を空白のままにしておくと，それまで表示していたメッセージが消去される。

●左右の矢印キーで水平方向に座標値で 10 だけ移動する。

【29】数値や文字列を入力するブロックについて
6-3-4 の (5)，(6) でも説明したが，白い窓を持つブロックは，そこに数値や文字列を入力して使うブロックである。図の「動き」のブロックでは数値を，「～と言う」のブロックは文字列を入力する。数値は必ず半角英数字で入力する。

6-5-4　オレンジのスプライトのコーディング

　オレンジが空のどこか適当な位置に現れ，そこから一定の速度で落ちてくるようにする。ここで「どこか適当な位置」というのは，このゲームを実行するたびに，x 座標がスクリーンの水平方向の範囲内のどこかの値になるという事なので，そのためには乱数[30] を使う。乱数とは一定の範囲（上限値と下限値の間）の数が，何の規則性もなく並ぶ数列と考えてよい。プログラミング言語によって，出現する数を整数に限定したり，一様に分布した実数（小数）とする場合とがある。Scratch では上限値の下限値の間の整数に限定している。

【30】乱数
乱数列の数学的に厳密な定義は複雑なので，ここではコンピュータのプログラミングに使われる乱数に限定して説明をしている。

　Scratch の乱数[30] は，「演算」というグループにある左のようなブロックを使う。この図の場合は下限値を 1，上限値を 10 としている（半角英数で入力する）。この場合，このブロックは，

●1 から 10 までの整数のいずれかの値を持つ

●どの数字が出るかの確率は等しい。この場合は 1 から 10 までのどの整数も出現する確率は $\frac{1}{10}$ である。

●出てくる数値の順番は周期性を持たず次に出る数値を予想する事はできない[31]。

【31】疑似乱数
コンピュータでは確定的な計算で乱数を発生させているので厳密には乱数ではなく疑似乱数列という。ただし通常の利用では乱数とみなしてかまわない。

　これを使って作ったオレンジのコーディングは次の通り。

　まずは，スプライトリストで「オレンジ」を選択する。

　・緑の旗のボタンを押したとき，オレンジは表示せずに隠しておく

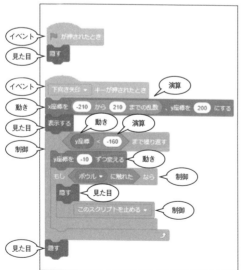

図 6-19　オレンジのコード 1

・下向き矢印キー↓を押したとき[32] に，乱数を使って x 座標を－210 〜 ＋210 までのいずれかの値に，y 座標は 200 の位置に表示させる。

・y 座標が －160 になるまで，オレンジを y 方向に 10 ずつ落下させる。（繰り返し処理）

・もしボウルに触れた場合はそこで消滅する。（条件分岐処理）。

・触れない場合は，y 座標が－ 160 より下になったところで消滅する。

　ボウルに触れたかどうかを調べるブロックは，「調べる」というグループの最初のブロックで，調べる対象を選択メニューで選べるようになっている。

　ここで ［このスクリプトを止める ▼］ は[33]，このブロックを実行したときに，この下向き矢印から始まる一連のブロックの処理を停止する（この一連のブロックから抜け出すとイメージしても良い）

　このプログラムの実行画面を下に示す。この段階では緑の旗ボタンでゲームを開始するが，毎回下向きボタンを押さないとオレンジは落ちてこない。

　以上で，最初の仕様を満たすゲームができた。

【32】〜キーが押されたとき
このブロックは，ブロックパレットにあるときは「スペース▼キーが押されたとき」となっているので，この▼マークをクリックすると，下向き矢印など他のキーも選ぶことができる。

【33】実行の停止
このブロックはブロックパレットに入っているときは「すべてを止める」というブロックになっている。矢印の選択肢から候補メニューを使って選べるようになる。

6-6 ゲームの改良

前節で作成したゲームをよりゲームらしいプログラムに改良していく。前節の仕様1に加えて次のようなゲームに改造する。

［ゲームの仕様2］

⑴ 「下向き矢印キー」を押すごとにオレンジを発生させる。

⑵ それをキャッチした個数を得点として表示する。

6-6-1 変数の利用

下向き矢印キーを押した回数（落ちたオレンジの個数）とボウルがキャッチできた個数を記録するコードに改造する。

このようなある値を記憶して保持・表示するには，変数を使うとよい。変数についてのブロックパレットを選ぶと図6-20のようなブロックが現れる。

図6-20 変数関連のブロック

⑴ 「変数を作る」というボタンを押して「オレンジの個数」と「キャッチした個数」の2つの変数を作る。

⑵ 作成した変数の前にチェックマークがあるとき，ステージ上にその変数名とその値が表示される[34]。

作成した変数を使ってオレンジのコードを改良したものが図6-21になる。

変数関係の処理をあらわす濃いオレンジ色のブロックをさがすと，どこで得点の処理が追加されたかがよく理解できる。

このコードではオレンジを出現させた数を記録し，また，キャッチしたオレンジの個数を表示するので，キャッチできた比率がわかる。途中に「0.02秒待つ」というブロックがあるが，これはオレンジの落下速度の調整のためである。この待つ秒数を大きくすればオレンジの落下速度はゆっくりになる。

このブロックを省略して，1つ上の「y座標を −10ずつ変える」の数値を変更して落下速度を調整してもよい。

【34】変数の表示
図6-20の下の2つのブロックを使って変数名とその値を表示したり，それを消したりすることもできる。

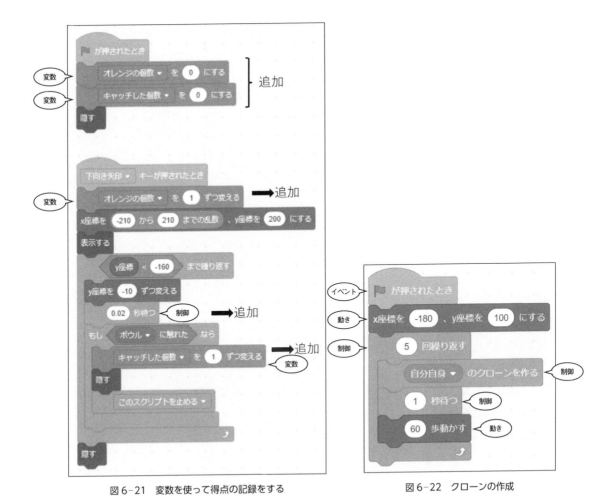

図 6-21　変数を使って得点の記録をする

図 6-22　クローンの作成

6-6-2　クローンの機能の活用

　次に複数のオレンジが一定の間隔で出現して，それをキャッチするように改造しよう。これを実現するには，オレンジのスプライトを 10 個作って動かすこともできるが，Scratch にはスプライトが自分のクローンを作るという独自の機能を持っているので，これを活用して目的を実現させる。

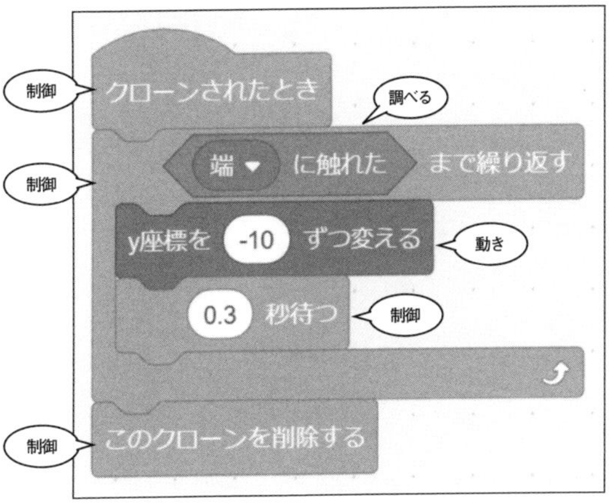

　簡単な例でクローンの仕組みを説明する。ここでこれまでのオレンジ・キャッチゲームは保存し，一旦新規の Scratch のプロジェクトを開く。デフォルトの Cat のスプライトが 1 つあるので，これに図 6-22 のコードを作り動作させよう。クローン関係のブロックは「制御」のグループにある。

図 6-23　クローンの作成

　これを実行すると，スクリーンには 1 秒ごとに猫が増えていく次のような実行結果となる。一番右のスプライトが本体，左側 5 個はクローンである。

図6-24　クローンの生成

　図6-22のコードに加えてさらに図6-23のコードを加えてみよう。
1秒ごとに猫のクローンができて，そのクローンはスクリーンの下方向
に0.3秒ずつ10の座標値で落ちていく。最後にスクリーンの端に達す
ると消去される。

　「クローンされたとき」はここでできた5つのクローンの全てに有効
なコマンドでありクローンを個別に指定する機能はない。

　こうしたクローンの機能をオレンジ・キャッチゲームに適用してみる。

[ゲームの仕様3]

● オレンジのクローンが1個ずつ1秒間隔で10個生成される。

● それぞれのクローンの出現位置はx座標を乱数でスクリーンの幅のど
　こからか出てくるようにする。

● 図6-21で作成したオレンジの動作を，オレンジ本体ではなく，オレ
　ンジのクローンがそれぞれ同じふるまいをするように変更する。オレ
　ンジの本体自身は，表示されずにどこにあってもかまわない。

● ボウルにキャッチされたり地面に達したオレンジのクローンはその場で
　消去される。（表示しないのでは無く，クローンそのものが消去される）

　この方針で図6-21のコードを改造したコードが次の図6-25である。

　同様な方法で，児童が好きないろいろなシューティングゲームに応用
ができる。

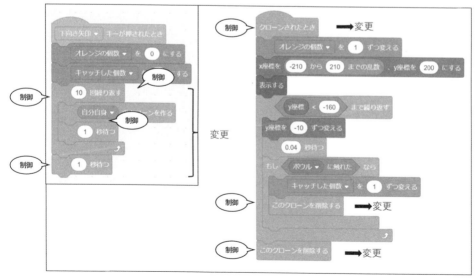

図6-25　クローン機能を使ったオレンジのコード

6-7 | スプライト間の通信

Scratch では，複数のスプライトがそれぞれあるイベントがきっかけになって，独立して様々な動きや計算をしている。（並列処理機能と言う）

それぞれのスプライトが互いに協調して動いていくためには，スプライト間で何らかの通信を行わなければならない。スプライト間の通信の方法としては，次の2つの方法がある。

　1．互いにメッセージを送って通信を行う

　2．共通の変数を使ってそれを互いに参照して処理を決める。

ここでは，Scratch に特徴的な1のメッセージ通信を使ったプログラムを紹介する。

Scratch のメッセージ通信は「イベント」グループの中の

　・（メッセージ）を送る　　　・（メッセージ）を送って待つ

　・（メッセージ）を受け取ったとき

の3つのブロックが用意されている。

メッセージは必ずこのプログラムの中の全てのスプライトに同時に送信され，特定のスプライトにだけ送ることはできない。そのかわりメッセージには名前がついており，受け取る側のスプライトがその名前で自分が処理しなければならないメッセージかどうかを判断し実行する仕組みになっている。

　実際にメッセージのやり取りを簡単な例でみてみよう。

[仕様]

● 2種類の魚が水中を自由に動き回っている。

● 2種類の魚のうち Fish1 はエサとしてパンが好き，Fish2 はリンゴが好きである。

●プログラム開始から5秒後にパンが落ちてきて水底に到着する。

●到着すると Fish1 がやってきてパンを食べ始める

●開始10秒後にはリンゴが落ちてきて，その後 Fish2 が同様にリンゴを食べ始める

●背景は水中を設定する

図6-26　魚の食事の画面

さっそくこの仕様にしたがってプログラムをする。「魚の食事」という名前のプログラムと決めよう。

6-7-1　作成の開始とスプライトの決定

①3節の1と同様に新規作成でプログラム作成を開始する。

②スプライトのライブラリーから「Fish」，「Bread」，「Apple」を選

んで追加する。

追加したら「Bread」，「Apple」はそれぞれの属性表示部分で名前を「パン」と「リンゴ」に変更しておく。「Fish」は2個追加してそれぞれFish1とFish2という名前に変更しておく。

③背景は，背景の追加ライブラリーから「海中」グループのUnderwater 1に設定する。

6-7-2 コーディングと実行

スプライトFish1とパンのコーディングを示す。

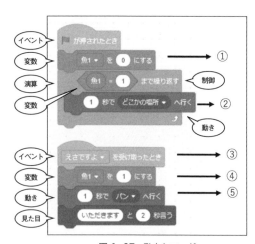

図6-27　Fish1 コード

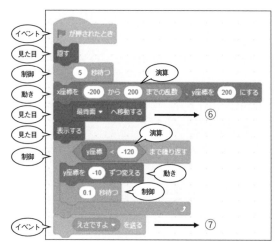

図6-28　パンのコード

また，変数グループで「魚1」と「魚2」の2つの変数を作っておく。

(1)　図6-27のFish1の動きを解説する。

Fish1はスタートと同時に，①で変数「魚1」の値を0にしておく。

変数「魚1」が1に変わるまで，②の処理を繰り返す。

②は魚1がランダムな位置に1秒ごとに移動する仕組みである。「どこかの場所」となっているが，これは乱数で画面内の適当な位置の座標が発生する仕組みである。これによって，魚は海中をいろいろな位置に泳ぎ回る[35]。

③でパンから「えさですよ」というメッセージを受け取ると，④で変数「魚1」に　変更する。これによって，上のブロックの繰り返し処理の部分が終了する。変数「魚1」このループ脱出をするために使う変数である。

⑤でパンの場所に進み「いただきます」と2秒間言う。

(2)　図6-28のパンの動きを解説する。

パンは，開始5秒後に乱数を使って画面上方の適当な位置から落下してくる。

【35】スプライトの向き
このコードでは，魚は自由に動き回るが，向きは固定のままなので，不自然な動きである。本来は移動先に魚の向きを変更しなければならないが，そのためには図27の②のような簡単な命令では使えず，移動先の座標を設定し，その方向に魚の向きを設定する必要がある。ここではあくまでもメッセージの使い方が話題の中心なのでこれは省略する。

⑥はその際にパンが他の魚よりも画面の一番奥になるように設定している。

そのままy座標が－120になるまで落下し続ける。

y座標－120を水底とみなして，⑦で「えさですよ」というメッセージをすべてのスプライトに送信する。

(3) Fish2 のコスチュームとコード

Fish2 は Fish1 をスプライトリストに複製する。（スプライトリストのスプライトをクリックして「複製」をえらぶ。）

Fish2 は Fish1 のコスチュームを変えただけである。コスチュームタブでは，このスプライトではあらかじめいくつかの種類の魚のコスチュームがあるので，適当なコスチュームを選ぶ。

コードは，図6-27を参照して，

・①の「魚1」を「魚2」に変更。次のブロックと④も同様に「魚2」に変更。

・③の「えさですよ」を「りんごですよ」に変更。

・⑤の「(パン)へ行く」を「(りんご)へ行く」に変更

(4) リンゴのコード

スプライト「パン」のコードをすべて選んで，スプライトリストにあるリンゴのアイコンにドラッグすると，「パン」のコードスプライト「りんご」にコピーされる。

リンゴではこのコードを次のように変更する。

・⑦の「えさですよ」を「りんごですよ」に変更する。

このプログラムを実行すると，

・Fish1 と Fish2 が互いに独立して動いている。

・パンが発信したメッセージ「えさですよ」は魚1だけが反応し，りんごが発信したメッセージ「りんごですよ」が魚2だけが反応している。

Scratch ではこのように，メッセージを発信することで，スプライト間の通信もできるし，1つのスプライト内でのプロセス間の通信にも利用できる。

以上，簡単に Scratch のプログラミングの実例を見た。

紙数の都合で述べられなかったが，この他に重要なことを挙げる。

(1) 図6-3の⑦の機能拡張ボタンによってさらに機能が追加される。

重要なものとしてつぎの2点を上げる。

①音楽関係やペンの機能などあらかじめ Scratch にある機能が追

加される。ペンの機能は，伝統的な教育用プログラミング言語の Logo が持っているタートル・グラフィックに相当するもので，算数への応用で Scratch で多角形を書かせたりするときに利用できる。この他に，入力した文字列を人の声で読みあげる「音声合成」（他言語に対応）や，文字列を世界各国の言語に翻訳する「翻訳」などの新しい機能も加わった。

②コンピュータの外部に接続する様々なプログラミング可能なロボット，センサー，シングルボードコンピュータを Scratch でコントロールすることができる。理科の新学習指導要領の解説にある『学習指導要領の解説では，この例として，「身の回りには，温度センサーなどを使って，エネルギーを効率よく利用している道具があることに気付き，実際に目的に合わせてセンサーを使いモーターの動きや発光ダイオードの点灯を制御するなどといったプログラミングを体験することを通して，その仕組みを体験的に学習するといったことが考えられる。」に対応した授業の実現に役立てることができる。

(2) 「演算」のグループには様々な計算や関数，不等式，文字列の処理，「調べる」グループにもマウスやスプライトや背景の色，タイマーなどに関する反応をコントロールができるのでより複雑なゲームや実用的なツールなどを作ることができる。

(3) 「ブロック定義」ではよく使う一連のブロックの組み合わせの動きを 1 つのブロックとしてまとめてしまうときに使う。この機能を使うとやや大きな規模のプログラムも見通しよく作ることができる。

今後，学校現場ではプログラミング教育がさらに本格化することになるが，Scratch は世界的に普及度が高く，使い方も簡単である一方で，機能も豊富でより本格的なプログラム言語と遜色の無いアルゴリズムを組むこともできる。また，オブジェクト指向，イベント駆動，並列処理などプログラミング言語として先進的機能も持っており，本格的なプログラミング言語を学ぶ前の入門用言語として学ぶのも良いだろう。

自動運転する自動車を作成する

Scratch で次の仕様（描かれた道路に沿って自動で動く自動車）のプログラムを作成する。

(1)　自動車は図6-29のような任意の色の長方形の先頭（この図で右側）に左側に赤丸，右側に青丸が突き出た形のものである。この●がコース（道）を検知するセンサーとなる。

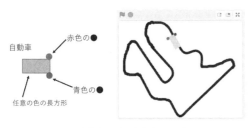

自動車　
赤色の●
青色の●
任意の色の長方形

図6-29　自動車の形と自動車のたどるコース

(2)　背景に図6-29のような自由な道路のコースを黒色で描く。道路の幅は自動車の幅よりも狭くすること。

(3)　自動車はあらかじめ(2)のコース上のどこかに置いておく。

(4)　緑の旗でスタートすると同時に自動車が動き出し，描かれた道を外れないように走り続ける。

（作り方のヒント）

・自動車を動かすには，ずっと「○歩動かす」を行えばよい。

・コースをトレースするには『もし「赤色」が「黒色」に触れたなら，左に15°回し，もし「青色」が「黒色」に触れたなら，右に15°回す。』とする。

・ブロックでの色の指定は，図6-30で色を指定するところでクリックするとスポイトのアイコンがあるので，そのスポイトでステージの背景やステージ上の自動車のスプライトから直接スポイトで色を取得した方が色の設定が確実である。

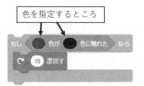

色を指定するところ

図6-30　道路をトレースするコード

（発展）

上記の課題ができたならば，

①複数の自動車が動くようにする。その場合に，図6-29の例のようなくびれの強い道路コースの場合は，すれ違う車同士が干渉してしまうので，もう少し緩やかなカーブのコースにする必要がある。自動車の長さも短めにしておくとよい。

②信号機を設けて，そこで一定時間停止する。複数台走らせるときは，追突しないように工夫する（一瞬だけ接触するのは許すものとする）。信号機は，道路上に信号に見立てたスプライトが一定時間ごとに出現する[36]，とか，道路の一部の色を一定時間変えて信号とする，などの方法が考えられる。この信号のスプライトに触れたり，道路の色（信号が作動している場合の色）を感知して自動車を停めておく。

【36】スプライトの表示・非表示

ここで，信号機のON/OFFについて，信号機のスプライトの「表示」「非表示」で実現ができる。ある場所にスプライトがあって「非表示」になった場合は，「調べる」グループの「〜に触れた」のブロックでは，そこにそのスプライトが存在しないのと同じ扱いになるので，それを使うと良い。

③交差点のあるコースを走る場合を考える。この場合，交差点で直進するか右折，左折をするかをランダムにすると面白い（乱数を使うと良い）。ただし，この課題は，交差点に特別の大きさのスプライトを置いて，それを車に感知させたり，車の前方に交差点用のセンサー（図6-29の赤丸，青丸と同様に前方にも色のついた丸）を作って処理させるなど相当工夫が必要である。この課題ができれば，碁盤の目状の道路網をでたらめなルートで走らせることも可能になる。

● COLUMN　micro:bit と Google Blockly

　6-1-2 で言及した PC にロボットやワンボード・コンピュータを接続して行う実践として，世界的に多く普及しているものに micro:bit がある。これは，イギリスの公共放送である BBC が開発した教育用に特化したワンボード・コンピュータであり，イギリスでは 11 歳・12 歳の小学生全員に無償で配布されている。日本でも本体と基本的な接続器具とのセットでも3000 円程度と比較的安価でかつ多機能であり，今後の教育現場での普及も期待される。

　micro:bit はそれ自体が CPU[37] を持つ自立したコンピュータであり，手のひらに乗る小さな基盤上に，CPU とデータの表示用のに 5 × 5 個の LED（光センサーを兼ねる），2 個のボタン，加速度センサー，磁気センサー，温度センサーを搭載している。これに直接キーボードやモニターを接続するのではなく，通常の PC で micro:bit を制御するプログラムを作り，それをmicro:bit に USB 接続を介して送り込むことで，動作する。このプログラミングは，専用のプログラミングツールである Microsoft Makecode で行う[38]。

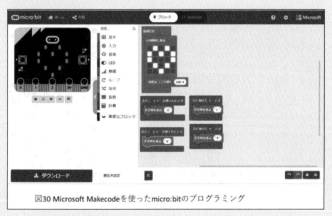

（図1）　Microsoft Makecode を使った micro:bit のプログラミング

【37】CPU
中央処理装置の略で，コンピュータの頭脳にあたり，プログラムの処理を行う部分。これを搭載している機器は，すべてコンピュータと見なすことができる。

【38】micro:bit のプログラミング
ビジュアルプログラミング言語 の Makecode の 他 に，Scratch でプログラミングすることも可能である。

Scratchと同様なブロックによるビジュアルプログラミング言語であり、Scratchに慣れていれば、Makecodeも同じように使えるだろう。なおMakecodeは、ブロックで組んだプログラムを即座にJavascriptに変換することもでき、また、Javascriptでプログラミングすることもできる。将来的にJavascriptを学ぶときのツールとして使うことも考えられる。micro:bitはその本体だけでなく、拡張キットを使って、ロボットやラジコンカーのコントローラとしても使え、また、Bluetoothによる通信機能もあるために、2つのmicro:bitを使って、1つをラジコンカーの制御用に、もう1つをそのラジコンカーのリモコン操作用に使うなどの利用も可能である。

図1で見られるようにScratchとMakecodeは見かけ上似ているところが多いのだが、これには理由がある。Googleが開発しているGoogle Blocklyというビジュアルプログラミング言語があり、現在はScratchもMakecodeもこのBlocklyの技術をもとに開発されているからである[39]。

Blocklyはビジュアルプログラミング言語であるが、プログラムと同時に他の文字型の言語、Javascriptやpythonなどに変換することもできる[40]。

これにより小学校時代はビジュアルプログラミングでプログラミング的思考を育成し、中高ではMakecodeでビジュアルプログラミング言語から徐々に文字列型プログラミング言語に移行していくためのツールとしても期待できる。

なおmicro:bitはMakecodeだけでなく、micro pythonというmicro:bit用にカスタマイズしたpython言語でプログラミングもできる。そのためのツールとして、ブラウザで使うpythonエディタやPCにインストールして使うMuというmicro python専用のエディタもあり、今後の中学の技術・家庭や高校の情報での利用も期待できる。

これは筆者の観測であるが、既にプログラミング教育で先行しているイギリスの例のように、我が国のこれからの小中高のプログラミング教育でも、小学校ではScratchから始まり、小学校高学年から中学校でmicro:bitをMakecodeで、そして高校の情報でmicro:bitをpythonで動かす、というのが1つの大きな流れになるのではないかと考えている。実際に、文科省がwebページで降海している2022年度からの高校の情報Iの担当教員向けの教員研修用教材ではプログラミングはmicro:bitをpythonで動かすことが例示されている。（他に同じ内容をJavascriptで動かす場合も追加された）

【39】ScratchとBlockly
正確には、Scratch 2.0はFlashをもとに作られていたが、現行版のScratch 3.0からはBlocklyをベースに開発されている。
そのためScratch 3.0をブラウザで動かすのにFlashが不要になったが、一方、ブラウザがHTML5に対応している必要がある。これが、IEのような古いブラウザでは、Scratchが動かない理由でもある。

【40】Google Blockly
Google Blocklyの開発者サイト（https://developers.google.com/blockly）にGoogle Blocklyのtry（お試し）があるので、それを使ってみると、Scratchに似たブロックでプログラミングした結果をJavascript, python, PHP, Lua, Dartの5つのプログラミング言語に変換ができる。ただしコードを保存する機能は無い。
また、同サイトにはBlocklyが様々なトイや機器のプログラム用言語の基本技術として使われている事が示されている。

付録1 コンピュータの基礎

A-1 パソコンの基礎

A-1-1 パソコンの歴史

個人でも利用できるマイコン (My Computer) は，1977年にアメリカで販売された。マイコンは，本体（種々の計算処理・制御をする CPU や一時的に記憶するメモリー），記録を残しておく外部記憶装置（当初はカセットテープ），出力装置のモニター，入力装置のキーボードが1セットなっていた（図付-1参照）。電源を入れると，プログラム言語である BASIC 言語が起動するようになっている機械が多かった。1978年には日立や SHARP から国産仕様のマイコンが販売された。1979年には NEC からモニターとして TV を利用でき，

図付-1 PET2001(1978年製，コモドール社)，ミュンヘン・ドイツ博物館所蔵

さらに8色のグラフィックス表示が可能な PC-8001 が販売された。これ以降，マイコンは一般市民に普及するようになった。ただし，当時の教員初任給が10万円程度であったのに対して，PC-8001 はキーボード付き本体で 168,000円，専用の高解像度カラーディスプレイは 219,000円と，相当に高額ではあった。マイコンは，このころからパソコン (Personal Computer, PC) と呼ばれるようになる。なお，初代ファミコン(任天堂)は1983年7月に登場している。

PC の教育的有用性に気づいた研究者や一部の学校教員は，黒板や OHP 代わりの利用，個人の学習を支援する CAI[1] 的利用，BASIC 言語によるプログラミング教育などの研究や実践を始めていた。1985年から文部省が PC の教育利用に本格的に取り組み始め，1986年7月には通産省と共同管理の「財団法人コンピュータの教育利用開発センター（通称 CEC）が設置された。これによって，学校への PC の普及や PC の教育利用が加速した。

1970年代のマイコンが登場する前から，汎用電子計算機は社会に普及していた。計算機の歴史を振り返ると，最初の実用的な計算機はそろばんであろう。その後，歯車を使った機械式の計算機は17世紀にパスカルが作った加算機，それを改良し乗除を可能とした計算機をライプニッツが作った。タイガー社製の手回し計算機は，電卓

【1】CAI
Computer assisted instruction の略語。1960年からアメリカで実用化され，大型コンピュータの端末を使った個人学習形態をとる。ドリル・演習形式，個別教授・学習様式，ゲーム・シミュレーション様式，質問・応答様式が採用されていた。

図付-2 パスカルの計算機，ドレスデン数学・物理博物館所蔵

が普及し始める1970年ごろまで使われていた。

　手動ではなく電気で計算する電気計算機は，1887年にアメリカで国勢調査をするために発明された。真空管を使った電子型計算機は，1946年アメリカで生まれたENIACが初期の計算機である。プログラムを内蔵して計算する方式の電子計算機は1949年イギリスのEDSACである。その後，電子計算機の中身

図付-3　タイガー社の手回し計算機

は，真空管からトランジスター，IC，LSIへと進化して現在に至っている。PCに使われているCPU（Central Processing Unit，中央演算処理装置）の最初の製品は，1971年にインテル社から発売された4ビットで処理するi-4004であった。実は，このCPUの開発経緯に日本人と日本の企業が大きく関与していた。

A-1-2　ハードウェアとソフトウェア

　ハードウェアとは，PC本体やマウス，ディスプレイ，また，スマートフォン本体やネットワーク環境等の手に取って見られる物理的な機械のことを指す。それに対してソフトウェアとは，ハードウェアであるPCやスマートフォン上で動くアプリケーションプログラム（アプリ）などのことで，例えば，WordやExcel，プログラム言語のScratch等である。

PC本体の内部

①**冷却ファン付きCPU**…コンピュータの中心部であり，計算や判断などを行う。

②**主記憶装置（メインメモリー）**…最初からPCに装着されており，4GB，8GBなどの容量を持つ。容量を増設するための増設用メモリースロットが用意されているPCが多い。

③**ハードディスクドライブ（HDD）**…補助記憶装置の一種で，1TBなど大容量のデータを保存できる。

④**フラッシュメモリドライブ（SDD）**…近年

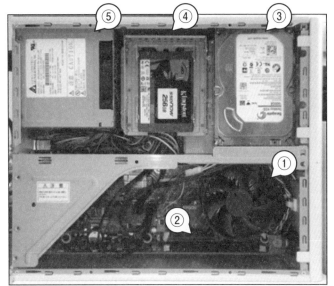

普及してきた補助記憶装置で，HDDより容量当たりの価格は高いものの，小型で省電力であり，振動に強く壊れ難いため，ノートPCに利用されことが多い。

⑤ **電源ユニット**

⑥ **マルチ DVD ドライブ**…CD/DVDの再生や，CD−R/DVD−R ± などへデータを書き込むことができる。

⑦ **USB ポート**…近年は，転送速度が速いUSB3.0規格が普及している。

CPU と周辺装置

PCと周辺装置の関係は図付-4のようになっている。

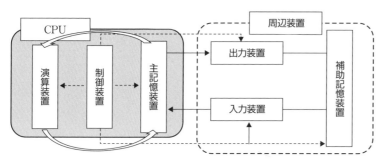

図付-4　CPU と周辺装置

CPUは，演算装置，制御装置，主記憶装置に分かれており，入力装置からプログラムやデータが演算装置を通して主記憶装置に送られ記憶される。これらデータを演算装置で処理して，その結果は主記憶装置に送られ記憶される。それを出力装置からプリントアウトなどして出力される。制御装置は，これら一連の作業が滞りなく行われるように，管理や制御をしている。

周辺装置として，入力装置ではキーボードやマウス，タッチペン，スキャナなど，出力装置では液晶ディスプレイやプリンタ，スピーカなどが使われる。補助記憶装置は外部記憶装置ともいわれ，HDDやSDD，USBメモリー，SDカードなどが使われる。

OS とアプリケーション

ソフトウェアの最も基本的なものは，OS (Operating System) である。OSは，ハードウェア上で動く基本ソフトウェアで，Microsoft Windows や macOS，Android などがある。PC上では，これらOSに対応した各種アプリケーションやプログラムが動いている。従って，Windows上で動いているソフトウェア，例えばWindows用のWordをそのまま，macOSで動いているPCに移しても使えない。macOSのPCではmacOS用のWordをインストールする必要がある。ただし，

どちらの OS 上の Word でも，その Word で書かれた文書は，他の OS 上の Word で読み書きできる。

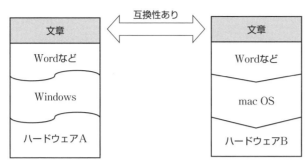

図付-5　OS とアプリケーション CPU と周辺装置

OS のはたらき

　OS は，ユーザーと PC のハードウェアとの橋渡しをしており，制御管理が基本機能である。制御管理を行うソフトウェアは「カーネル」とよばれるプログラムである。カーネルは，プロセス管理，メモリー管理，ファイル管理，入出力管理，システム管理を行っている。PC 上で複数のアプリを起動させてそれらを切り替えながら使えたり，音楽を聴きながらキー入力やプリントアウトしたりできるのは，カーネルが CPU を最適に利用できるように，さらに，PC のハードウェアを管理制御しているからである。

A-2 | コンピュータと2進数

A-2-1 | 10進数と2進数の関係

PCの内部では，すべての処理がオン・オフ信号の組み合わせで行われている。オン信号を「1(いち)」，オフ信号を「0(ゼロ)」とすると，2進数でオン・オフ信号を表現できる。2進数はPCを理解するための最も基礎的数学である。では，2進数の説明の前に，10進数について復習する。

私たちは通常，アラビア数字である 0, 1, 2, 3, 4, …, 9 を使って数を表現する。この数字を使った 3456.78 は，

$$3456.78 = 3 \cdot 1000 + 4 \cdot 100 + 5 \cdot 10 + 6 \cdot 1 + 7 \cdot 0.1 + 8 \cdot 0.01$$
$$= 3 \cdot 10^3 + 4 \cdot 10^2 + 5 \cdot 10^1 + 6 \cdot 10^0 + 7 \cdot 10^{-1} + 8 \cdot 10^{-2}$$

のことである。10 のべき乗の係数である 3, 4, 5, 6, 7, 8 だけを並べて記述する記数方法を，**十進位取り記数法**といった。

ところで，2進数では 0, 1 を使って数を表現する。例えば 10101.01 は，

$$10101.01 = 1 \cdot 2^4 + 0 \cdot 2^3 + 1 \cdot 2^2 + 0 \cdot 2^1 + 1 \cdot 2^0 + 0 \cdot 2^{-1} + 1 \cdot 2^{-2}$$

のことであり，2のべき乗の係数である 1, 0, 1, 0, 1, 0, 1 を並べて記述してある。なお，この数の大きさを分かりやすく10進数で表現すれば，

$$16 + 0 + 4 + 0 + 1 + 0 + 0.25 = 21.25$$

となる。

10進数を2進数で表すと図付-6となる。

10進法	2進法
0	0
1	1
2	10
3	11
4	100
5	101
6	110
7	111
8	1000
9	1001
10	1010
11	1011
12	1100
13	1101
14	1110
15	1111
16	10000

図付-6　10進数と
2進数の対比

A-2-2 | 10進数を2進数に変換する

10進数356は，10進数の仕組みから，次のことができる。

$$365 \div 10 = 36 \quad 余り \quad 5$$
$$36 \div 10 = 3 \quad 余り \quad 6$$
$$3 \div 10 = 0 \quad 余り \quad 3 \qquad 365$$

同じように10進数365は，右のようにして2進数に変換できる。

$$365 \div 2 = 182 \quad 余り1$$
$$182 \div 2 = 91 \quad 余り0$$
$$91 \div 2 = 45 \quad 余り1$$
$$45 \div 2 = 22 \quad 余り1$$
$$22 \div 2 = 11 \quad 余り0$$
$$11 \div 2 = 5 \quad 余り1$$
$$5 \div 2 = 2 \quad 余り1$$
$$2 \div 2 = 1 \quad 余り0$$
$$1 \div 2 = 0 \quad 余り1 \qquad 101101101$$

A-2-**3** 2進数の足し算

2進数での足し算を試みてみよう。10進数での足し算では，1+8=9 はよいが，1+9になると 10^1 の位に繰り上がりが起きて，1+9=10 となる。同じように2進数では，0+0=0，0+1=1，1+0=1 はよいが，1+1では，2^1 の位に繰り上がりが起きて，1+1=10 となる。10進数と2進数で足し算の縦書き筆算を比べると図付-7のようになる。

PCでは，2進数での加法計算が行われている。引き算も，基本は加法計算を上手く使って計算される。

10^1 の位	10^0 の位
	5
+	7
1	2

2^3 の位	2^2 の位	2^1 の位	2^0 の位
		1	0	1
+	1	1	1
1	1	0	0

図付-7　10進数と2進数の加法

A-2-**4** ビットとバイト

2進数の一桁では，On/Off や 1/0，○/×，Yes/No などのように2通りの情報を表せる。この最小単位の情報量を1ビット(bit)と言い，これを基に情報の大きさを表す。例えば，4ビット(2進数で4桁)使えると，2^4=16通りの情報を表現し区別できる。これは，0度から100度までの温度を16段階で表現できることになる。さらに8ビット使えると，2^8=256通りの情報を区別できるため0度から100度までの温度を256段階で表現できる。なお，8ビットのことを1バイト(Byte)という。

キーボードから打ち込めるアルファベットや数字，特殊記号を含めた128文字[2]は，7ビットで分類/区別できる。1バイト(8ビット)あれば，英字文化圏で必要な文字を表現できる。日本語の場合は，ひらがな，カタカナ，漢字があるため，1バイトでは不十分である。そこで，日本語1字を2バイト(16ビット，2^{16}=65536)使って表現している。

PC関係のカタログなどでは，[K] Kiro(キロ)：10^3，[M] Mega(メガ)：10^6，[G] Giga(ギガ)：10^9，[T] Tera(テラ)：10^{12} という単位が良く使われている。数学的には 10^3=1000倍ごとに単位が付けられているが，PCで使われる実際の大きさは次のように 2^{10}=1024倍ごととなっている。

[K]：2^{10}=1024で，1Kバイトは1024バイトとなり，電子メールのサイズで使われる。

[M]：1M=2^{20}=2^{10}×2^{10}=1024Kバイトで，スマホなどで撮影されたデジタル画像のサイズで使われる。

[G]：1G=2^{30}=2^{10}×2^{10}×2^{10}=1024Mバイトで，PCのメモリーやSDカード，USBメモリー，DVDディスク，Blu-rayディスクの記憶容量で使われる。

[T]：1T=2^{40}=2^{10}×2^{10}×2^{10}×2^{10}=1024Gバイトで，ハードディスクの記憶容量で使われる。

【2】ASCII コード
7ビットの情報量で128文字や記号を表現せきる。アメリカの標準機構 ASCII が，国際標準化機構 ISO に準拠した ASCII コードを定めている。A は 1000001，B は 1100010 という具合である。

B-1 インターネット検索

Microsoft Windows 10 は，標準で Microsoft Edge という，インターネットを使うためのアプリである Web ブラウザ[3] が用意されている。ここでは，このブラウザを使ってインターネットで文献の検索をする。

①ディスクトップ画面の左下にあるスタートボタンをクリックすると，図付-8 のようなスタートメニューが現れる。

②表示されたスタートメニューの中から Microsoft Edge ボタン e をクリックすると，ブラウザが起動する。

★教材研究を行う際に，先行研究や先行実践例を調べる必要がある。そこで，これに関連した文献を探す場合には，国立情報学研究所の論文データベースである「CiNii Articles」や科学技術振興機構の総合学術電子ジャーナルサイト「J—STAGE」を使うとよい。以下では，CiNii Articles を利用した検索の流れを示す。

【3】ブラウザ
Web ブラウザとしては，無料でダウンロードできる Google Chrome や Firefox なども多く使われている。

図付-8　スタートメニュー

【4】検索のキーワード
専門用語を調べる場合は，例えば「等分除とは」というように「○○とは」として検索するとよい。

B-1-1 文字を入力して検索

③ブラウザのアドレスバーに検索のキーワード[4] として CiNii と入力してエンターキーを押すと，図付-9 のように「CiNii」の検索結果が表示される。

④CiNii Articles の HP タイトルを選んでクリックすると，CiNii Articles のホームページが現れる。このページから CiNii Articles に登録されている文献を検索する。

図付-9　「CiNii」の検索結果

⑤調べたい内容に
関連した言葉や
著者など[5] を入
力して検索ボタ
ンをクリックす
ると，図付-10
のように検索語
を含む文献の一
覧が表示される。
さらに，図付-11
のように，表示

図付-10　文献の検索結果

【5】検索内容の絞り方
キーワードの入力では，複数
の言葉ごとにスペースを空け
て入力することで，検索結果
を絞ることができる。

された文献一覧の中から必要な文献情報を探すことができる。

図付-11　文献の詳細情報

図付-12　音声での検索方法

⑥元論文や資料が pdf ファイルとして提供されている場合は，ダウン
ロードして内容を閲覧できる。

B-1-2　音声で検索

　Web ブラウザの Google Chrome では，音声
でも検索ができる。

⑦図付-12 の ↓ をクリックすると，図付-13 のよ
うにマイクを使った音声入力ができる状態にな
る。検索したい言葉をマイクに向かって話すと，
検索が始まり，結果が表示される。

図付-13　音声入力画面

B-2 エクスプローラーの使い方

　文書ファイルや画像ファイル，音楽ファイルなどを保存したり，必要なファイルを探したり，ファイルをコピーや移動したりする場合に，エクスプローラーを利用する。

B-2-1 エクスプローラーの起動

①タスクバーにある「エクスプ
　ローラー」ボタン[6] をクリ
　ックする。

②または，「スタート」ボタン
　をクリックして，「エクスプ
　ローラー」選択してクリック
　すると，図付-15 のエクスプ
　ローラーウィンドウが表示さ
　れる

　なお，ショートカットキーを
使っても起動できる[7]

図付-14　スタートメニュー

【6】エクスプローラー

【7】ショートカットキーで
の起動
「Windows ロゴキー」＋「E
キー」でもエクスプローラー
を起動することができる。ショートカットキーについては，
COLUMN P149 を参照。

B-2-2 画面構成

①リボン（タブ）…タブをクリックし
　て切り変える。

②タイトルバー…フォルダー名を表示
　する。

③アドレスバー…フォルダー名を，階
　層的に表示する。

④検索ボックス…フォルダー内のファ
　イルを探す時に利用する。

⑤ナビゲーションウインドウ…階層化
　されたフォルダーとその中にある各
　種ファイルを表示する。

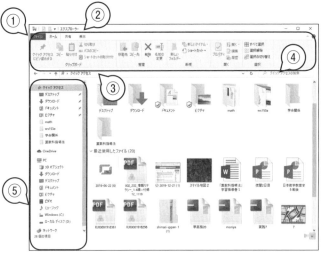

図付-15　エクスプローラウインドウ

B-2-**3** ファイルの選択

ナビゲーションウィンドウから，ファイルを選択して開く。

①ナビゲーションウィンドウの項目やフォルダをクリックすると図付-16のようにフォルダー内の内容が表示される。

② ▷ ドキュメント の ▷ （ドキュメントの左に表示されている記号）をクリックすると，図付-17のように階層化されているフォルダーが展開されて表示される。展開された表示を元に戻すときは， ∨ をクリックする。

③階層化されたフォルダーをクリックすると，フォルダー内のファイルが表示される。

④上位の階層に戻る場合は ↑ をクリックする。

⑤前の画面に戻る場合は ← をクリックする。

⑥目的のファイルをダブルクリックするとファイルの種類に合わせてアプリケーションが起動し，選択したファイルが開く。

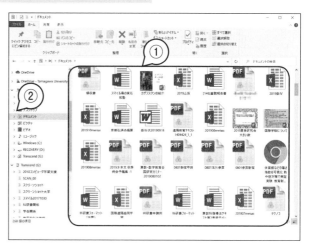

図付-16　ファイル一覧

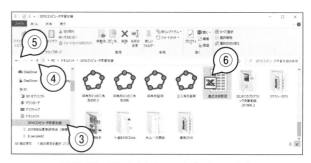

図付-17　階層化されたフォルダーとその内容

B-2-**4** 表示の変更

エクスプローラの表示を変えてみる。

①［表示］タブの［レイアウト］グループにある［ ▤ 詳細］をクリックすると，図付-18のようにフォルダーの内容が詳細に表示される[8]。

③［名前］をクリックすると，ファイルが，ファイル名で数字→アルファベット→カタカナ→ひらがな読みの順，又は，その逆に順に並び替えられる。

図付-18　表示のリボン

④［更新日時］をクリックすると，更新時の早い順，又は，古い順にファイルを並び替えられる。

⑤［種類］をクリックすると，Word や PowerPoint などのファイルの種類ごとに並び替えられる。

【8】レイアウトの変更
「大アイコン」「詳細」をのみだが，エクスプローラー画面右下でも変更することができる。

⑥［サイズ］をクリックすると，ファイルサイズの大きい順，又は，小さい順に並び替えられる。

B-2-5 フォルダーの作成

［ドキュメント］フォルダーに新しいフォルダーを作成する。

タブから作成する

① ［ドキュメント］フォルダーに新しいフォルダーを作るため，ナビゲーションウィンドウで［ドキュメント］をクリックする。

② ［ホーム］タブの［新規］グループにある［新しいフォルダー］をクリックすると，図付-19の［新しいフォルダー］が表示される。適当なフォルダー名を入力してエンターキーを押すと，新規フォルダーができる。

右クリックして作成する

③ナビゲーションウィンドウの［ドキュメント］フォルダーを右クリックし，［新規作成］から［フォルダー］をクリックすると，［新しいフォルダー］が作成される。

図付-19　作成されたフォルダー　　図付-20　右クリックでの作成

B-2-6 ファイルやフォルダーの削除

不要なファイルやフォルダーを削除する。

①不要なフォルダー，または，ファイルをクリックする。

② ［ホーム］タブの［整理］グループにある［削除▼］をクリックすると，図付-21のように「ゴミ箱へ移動」[9]するか「完全に削除」かのメニューが表示されるので，選択してクリックすると削除できる。

③ ［ディスクトップ］の上の［ごみ箱］アイコンをダブルクリックすると，図付-22のように［ごみ箱］フォルダーが表示される。［ごみ箱を空にする］をクリックすると完全に削除できる。

④ ［ごみ箱］アイコンで，［選択した項目を元に戻す］をクリックすると元の場所にファイルが戻る。

【9】ごみ箱へ移動
削除されたファイルなどは，完全にPCから削除されたのはなく，ごみ箱に移動しただけである。従って，元の場所に戻せる。

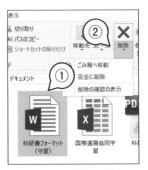

図付-21　削除の手順

図付-22　完全な削除と削除の取り消し

208　付録2

B-2-7 ファイル名，フォルダー名の変更

ファイル名を変更する。フォルダー名も同じようにして変更できる。

①名称を変更したいファイルをクリックする。

②［ホーム］タブの［整理］グループにある［名前の変更］をクリックすると，ファイル名が図付-23のように表示される。

③新しいファイル名を入力して，エンターキーを押すと，ファイル名が変更される[10]。

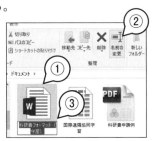

図付-23　名前の変更

【10】ファイル・フォルダ名の変更
ファイル／フォルダを右クリックし，「名前の変更」を選択することでも変更することができる。

B-2-8 ファイルの移動とコピー

別のフォルダーやUSBメモリーなどの外部メモリーへ，フォルダーごと中のファイルも一緒にコピーしたり，特定のファイルだけをコピーしたり，または，移動したりする。

ファイルのコピー

①コピーしたいファイルをクリックする。

②［ホーム］タブの［整理］グループにある［コピー先］をクリックすると，コピー先候補のフォルダーなどが表示される。

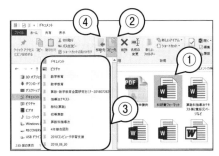

図付-24　ファイルのコピーと移動

③コピー先をクリックすると，ファイルがその場所にコピーされる。

フォルダーを，その中のファイルごとコピーする場合も同様の操作でコピーできる。

ファイルの移動

④［ホーム］タブの［整理］グループにある［移動先］をクリックすると，コピーと同様の手順で，ファイルなどを移動できる[11]。

【11】ドラッグアンドドロップによる移動・コピー
Shiftキーを押しながらファイルなどをドラッグアンドドロップすると「移動」させることができ，Ctrlキーを押しながらドラッグアンドドロップする「コピー」することができる。

付録3 文字の入力方法

C-1 文章の入力と消去

C-1-1 文字入力

■1 日本語の入力 (Microsoft IME) [1]

ひらがな，カタカナ，漢字を入力する際には，日本語入力システムを利用する。Windows では Microsoft の IME が標準的にインストールされている。

【1】
JustSytem の ATOK もある。

■2 ローマ字入力・かな入力

日本語の文字を入力するには，「ローマ字入力」か「かな入力」を選択する。

デスクトップの通知領域内の「あ」や「A」（図付 -25）を右クリックすると，図付 -26 のようなダイアログボックスが表示される。

［ローマ字入力 / かな入力］をクリックすると設定ができる。

図付-25

図付-26

■3 入力モード

ひらがな，全角カタカナ，全角英数，半角カタカナ，半角英数の入力モードがある。

■4 漢字変換

文字入力の手順

①文字を入力する。

  （例）「げんこう」と入力すると，右図のようになる。　げんこう

②変換をする。「スペースバー」または「変換キー」を押すと変換できる。

  （例）「げんこう」の第一候補は下線がひかれて表示される。さらに「スペースバー」か「変換キー」を押すと第二候補以降の候補が表示される（図付 -27）。

図付-27

③確定をする。「Enter キー」を押すと，下線がなくなり確定される。

5 ひらがな，カタカナ，ローマ字変換

①文字を入力する。

(例) げんこう

②ファンクションキーで変換する。

F6　全角ひらがな　げんこう→ゲんこう→ゲンこう→ゲンコウ

F7　全角カタカナ　ゲンコウ→ゲンコう→ゲンこう→げんこう

F8　半角カタカナ　ｹﾞﾝｺｳ→ｹﾞﾝｺう→ｹﾞﾝこう→げんこう

F9　全角英数字　ｇｅｎｋｏｕ→ＧＥＮＫＯＵ→Ｇｅｎｋｏｕ→
　　　　　　　　　ｇｅｎｋｏｕ

F10 半角英数字　genkou → GENKOU → Genkou → genkou

C-1-2　文章入力

1 文節変換

①文章を入力する。

きょうのかんじをかんがえる。

②スペースバーまたは変換キーで変換する。

京の漢字を考える。↵

③スペースバーまたは変換キーを押すと，太線部分の漢字が変換される。

1	京の
2	今日の
3	きょうの
4	饗の
5	教の
6	経の
7	京野
8	興の
9	卿の

今日の漢字を考える。

④→キーを押すと次の文節が太線になる。

今日の<u>漢字</u>を考える ↵

⑤すべてが決まれば，Enter キーを押すと決定される。

⑥文節を変える場合は，Shift キー＋→キーを押すと文節をかえることができる。

きょうのかんじを考える|

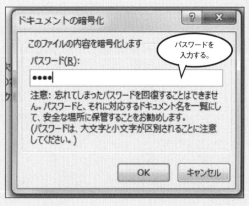

C-1-3 文章消去

■ 文章の消去

①文字の前にカーソルをおき，Delete キーを押すと，後ろの文字が消去される。

②文字の後ろにカーソルをおき，BackSpace キーを押すと，前の文字が消去される。

③Insert キーを押すと，文字を上書きしながら文字入力ができる。なお，もう一度押すと，元の入力にもどる。

④文字列を選択して，Delete キーまたは BackSpace キーを押すと，選択した文字列が消去される。

◉ COLUMN　拡張子

ファイルは，「ファイル名. 拡張子」の名前で記録されている。拡張子でそのファイルの種類が分かる。また，ファイルをクリックすると，PC が拡張子を識別してそれを使うアプリを自動的に立ち上げるようになっている。

文章関係の拡張子

txt：　テキストファイル (書式を含まない文字列のみのファイル)

rtf：　リッチテキスト形式ファイル (改行等の形式を含む)

doc，docx：　Word の文書ファイル

jtd：　一太郎の文書ファイル

xls，xlsx：　Excel ファイル

ppt，pptx：　PowerPoint ファイル

pdf：　PDF フィル

lzh：　LZH 形式で圧縮されたファイル一般

zip：　圧縮ファイル

画像・動画・音楽関係

bmp：　圧縮が掛かっていない画像ファイルで一般的にサイズが大きい

jpg：　JPEG 形式で圧縮された画像ファイル。圧縮率が大きいと画像の質が低下する

gif，png：　それぞれ GIF 形式，PNG 形式で圧縮された画像ファイル

avi：　AVI 形式の動画ファイル

wmv：　MPEG-4 形式の動画ファイル

mp3：　MP3 形式で圧縮された音声ファイル

wav：　Windows の標準的な音声ファイル

実行ファイル

exe：　単体で実行できるファイル。ウイルス感染のリスクがあるため，実行させる場合は信頼できるファイルかを確認する必要がある。

引用

・総務省(1998)「第1章デジタルネットワーク社会の幕開け」,『通信白書 平成10年 通信に関する現状報告』, P.83 http://www.soumu.go.jp/johotsusintokei/whitepaper/h10.html

・総務省(2015)「第2部 ICTが拓く未来社会 第2節 ソーシャルメディアの普及がもたらす変化」『平成27年版情報通信白書』, P.208-211 http://www.soumu.go.jp/johotsusintokei/whitepaper/ja/h27/html/nc242230.html

・総務省(2018)「インターネットトラブル事例集(2018年版)」 http://www.soumu.go.jp/main_sosiki/joho_tsusin/kyouiku_joho-ka/jireishu.html

・総務省『国民のための情報セキュリティサイト』 http://www.soumu.go.jp/main_sosiki/joho_tsusin/security/index.html

・総務省(2017)「第4次産業革命における産業構造分析とIoT・AI等の進展に係る現状及び課題に関する調査研究」P.6 http://www.soumu.go.jp/johotsusintokei/link/link03_h29.html

・内閣府(2017)「第2章 新たな産業変化への対応」『日本経済2016-2017 -好循環の拡大に向けた展望-』, P.72-78

・内閣府(2018)「平成30年度青少年のインターネット利用環境実態調査報告書」P.5 https://www8.cao.go.jp/youth/kankyou/index.html

・新村出 編(2008)『広辞苑』第6版, 岩波書店, P.1841

・日本情報処理検定協会「日本語ワープロ検定試験 試験基準」 https://www.goukaku.ne.jp/test_wordpro.html

・明治大学科学コミュニケーション研究所, 「疑似科学とされるものの科学性評定サイト」, http://www.sciencecomlabo.jp/index.html

・文部科学省(2010)「教育の情報化に関する手引」P.1-5

・文部科学省(2014)「学びのイノベーション事業実証研究報告書のポイント」 http://www.mext.go.jp/a_menu/shotou/zyouhou/detail/1408183.htm

・文部科学省(2018)「学校におけるICT環境の整備について(教育のICT化に向けた環境整備5か年計画(2018(平成30)～2022年度))」 http://www.mext.go.jp/a_menu/shotou/zyouhou/detail/1402835.htm

・文部科学省(2018)「平成29年度学校における教育の情報化の実態等に関する調査結果(概要)」, P.22 http://www.mext.go.jp/a_menu/shotou/zyouhou/detail/1408157.htm

・Thomas Frey (2012), "2 Billion Jobs to Disappear by 2030!" https://futuristspeaker.com/business-trends/2-billion-jobs-to-disappear-by-2030/

●本書の関連データがwebサイトからダウンロードできます。

http://www.jikkyo.co.jp/ で

「教育現場で役立つ情報リテラシー」を検索してください。

提供データ：例題の作例，課題解答例

■執筆

<ruby>守屋誠司<rt>もりやせいじ</rt></ruby>　玉川大学教育学部教授

<ruby>太田直樹<rt>おおたなおき</rt></ruby>　福山市立大学教育学部専任講師

<ruby>加藤　卓<rt>かとう たかし</rt></ruby>　東北学院大学文学部教育学科教授

<ruby>田畑　忍<rt>たばた しのぶ</rt></ruby>　玉川大学教育学部准教授

<ruby>富永順一<rt>とみながじゅんいち</rt></ruby>　玉川大学教育学部教授

<ruby>成田雅博<rt>なりたまさひろ</rt></ruby>　山梨大学教育学部准教授

<ruby>渡邉伸樹<rt>わたなべのぶき</rt></ruby>　関西学院大学教育学部教授

Windows10，Office2019 は，Microsoft Corporation の，その他，本書に掲載された社名および製品名は，各社の商標または登録商標です。

本書は2019年9月の状態にて作成しております。お使いの環境によっては掲載されている画面などが異なる場合があるかもしれませんが，あしからずご了承ください。

本書に関するご質問，ご不明な点につきましては，書名，該当ページとご質問内容を明記のうえ，FAXまたは書面にてお送り願います。なお，ご質問内容によっては回答に日数をいただく場合がございます。また，本書で解説していない内容やソフトウェアの機能や操作方法に関するご質問にはお答えできませんので，あらかじめご了承ください。
FAX：03-3238-7717

●表紙・本文デザイン──難波邦夫
●DTP制作──ニシ工芸株式会社

教育現場で役立つ
情報リテラシー

2020年3月30日　初版第1刷発行

●執筆者　守屋誠司　ほか6名（別記）
●発行者　小田良次
●印刷所　壮光舎印刷株式会社

無断複写・転載を禁ず

●発行所　実教出版株式会社
〒102-8377
東京都千代田区五番町5番地
電話 ［営　業］（03）3238-7765
　　　［企画開発］（03）3238-7751
　　　［総　務］（03）3238-7700
http://www.jikkyo.co.jp/

© S.Moriya, N.Ohta, T.Kato, S.Tabata, J.Tominaga, M.Narita, N.Watanabe 2020

ISBN978-4-407-34893-4　C3037　　　　　　　　　Printed in Japan